35881

LA RELIGION

Paris. — Imprimerie Poupart-Davyl et Cⁱᵉ, rue du Bac, 30.

L. FEUERBACH

LA
RELIGION

MORT — IMMORTALITÉ — RELIGION

TRADUCTION DE L'ALLEMAND AVEC AUTORISATION DE L'AUTEUR

PAR

JOSEPH ROY

PARIS
LIBRAIRIE INTERNATIONALE
13, RUE DE GRAMMONT, 13
A. LACROIX, VERBOECKHOVEN & Cⁱᵉ, ÉDITEURS
A Bruxelles, à Leipzig et à Livourne
—
1864
Tous droits de reproduction réservés.

Les religions règnent seules et sans contrôle aussi longtemps que durent les circonstances qui les ont fait naître. Quand le milieu chaotique où plongent leurs racines commence à s'organiser pour des formes supérieures, elles se trouvent aux prises avec des besoins nouveaux qu'elles sont impuissantes à satisfaire. La contradiction éclate entre leurs brillantes promesses et le peu qu'elles sont capables d'en réaliser ; et les plus hardis parmi ceux qui s'en aperçoivent travaillent à détruire l'illusion universelle, sans crainte de voir périr le monde par la chute d'une erreur sacrée. Mais leur entreprise est difficile, et leurs efforts restent longtemps sans résultats, car bien des cœurs aiment leur illusion, et peu d'esprits se croient trompés ou veulent avouer qu'ils le sont. Une philosophie bienveillante se charge toujours d'accorder la foi avec la raison humaine, en lui faisant dire ce qu'elle n'a jamais pensé. Les interprètes de toute espèce, que ce soit de leur part sincérité ou hypocrisie, prenant les dogmes religieux pour point de départ comme symboles de vérités absolues, admettant même les miracles comme des faits réels un peu défigurés par l'imagination, s'efforcent, dans leurs commentaires, de faire paraître l'absurde raisonnable, l'obscur profond, l'arbitraire nécessité, l'imaginaire réel, le mystère naturel. Notre siècle surtout a été fécond en essais de ce genre, et, malgré l'impossibilité flagrante d'une résurrection de l'esprit religieux tel que l'ont connu les âges antiques, c'est par milliers que l'on compte les œuvres d'exégèse, les interprétations philosophiques des idées et des croyances traditionnelles. En vain le siècle précédent avait-il démontré l'incompatibilité absolue de la religion avec la science, l'histoire, le droit, le progrès, et révélé à tous les regards ce qu'il y a d'injurieux pour l'humanité dans les sacerdoces et les théocraties : sa critique est restée, pour la plupart des gens, comme non avenue, et, parce qu'on ne s'était pas donné la peine de le lire, on a reproduit à satiété des explications et des arguments réfutés mille fois. Qu'il n'eût pas embrassé le problème de la religion dans toute son étendue, on ne peut le nier; mais les trois quarts de ceux qui l'ont repris aujourd'hui feraient bien de retourner à son école. Les journalistes bourgeois perdraient l'habitude de délayer dans des phrases insipides ce qu'il a exprimé avec tant d'esprit et de vigueur, et les croyants sincères regagneraient peut-être leur retard de cent années sur la marche de la pensée humaine. Nonotte, Patouillet, l'abbé Guénée, dans le camp religieux, valaient tout autant et même beaucoup mieux que nos Nicolas et nos Nicolardot. Dans le camp opposé, il serait ridicule de faire la moindre comparaison entre Montesquieu, Diderot, Voltaire, et nos rationalistes théosophes. Que diraient les premiers de la religion nouvelle proposée par les seconds? Et quand la religion en général est appelée devant la justice par ceux qui continuent leur œuvre et qui pensent aujourd'hui comme ils penseraient eux-mêmes s'ils vivaient encore, combien ne riraient-ils pas de voir leurs faux successeurs se rejeter à qui mieux mieux dans le christianisme !

A côté de défenseurs ineptes et d'agresseurs qui craignent plus que les premiers pour l'objet qu'ils attaquent, on trouve un grand nombre d'écrivains trop instruits, il est vrai, pour perdre leur temps à refaire ce qui a été fait, qui cependant prolongent les débats par une indécision d'esprit dont la source est tout ce qu'on voudra. On dirait que chez eux le cœur et l'intelligence ne sont jamais d'accord; dès qu'ils ont fait un pas en avant, ils en font aussitôt un second en arrière, et ce qu'ils ont accordé d'une main ils le retirent de l'autre. Ils écrivent pour un certain monde qui ne s'inquiète guère de la religion, mais qui en veut pourtant : monde sceptique, monde blasé, qui n'adore que les coupons de rente, et dont la Bourse est le temple. Comme ce monde-là exige qu'on parle idéal, amour, sentiment, peut-être parce qu'il en est complétement dépourvu, les études sur la religion sont pour ses avocats et ses représentants un prétexte à sentimentalité, un moyen d'exhibition d'une nature rêveuse et poétique. Ils ne disent pas un mot de la haine de l'esprit religieux contre la science ; mais ils font des livres sur ce qu'il paraît avoir de favorable à l'art en général. Ils ne protégent pas ce qui ne vit plus, la belle affaire ! mais ils en poétisent le souvenir et défendent de toutes leurs forces ce qui est encore debout, c'est-à-dire ce qu'il y a de plus dangereux.

Si l'auteur dont je me propose de faire connaître au public les œuvres principales n'avait eu pour but, à propos de religion, que de présenter un miroir où chacun pût admirer son cœur et sa sensibilité de femme, ses regrets d'un passé plein de foi, son besoin d'émotions tendres et délicates, son aversion pour toutes les idées qui se présentent avec le caractère viril d'une critique agressive ; en un mot, s'il n'avait fait de son œuvre qu'un kaléidoscope de sa chère manière d'être, de penser et de sentir, tout en sachant fort bien que le passé ne peut revivre, et pour se donner un air d'agréable mélancolie, oh ! alors, il eût été inutile de le traduire. Par le temps qui court, nous avons assez des miroirs de toute espèce, présentés de face et de profil, dans lesquels nos hommes *célèbres* nous invitent à contempler leurs traits. Et l'on comprend d'autant moins qu'ils se donnent la peine de tenir le miroir eux-mêmes, qu'une nuée d'adorateurs, de flatteurs et de parasites est disposée à leur rendre ce service, et je ne dis pas à leur insu, mais en leur demandant d'avance de quel côté ils se trouvent le mieux et feront le plus d'effet. Non ! Feuerbach n'est pas de ces gens-là. Parler de religion dans une époque de science lui semble presque déroger, et c'est pour remplir un devoir pénible qu'il met la main à l'œuvre. Il ne vient pas faire des phrases prétendues poétiques, des complaintes hors de saison sur la ruine de choses qui devaient inévitablement périr; il cherche à se rendre compte du pourquoi et du comment de leur chute, et à détourner les âmes de leur attachement à un cadavre. Cet attachement est pour lui une gangrène qu'il se propose de guérir, un chancre rongeur qu'il veut extirper; et ce métier-là ne plaît pas ordinairement aux gens délicats, amis des émotions douces, et qu'un rien fait frissonner. Voilà ce qui explique la vigueur et l'amertume de ses accusations et la rudesse de son style; mais il ne s'agit pas de faire l'aimable avec les dames et d'être un agréable causeur, quand, au lieu d'avoir à dissiper par des phrases des maladies imaginaires, on est obligé de se servir de la scie et du scalpel.

Qu'il y ait aujourd'hui des questions plus graves à traiter, d'autres plaies à guérir, et même des sujets plus féconds pour la pensée que celui dont il s'occupe, Feuerbach ne se le dissimule pas; mais l'utilité pratique du but qu'il voulait atteindre lui a paru digne de tous ses efforts. Persuadé d'ailleurs que tous les maux sont, pour ainsi dire, d'accord ensemble et se soutiennent les uns les autres, « si je parviens, s'est-il dit, à briser quelques anneaux de la chaîne qui les unit et qui double leur puissance, la chaîne entière sera plus facilement détruite. Que d'autres l'attaquent vaillamment par d'autres points, et je me rencontrerai avec eux. » L'entreprise une fois commencée, il est allé jusqu'au bout. Tout ce qui, de près ou de loin, touchait à son sujet, était aussitôt disséqué et analysé. « Les lois de la maladie sont aussi belles que celles de la santé, » a dit un médecin enthousiaste ; bien connaître le mal, c'est déjà connaître le bien. Si l'on peut s'habituer au dégoût causé par les maladies du corps et se livrer avec ardeur à leur étude, il en est de même pour les maladies morales, et d'autant mieux, que celui-là seul peut les guérir qui en a lui-même souffert. Dans de pareils cas, ce n'est pas l'objet qui lui répugne que le penseur étudie, mais l'objet qu'il a aimé et que d'autres aiment encore ; il veut s'expliquer son genre d'attrait, en trouver le fondement dans notre nature. Rien n'est à négliger dans une affection pathologique qui fait croire aux malades qu'ils sont la santé en personne ; ils chérissent leur erreur comme la prunelle de leurs yeux ; aussi notre auteur se livre-t-il à des analyses microscopiques et reproduit-il ses preuves sous mille formes différentes, pour avoir quelque chance de l'extirper.

Il ne faudrait pas s'imaginer que Feuerbach avait fait son siége d'avance, et qu'il a pris à partie la religion pour la dénigrer. Il sait qu'il n'y a qu'un sot qui puisse calomnier un jésuite, et il ne se met pas une seule fois à découvert devant ses adversaires en hasardant une opinion tant soit peu incertaine. Sa méthode est celle de la science digne de ce nom ; il ne parle pas lui-même, il laisse parler les choses. La religion n'est pas avare de paroles ; depuis que l'homme courbe le front sous son joug et lui sacrifie son intelligence et son cœur, elle n'a pas cessé un instant de se mettre en évidence, d'exprimer clairement, bon gré mal gré, même ce qu'elle aurait voulu tenir secret. Il n'est besoin que de l'interroger, et, quelque question qu'on lui adresse, ses réponses sont écrites partout. Si quelquefois on n'y voit pas bien clair, si les réponses ont souvent un double sens ; si, avec la marche de l'histoire, on les voit se présenter sous des aspects toujours nouveaux et s'accommoder aux circonstances, eh bien ! cela prouve justement que la religion n'y voit pas clair, que souvent elle est pleine de duplicité et regarde d'un œil la terre et de l'autre le ciel ; enfin, qu'avec le temps son inspiration et sa naïveté premières sont remplacées par le calcul et l'intrigue. Rien ne peut se dissimuler, se dérober à des regards pénétrants ; la dissimulation elle-même, soit dans un homme, soit dans un corps social, est une expression de leur nature aussi éclatante que la sincérité et la franchise.

La méthode suivie par notre auteur d'un bout à l'autre de sa critique, et surtout à propos du christianisme, n'a pas été comprise de la plupart de ceux qui l'ont lue. Ils ont pris pour des idées venant de lui, pour des conclusions par lui tirées et exprimant sa manière de voir, les idées et les conclusions du christianisme lui-même, les derniers résultats auxquels conduit l'analyse de ses dogmes d'après l'interprétation qu'en ont donnée ses propres défenseurs. Combien de gens ne se trouve-t-il pas pour affirmer qu'à la place du Dieu des religions et des philosophies théologiques, il propose pour idole l'humanité, remplaçant ainsi le christianisme par ce qu'ils appellent l'humanisme ! Une telle façon de le comprendre est absurde, bien qu'elle soit partagée par le plus grand nombre. Mais ce qui afflige le plus, c'est de voir des hommes d'une certaine distinction et connus du public tomber dans de pareils errements ou dans d'autres pires encore. Si des intelligences d'élite se laissent entraîner, par négligence ou par antipathie pour l'auteur, à le défigurer ainsi, on n'aura jamais que sa caricature. Bien que le nom de Feuerbach soit assez connu, ses œuvres, qui datent de plus de vingt ans, n'ont guère été appréciées que sur ouï-dire. Il suffit, pour s'en convaincre, de lire les articles publiés à ce sujet par MM. Renan, Scherer et Saint-René Taillandier. Les appréciations de ces messieurs se ressentent beaucoup trop de leur tempérament, bien qu'ils se vantent de n'en avoir aucun et soient souvent, en réalité, aussi neutres que l'eau claire ; mais, comme on est assez disposé à les accepter de confiance, je n'ai rien de mieux à faire qu'à en dire quelques mots au lecteur.

Je ne m'arrêterai pas à discuter les opinions de M. Taillandier. On trouve dans ses nombreux articles de la *Revue des Deux Mondes* une foule de choses bien pensées et bien dites sur divers sujets de littérature et d'histoire; mais les pages qu'il a consacrées à l'examen du mouvement intellectuel en Allemagne sont un modèle de cette critique banale, convenable et ennuyeuse, que l'Académie, les journaux bien pensants et l'Université nous servent depuis trente années. Que d'autres y cherchent des idées, des principes, une conviction quelconque : pour moi, je n'y trouve qu'une forte somme de prose convenablement distribuée dans un nombre voulu de feuilles d'impression. On croirait qu'il nous a simplement rapporté ce qu'il a entendu dire chez les bourgeois de la Germanie conservateurs et piétistes qui l'invitaient à prendre le thé chez eux. Lui demander un jugement sur Feuerbach, c'est interroger Cousin sur Proudhon ou Auguste Comte, ou Nicolardot sur Voltaire. On peut rencontrer du talent chez les éclectiques, rationalistes, spiritualistes, qu'ils soient ou non tout cela à la fois, et M. Taillandier en est la preuve ; mais la vraie science, mais la vérité, jamais !

Dans les sciences en général, on ne se permet de rien affirmer sans avoir pesé auparavant chacune de ses paroles. L'amour du vrai étant le seul mobile des recherches, le mensonge est presque impossible, parce que chacun sait que le contrôle ne se fera pas attendre. Il en est tout autrement dès qu'il s'agit de questions dans lesquelles l'intérêt, l'esprit de parti, le caractère, le genre d'éducation, sont les facteurs de la pensée. Là on peut dire sans crainte : Dis-moi à quelle espèce de lecteurs tu t'adresses, et je saurai qui tu es. Il est des gens qui ne lisent jamais que ce qui est d'accord avec leur manière de voir toute d'habitude et de convention, et d'autres qui les servent à souhait. Ces deux moules sont créés l'un pour l'autre et se réjouissent de leur accord : *Asinus asinum fricat*. Bien des critiques supposent que parmi leurs lecteurs les trois quarts au moins prennent leurs paroles pour articles de foi. Dans ces conditions, il fait beau mentir, et la foule parasite des faiseurs de phrases n'a pas à craindre de voir son ignorance démasquée. C'est cette difficulté pour le vrai d'être connu, à cause de la paresse et du peu de loisir du grand nombre, qui devrait préserver les gens de bien de trop de laisser-aller dans leurs jugements. Il ne suffit pas de dire soi-même ce qu'on pense, il faut encore ne pas faire dire aux autres ce qui ne leur est jamais entré dans le cerveau. Sans cela, les hommes les meilleurs du monde, quoique d'accord au fond sur les choses principales, se méconnaîtront au point d'être ennemis jurés. Que M. Taillandier se figure que ce qu'il pense des autres est leur portrait bien réussi, je n'y vois pas grande importance : ceux qui le lisent penseront toujours comme lui, quoi qu'il arrive. Mais devons-nous en dire autant de M. Scherer ? Il s'adresse, je crois, à des lecteurs qui ne sont pas précisément abonnés à *leurs* opinions, et il doit supposer qu'ils aimeront à se rendre compte de ses paroles. Pourquoi donc a-t-il fait preuve, dans son appréciation de Feuerbach, d'une négligence impardonnable ? Il est impossible de pousser plus loin que lui la légèreté ou la malveillance.

« L'ouvrage de Feuerbach, dit-il, a développé la philosophie spéculative, mais en la corrompant. Il l'a jetée hors de sa voie en lui faisant abandonner l'absolu pour le fini, les préoccupations scientifiques pour des intérêts, l'idéalisme pour le naturalisme, etc. » Concilie qui voudra M. Scherer avec lui-même. S'il n'était qu'un abstracteur de quintessence, je comprendrais les lignes qui précèdent; mais il a dit lui-même que la métaphysique idéaliste est une bulle de savon, — je n'en dirais pas autant! — qu'elle a fait faillite, et que le positivisme a pris la suite de ses affaires. Or, que prouve Feuerbach autre chose, et qui le prouve mieux que lui? Il ne s'occupe pas du *fini*, mais du réel, ce qui est un peu différent. Et puis, que signifient ces expressions : « préoccupations scientifiques? » M. Scherer entend-il par là des discussions sur le péché originel comme on en trouve dans ses *Études religieuses*? Quels sont les « intérêts » dont il parle? Feuerbach plaide pour tous les intérêts, et surtout pour les intérêts de la science et de la vérité.

« Nous n'aurons plus les sacrements, mais nous retrouverons l'eucharistie dans nos repas, et le baptême dans l'usage salutaire des bains froids. Qu'on ne croie pas que j'exagère, je résume fidèlement les idées, etc. » Ces mots : « qu'on ne croie pas que j'exagère, » devraient être écrits en lettres d'or. C'est la formule ordinaire de ceux qui, arrivant à des conséquences absurdes par leur fausse interprétation d'un auteur, aiment mieux croire à l'absurdité d'autrui qu'à la leur propre, lorsque cette absurdité aurait dû leur ouvrir les yeux. Puisque M. Scherer chicane Feuerbach sur des vétilles, il fera bien de lire les pages de l'*Essence du Christianisme* qui concernent les sacrements. S'il trouve une autre manière de les expliquer, il fera bien de nous la faire connaître. Mais non, il n'en pourra donner aucune, si ce n'est celle de l'auteur qu'il parodie et qui a soin de mettre le lecteur en garde contre de fausses interprétations dès les premières pages de son livre. On dirait qu'il n'en a pas même lu la préface.

Dans ce qu'il nomme ses études, M. Scherer ne nous dit pas un mot des idées de Feuerbach, ne se place pas un seul instant à son point de vue, et j'ai le droit d'en conclure, ou qu'il ne l'a pas compris, ou qu'il ne s'est pas donné la peine de parler sérieusement à ses lecteurs. Toutes les fois, d'ailleurs, que dans les ouvrages qu'il critique chaque alinéa ne commence pas par des phrases comme celles-ci : « *Ce n'est pas à dire que...* » « *Il ne faut pas croire que...* » « *A Dieu ne plaise que...* » « *Que le lecteur n'aille pas s'imaginer...* » et une foule d'autres locutions semblables ; en un mot, dès qu'un auteur parle nettement et dit en quatre lignes ce que lui-même ou ses auteurs favoris nous serviraient en quatre chapitres, aussitôt il crie à l'exagération et ses jugements ont alors ce ton exagéré, cassant et ridicule que nous venons de voir. Usant des mêmes procédés sommaires à l'égard de quelques successeurs de Feuerbach qu'il se contente de nommer, il termine son article en ces termes : « Après la loi d'amour nous avons eu la loi sacrée de l'égoïsme, et le plus puissant mouvement de la philosophie spéculative a abouti au scandale, à la folie et au néant. » Par ce mot vague et à double sens « aboutir » veut-il nous faire entendre que les écrivains dont il parle sont les derniers représentants de l'esprit métaphysique, ou bien que leurs ouvrages sont la conséquence de tous ceux qui les ont précédés? M. Scherer ne s'explique pas là-dessus ; mais ce n'est pas la question. Par quelle fantaisie, après avoir transformé Feuerbach en entrepreneur de bains publics ou en maître d'hôtel, en fait-il une espèce de prophète, un prédicateur de l'amour ? Quoi ! un critique des religions, un penseur qui prétend mettre quelque chose à leur place, se contenterait de dire comme elles : « Aimez-vous les uns les autres » ? mais c'est une dérision ! Dans les pages de l'*Essence du Christianisme*, consacrées à l'amour et à la foi, Feuerbach démontre irréfutablement leur incompatibilité absolue et leur éternelle contradiction. Pour lui, l'intelligence seule, en vertu de sa puissance conciliatrice due à la lumière qu'elle verse sur toutes choses et qui fait ressortir les rapports qui unissent les hommes entre eux en rejetant dans l'ombre les difféces qui les séparent, l'intelligence seule est capable d'engendrer l'amour universel. Mais l'intelligence ne vient qu'avec les années, et les hommes ne peuvent s'aimer que s'ils ont de bonnes raisons pour cela. L'amour est donc renvoyé au temps où régneront la science et la justice, et nul d'entre nous, je crois, ne peut se flatter de voir ce règne avant de mourir.

En général, les trois quarts des gens qui écrivent

aujourd'hui, qui parlent de science et de progrès, qui se figurent représenter l'esprit de notre époque et se chargent même de faire sa profession de foi, ne peuvent s'empêcher, dès qu'il s'agit de questions religieuses, de prendre un ton plus haut que d'habitude et de faire tomber sur nous, ainsi que d'une chaire sacrée, leurs bénédictions et leurs anathèmes, comme si ces questions n'étaient pas de même nature que les autres et que la raison et l'expérience ne fussent pas capables de les résoudre. Sans faire mention des poëtes, des théosophes, des palingénésistes, des écrivains de bon ton et à la mode, que dire des soi-disant libéraux, des inventeurs de la religion naturelle, des Saints-Simoniens, des doctrinaires de l'Institut, du corps enseignant tout entier, de cette quintessence de l'esprit bourgeois? Et ce qu'il y a de curieux, c'est qu'ils se croient des esprits forts, c'est qu'à les entendre la métaphysique est morte et qu'ils diraient presque, à la façon de Rabelais, que ce n'est plus qu'un système de paroles gelées. Sans doute la métaphysique est un point de vue cristallisé ; mais elle a du cristal l'éclat, la solidité, la régularité ; on peut en admirer la structure et étudier en elle l'organisation de l'esprit humain. Eux, ils se contentent de la dégeler au feu de leur sentimentalité banale et ils nous en servent la dissolution amorphe, inodore, incolore et insipide. Aussi personne ne leur est-il plus antipathique que Feuerbach. Pour lui il n'y a qu'hypocrisie, qu'outrage à l'humanité dans la bouche de ceux qui prononcent les mots de liberté, d'éducation, de lumière, et qui veulent nous replonger dans la nuit du sentiment religieux. Sa critique met à nu leurs contradictions, leur nullité et leur impuissance; nous rendant compte du passé et nous en délivrant par cela même, elle a pour but de rendre libres les voies de la science, d'en être une propédeutique; elle continue le grand dix-huitième siècle en jetant la lumière sur quelques-uns des problèmes qu'il n'avait pas complétement résolus et nous permet de marcher en avant sans avoir besoin de regarder en arrière.

On aime à croire que M. Renan se donne la peine de lire les œuvres dont il veut rendre compte au public, et chacun est persuadé qu'il est capable de les comprendre. Il lui est arrivé cependant de juger l'*Essence du Christianisme* de manière à faire mettre en doute son intelligence ou sa bonne foi. Tout d'abord, selon son aimable habitude, se donnant l'air de dédaigner ce qui lui apparaît sous une forme nette et décidée, il nous dit négligemment que la nouvelle école allemande a bien peu d'importance; mais comme elle a eu un certain retentissement, il veut bien nous en faire connaître quelque chose. Supposons, car ce n'est pas bien sûr, que dans tous ses travaux il n'a pas lui-même seulement pour but de nous raconter des faits, mais d'arriver par eux à des conclusions générales sur l'objet qu'il étudie, eh bien! tous les résultats qu'il a déjà obtenus sont depuis longtemps le point de départ de cette école dont il veut paraître faire peu de cas. En nous exposant quelques-unes des idées de Feuerbach sur le christianisme, sur ses contradictions, sur son incompatibilité avec la science et le progrès, il l'approuve sans restriction; il reconnaît avec lui que même dans l'art l'idéal chrétien est presque une monstruosité ; ce n'est plus la nature ennoblie, la perfection du réel, la fleur de ce qui est ; c'est, au contraire, l'antinaturel, la divinisation de la souffrance physique, de la maladie, la préférence pour tout ce qui excite le dégoût. En un mot, il ne le contredit en rien d'essentiel; on peut même dire, sans crainte d'être démenti, qu'il n'y a pas dans ses ouvrages une seule idée que Feuerbach n'ait exprimée avant lui avec bien plus de force, et cependant il nous assure qu'il est presque inutile de le lire. Que M. Renan y réfléchisse bien, et il s'apercevra que toute sa vie à lui se passe et se passera probablement à démontrer l'inébranlable certitude des conclusions de l'auteur qu'il traite à la légère. C'est leur lumière qui l'a guidé ; il n'a fait que la tamiser pour la vue trop sensible des âmes faibles, et bien souvent il l'a mise sous le boisseau.

Les questions traitées par ces deux écrivains ne sont pas les mêmes, quoique appartenant à un même sujet, la religion, et leur manière de les aborder diffère complétement. M. Renan croit et s'efforce de nous faire croire que ce qu'il importe le plus d'étudier, c'est l'origine des traditions. Feuerbach ne dédaigne pas cette étude, mais il affirme qu'il est impossible de commencer par elle. Il est prouvé, en effet, que pour l'entreprendre il faut être déjà parvenu à un degré de culture très-élevé, et ce degré n'a pu être atteint que de nos jours. L'homme doit être capable de se juger lui-même avant de pouvoir juger son espèce en général, et la conscience de sa propre nature le fait pénétrer dans celle du genre humain. Or Feuerbach n'a pas eu d'autre but que de nous dévoiler les mystères de l'esprit et du cœur de l'homme, et, pour en trouver la solution, il a brisé leur dernière enveloppe, c'est-à-dire l'héritière des religions, la métaphysique idéaliste. Son travail, analogue à celui qui se faisait en France à la même époque, mais beaucoup plus complet pour ce qui concerne la critique des idées religieuses, a fourni les principes qui ont servi de base à toutes les recherches ultérieures. C'est chose utile, assurément, d'interroger les premiers vagissements des religions encore au berceau ; mais comment en devinerait-on le sens si elles n'avaient jamais parlé, si, devenues grandes filles, elles n'avaient pas divulgué leurs secrets? Il a fallu être délivré de leur séduction, être entraîné vers de plus nobles amours pour pouvoir les juger. Sans point de vue supérieur, non-seulement on défigure les faits, mais encore on n'a pas même l'envie de les étudier, car on ne soupçonne pas qu'ils puissent avoir une signification.

Feuerbach part donc du présent pour remonter au passé ; M. Renan part du passé pour arriver au présent, et, s'il se figure suivre la meilleure voie, c'est une erreur dont les conséquences ne sont plus dangereuses, parce que la conscience d'aujourd'hui lui permet de se faire une idée de l'inconscience d'autrefois. Mais s'il diffère de Feuerbach par la méthode, il en diffère encore plus par le caractère, et c'est ce qui explique son antipathie pour le philosophe allemand. Celui-ci traite son sujet surtout en vue de la philosophie contemporaine et dans le but de démasquer son impuissance ; il s'adresse moins aux croyants qu'aux rationalistes incrédules qui défendent la religion et sèment l'hypocrisie. M. Renan, qui a la prétention de s'adresser à un public d'élite, se borne à entretenir ses lecteurs dans la conscience de leur supériorité vis-à-vis de la foule crédule ; il trouve que tout est pour le mieux s'il y a toujours des gens occupés à faire des livres sur la bêtise des autres, et il ne veut pas qu'on l'accuse de porter atteinte aux croyances des âmes pieuses. Aussi quand, après avoir cité ces paroles de la préface de l'*Essence du Christianisme* : « Par ce livre, je me suis brouillé avec Dieu et le monde », il s'écrie doucereusement : « Nous croyons que c'est un peu de la faute de l'auteur, et que, s'il eût voulu, Dieu et le monde lui auraient pardonné », il fait preuve vraiment d'une indicible naïveté. Ce que Feuerbach dit par ironie et en souriant, ou, si l'on veut, avec un profond dédain, M. Renan, qui veut la paix à tout prix, le prend pour un aveu de regret et de repentir. Et quand, irrité de l'accusation croissante et formulée avec de plus en plus de force contre le christianisme par le même écrivain, il l'accuse d'orgueil et presque de folie, en ajoutant : « N'est-ce pas, après tout, l'humanité qui a fait les religions, et peut-on lui imputer à crime ce qui était dans

sa nature? » oh! alors, c'est à n'y rien comprendre.
« L'humanité, dit Feuerbach, est toujours formée par elle-même; toujours elle puise dans son propre sein ses principes de théorie et de pratique. Si les lettres de la Bible sont immuables, leur sens varie aussi souvent que l'humanité change de manière de voir. Chaque époque a sa Bible qu'elle fait elle-même, et où elle ne lit que ses propres pensées, etc., etc. » Ces paroles sont l'alpha et l'oméga de toute sa critique, et il n'a pas d'autre but que d'en faire ressortir toute la vérité. M. Renan lui reproche donc de n'avoir pas fait précisément ce qu'il a fait et de n'avoir pas tenu compte de ce qu'il démontre à chaque page. Ou bien il ne l'a pas compris, ou c'est de sa part une mauvaise plaisanterie.

Pour mieux apprécier la manière de réfuter de M. Renan, citons de lui une page : « Plût à Dieu que M. Feuerbach se fût plongé à des sources plus riches de vie que celles de son germanisme exclusif et hautain! Ah! si, assis sur les ruines du mont Palatin ou du mont Cœlius, il eût entendu le son des cloches éternelles se prolonger et mourir sur les collines désertes où fut Rome autrefois, ou si de la place solitaire du Lido il eût entendu le carillon de Saint-Marc expirer sur les lagunes; s'il eût vu Assise et ses mystiques merveilles, sa double basilique et la grande légende du second Christ du moyen âge, tracée par le pinceau de Cimabué et de Giotto ; s'il se fût rassasié du regard long et doux des vierges du Pérugin, ou que dans la cathédrale de Sienne il eût vu sainte Catherine en extase, non, il ne jetterait pas ainsi l'opprobre à une moitié de la poésie humaine, et ne s'exclamerait pas comme s'il voulait repousser loin de lui le fantôme d'Iscarioth! » Il peut se faire que des cœurs pleins de religiosité et de sensiblerie soient émus par de si belles phrases et ressentent de l'antipathie pour celui qui en est le prétexte. Mais ces belles phrases sont vides, et chaque mot est en contradiction avec la vérité. Le germanisme de Feuerbach a coutume de s'exprimer ainsi : « L'esprit, c'est-à-dire la parole abstraite, telle est l'essence du christianisme. La parole de Dieu n'exprime pas autre chose que la divinité de la parole, l'Écriture sainte, pas autre chose que la sainteté de l'Écriture. Ce christianisme n'a été parfaitement compris et réalisé que par les Allemands, « le seul peuple profondément chrétien. » Aussi les Allemands sont tout et ont tout en parole, mais rien en action, tout en pensée, mais rien en fait, tout en esprit, mais rien en chair, c'est-à-dire tout sur le papier, mais rien en réalité. » Sans doute il faut être Allemand pour parler de la sorte, mais, si je ne me trompe, M. Renan l'est bien davantage, car ce portrait lui ressemble à s'y méprendre, et l'on dirait qu'il a servi de modèle.

L'école romantique en Allemagne a fait sonner, en l'honneur du christianisme, le carillon des cloches et la nôtre en a fait tout autant, sinon même davantage. Mais faut-il beaucoup d'intellect pour s'apercevoir que l'on tombe dans une grande erreur en s'imaginant que les choses du passé étaient revêtues de la poésie que nous leur attribuons? A moins de se laisser aller à un matérialisme ridicule, n'est-il pas évident que les sentiments éveillés en nous par des circonstances comme celles que nous dépeint M. Renan n'ont aucun rapport avec la religion? S'il en était autrement, comment se fait-il qu'il n'y a que des individus d'une éducation supérieure, c'est-à-dire le plus souvent antireligieux, qui les ressentent? Il n'y a pas aujourd'hui un catholique capable de les éprouver. Celui qui possède la foi nouvelle, c'est-à-dire l'amant de la science, le croyant à l'avenir, celui-là seul peut être ému par le souvenir du passé, parce que seul il le comprend, parce que l'histoire lui en a révélé les souffrances et les aspirations. Les classes de la société actuelle qui s'opposent à tout progrès et à toute réforme, et qui conservent à outrance tous les dehors de la religion, en ont tellement perdu l'esprit, que cette poésie dont parle M. Renan leur est complétement incompréhensible. Qu'on leur présente une œuvre d'art qui soit le plus bel écho d'un passé qu'elles admirent, comme le *Tannhauser*, par exemple, elles n'ont pas d'oreilles pour entendre, et cependant l'art est le seul lien par lequel elles se vantent d'être encore attachées à la religion.

Personne ne soutiendra que tout ce qui s'est produit pendant le règne du christianisme est dû à son influence. Pour les meilleures choses, c'est souvent le contraire qui a eu lieu. La philosophie, le droit, la science, n'ont pu faire quelques pas qu'en luttant contre lui ; et il en est de même de l'art, bien qu'on ne s'en aperçoive pas au premier coup d'œil. Les doctrines historiques qui ont cours depuis plus d'un demi-siècle nous ont tellement habitués à considérer les événements comme enchaînés les uns aux autres d'après un plan déterminé que, dans notre admiration banale pour la prétendue progression régulière des sentiments et des idées, nous oublions le rôle du hasard, des perturbations, des cataclysmes, dans les affaires humaines. Tant que la société ne se gouvernera pas elle-même par la raison, il n'y aura, comme aujourd'hui encore, que bien peu de raison dans ses actes, et celle qu'on y trouvera y aura été intercalée en grande partie. Il est impossible qu'un faux point de vue tel que celui des religions ait pu avoir les conséquences bienfaisantes qu'on lui attribue. C'est un fait inéluctable que partout où elles ont eu la prépondérance l'esprit de l'homme a été opprimé, et que partout où elles règnent encore il en est resté presque à son point de départ. Quand des circonstances heureuses, parmi lesquelles il faut compter surtout le caractère et le génie particulier des peuples, ne brisent pas leurs entraves, la marche de la civilisation est enrayée. L'art, pour ne parler que de lui, ne dépasse jamais le degré atteint à la même époque par les autres manifestations de la nature humaine, et il ne trouve sa voie que lorsqu'elles trouvent la leur. Ce n'est pas la beauté ni la perfection qui nous frappent dans les premières œuvres des peintres chrétiens. L'homme du monde et le croyant lui-même restent indifférents à la vue de ces peintures, et souvent elles leur répugnent. Leur impression sur nous est plutôt morale qu'esthétique. Celui-là seul qui est capable de se reporter par la pensée au temps qui les a produites et de vivre de la vie des contemporains, celui-là seul peut être saisi d'une émotion profonde. Dans la gêne du corps des personnages représentés, dans l'expression de leurs visages, dans la fixité mélancolique de leurs regards, se manifestent l'oppression qui les faisait gémir, et cette poussée intérieure par laquelle, comme la plante enfermée dans une cave, ils cherchent à fuir vers la lumière et l'air libre. C'est à mesure que l'esprit chrétien s'est affaibli qu'on a vu revenir la joie et avec elle l'art, la science, la liberté, si longtemps en exil. Si dans cet esprit, qui, après avoir longtemps consolé nos pères dans des temps affreux, a fini par les trahir parce que ses remèdes étaient imaginaires et illusoires; si, dans cet esprit, il y a eu des éléments de beauté et de grandeur, ces éléments, inséparables de la nature humaine, existaient avant lui et lui ont survécu. Ils lui appartenaient même si peu, qu'on l'accuse de les avoir dénaturés, et que c'est en leur nom qu'aujourd'hui les penseurs le proscrivent.

Ce n'est pas devant le fantôme d'Iscarioth que Feuerbach a l'air de s'exclamer, comme dit M. Renan; il ne croit pas aux fantômes et ne se bat pas contre des moulins à vent; c'est devant Iscarioth lui-même, c'est-à-dire devant l'hypocrisie, le sophisme, la mauvaise foi, la perversité de la conscience et de la raison. Tous ceux qui jetteront un regard même superficiel sur dix pages de son œuvre s'apercevront immédiatement que ce n'est pas à la religion elle-même qu'il adresse ses invectives, mais à la prétendue philosophie qui s'appuie sur elle et en même temps lui sert de soutien. Il fait la guerre bien moins au passé qu'au présent. Il est vrai que, si le présent a ses racines dans le passé, les reproches adressés à la théologie et au rationalisme retombent aussi sur les religions. Mais celles-ci n'en reçoivent qu'une bien faible part, car elles ne les méritent qu'indirectement. S'il est impossible qu'un enfant se représente la lune plus grande qu'un fromage, de même il est impossible que l'homme encore enfant ne soit pas religieux, c'est-à-dire ne se figure pas que les choses sont ce qu'elles lui paraissent être. Si l'on ne reproche pas à l'enfant et à la religion leur naïveté et leur ignorance, on a le droit d'en faire honte à l'homme et à la philosophie. C'est ce que fait Feuerbach. Il n'intente pas un procès à l'humanité, ce qui serait ridicule et absurde, mais à ceux qui parlent en son nom et la calomnient; et encore ne les déclare-t-il criminels que s'ils ont conscience de ce qu'ils font. Loin de médire du genre humain, comme on voudrait le faire entendre, il lui montre sa noblesse, sa dignité et la permanence de son idéal même sous les naïves pauvretés de la religion, les absurdités de la scolastique et les sophismes d'une science tout entière au service d'une société décrépite. C'est pourquoi sa critique, malgré son amertume, guérit comme la vérité les blessures qu'elle peut faire et réconcilie l'homme avec son résultat. Ce résultat définitif peut se formuler en peu de mots : Souvenons-nous de la religion avec un sourire, mais en même temps avec humilité, en voyant de combien bas nous sommes partis; regrettons que l'état d'ignorance, de sottise, de contradiction ait duré si longtemps et avec lui cette passion de l'humanité semblable à celle qu'elle attribue à ses dieux, — et maintenant l'œil fixé sur l'avenir, avec la pleine conscience de nos droits puisés dans la vérité et la justice, faisons la guerre en hommes de bonne volonté à tout ce qui s'oppose à leur avénement et à leur triomphe.

Dans son appréciation de Feuerbach, M. Renan n'a obéi qu'à son antipathie pour tout ce qui est net, clair, précis, exprimé sans ambages et sans circonlocutions. Il trouve, dans un accent convaincu, dans la conviction elle-même, quelque chose qui décèle pour ainsi dire une nature bornée. La nuance, la délicatesse, la grâce, voilà ce qu'il aime par-dessus tout, et ces qualités nommées à chaque instant dans ses livres lui paraissent manquer à ceux dont la pensée ne craint pas de s'exprimer sous une forme intrépide. A force de le répéter, il a fini par le croire, et c'est une preuve qu'il ne comprend pas bien la véritable liberté intellectuelle. Les nuances proviennent de l'action d'un être ou d'un phénomène puissamment accusé sur le milieu qui l'entoure. Si je prends la lumière par exemple, le soleil, qui en est la manifestation, produit des effets bien plus riches et bien plus variés là où il est le plus puissant que dans les contrées où ses rayons obliques colorent à peine une épaisse atmosphère. Les nuances ne sont que des reflets dont la vivacité est en raison directe de la force, en raison inverse de la distance de la cause qui les produit. Les gens dont l'esprit ne peut se dégager du doute ont une espèce d'aversion pour la rigueur de la forme scientifique ; ils croient être plus libres parce qu'ils ne sont pas gênés par leurs convictions, mais, en définitive, il n'y a dans leurs paroles qu'un écho affaibli de la vérité, et ils ne font que nous donner une édition expurgée des œuvres du génie, que verser leur eau insipide dans son vin généreux. Si l'on peut comparer les œuvres de l'écrivain vigoureux et agressif comme Feuerbach à une peinture de Rubens, celles de M. Renan, sur le même sujet, sont un lavis à l'encre de Chine. Pour éviter les tons éclatants, les couleurs tranchées, il nous plonge dans un brouillard où l'on ne voit plus ni dessin ni couleur. Il a beau prétendre que la roideur du caractère est un obstacle à la connaissance de la vérité et ne permet pas d'être libre ; si la liberté consiste dans notre délivrance de ce qui n'est pas nous, il ne la possède pas encore, car mille liens l'attachent au passé ; il ressemble à cet homme primitif qu'un peintre nous montre enfoncé jusqu'à mi-corps dans la terre, sa mère, et qui s'efforce péniblement de se dégager vers le ciel.

Si mon sujet me le permettait, je traiterais avec plus de développement cette question des nuances maintenant à l'ordre du jour, car j'avoue qu'il y a dans la manière dont on a coutume de la traiter quelque chose qui porte sur les nerfs. Ce qu'il y a de singulier, c'est que les écrivains qui aujourd'hui se sont fait une spécialité de poser comme amateurs de la délicatesse, de la finesse, de la variation dans les motifs, de l'élégance dans la forme, de l'aménité dans les jugements, sont précisément ceux chez lesquels ces qualités se rencontrent le moins. Tout ce monde de critiques que l'on coudoie dans les revues, et dont les coryphées sont MM. Sainte-Beuve, Scherer, Renan, etc., vit et se meut dans un élément neutre, a fondé et continue en littérature ce que l'on est convenu d'appeler le genre ennuyeux. Sous le rapport du style, il n'a pas inventé une forme nouvelle, il n'a partout qu'un seul ton et une seule couleur ; sous le rapport de l'idée, il se contente d'exposer dédaigneusement le résultat des travaux des véritables penseurs en le rabaissant à son niveau, c'est-à-dire en lui ôtant toute espèce de caractère : car c'est le propre de ces amis des nuances, de ne vouloir que la leur et de s'étonner que les autres aient du sang dans les veines quand ils n'y ont que de l'eau claire. Leur manière d'être n'est pas autre chose que l'indifférence décorée du nom d'impartialité.

Dans le monde réel, les nuances, les différences presque insensibles ont une valeur immense, parce que chacune d'elles est un être déterminé, complet, formant pour ainsi dire une sphère d'où rayonne l'individualité. L'ensemble de ces diversités éphémères, mais éternelles par leur perpétuelle renaissance, forme pour l'œil et la fantaisie, c'est-à-dire pour l'optique physique et l'optique intellectuelle, un tableau brillant des plus riches couleurs, un arsenal où l'imagination humaine puisera à jamais les types de ses créations. C'est aux artistes inspirés, c'est à un Gœthe ou à un Shakspeare qu'est donnée la mission d'ouvrir sur ces merveilles les yeux des moins clairvoyants. Le philosophe a autre chose à faire. Il ne s'agit pas seulement pour lui de se délecter dans la contemplation des formes les plus diverses; il veut deviner les lois qui président à leur génération, trouver l'unité dans la variété, la simplicité dans la complexité, et dans le désordre apparent l'harmonie. Mais parce qu'il est obligé en apparence de négliger les détails pour l'ensemble, d'analyser, de disséquer, de réduire à une formule simple les conditions de l'existence des choses, aller l'accuser de partialité, prétendre qu'il n'a d'yeux que pour un côté des phénomènes, leurs rapports, et qu'il est aveugle pour tout le reste, ce serait une insigne folie ! La science n'est indifférente à rien, ou si elle semble l'être quelquefois, c'est tout simplement parce qu'en s'occupant d'une chose elle ne peut pas en même temps s'occuper d'une autre. L'homme superficiel qui veut tout embrasser d'un coup d'œil et n'approfondit rien, qui se vante de ne rien dédaigner et fait parade d'une sympathie universelle, ne sait pas que ses facultés perdent en intensité ce qu'elles semblent gagner en extension. La science est plus minutieuse que l'art; mais les détails ne lui font pas néanmoins perdre de vue l'ensemble. Un seul ordre de faits bien connu jette toujours une lumière immense et inattendue sur des milliers d'autres. Il est bon qu'il se trouve partout quelqu'un qui fasse la monographie de quelque chose, et dans chaque étude spéciale, malgré son caractère exclusif, il y a autant de respect pour l'individualité des êtres et autant d'égards pour les nuances les plus délicates que dans les créations poétiques les plus parfaites. La nature ne se laisse pas arracher ses secrets de vive force.

Dans le monde moral, le penseur n'a pas seulement pour objet d'étudier les phénomènes et d'en trouver les lois; il a encore un but pratique dont la réalisation est entravée non par la difficulté de l'étude, mais par des causes d'un ordre bien différent. La nature *est*, l'homme *devient*. La nature est à chaque instant ce qu'elle peut et doit être, l'homme voit toujours devant lui quelque chose de mieux auquel il aspire. Les phénomènes naturels sont perpétuellement les mêmes; les phénomènes moraux peuvent éprouver des modifications sous l'influence de la raison et de la volonté. Quand nous ne pouvons pas diriger les premiers selon nos desseins, nous gémissons de notre impuissance présente, mais sans trop nous sentir humiliés, et nous nous remettons à l'œuvre avec foi et patience, espérant être plus heureux à l'avenir. Quand, au contraire, il s'agit de lutter contre les désordres du monde moral ou contre les erreurs qui en sont la source, quand il s'agit des lois, de la justice, du droit, de la vérité, oh! alors chaque effort suivi d'insuccès est pour nous comme une épée dans le cœur. Nous n'avons pas ici seulement à deviner par l'intelligence l'action de forces rebelles qui se laissent dompter pourvu qu'on leur obéisse ; la plupart des causes qui s'opposent à notre victoire sont factices, et c'est ce qui excite notre colère ; nous avons affaire à des êtres semblables à nous dont souvent l'ignorance soulève notre pitié, la mauvaise foi notre indignation ; nous croyons avoir les mains pleines de moyens libérateurs, et il nous est impossible d'en faire usage ; en un mot, tout conspire pour nous mettre hors de nous-mêmes et nous faire perdre patience. Rien d'étonnant qu'alors nous perdions un peu le sentiment des nuances et que nous repoussions loin de nous cette espèce de tolérance universelle et banale qu'on veut nous imposer comme une loi, sous peine d'être taxés d'injustice et d'étroitesse d'esprit.

Eh oui ! tolérance tant que vous voudrez pour les opinions d'autrui quand elles sont sincères, tolérance dans la vie pratique, d'individu à individu, par politesse d'abord, et parce que là les ménagements sont nécessaires ; mais devant l'opinion publique, mais dans les choses de l'intelligence, surtout dans celles qui ont rapport à la morale et quand on s'adresse soit à des partis puissants, soit à des institutions vieillies mais acharnées à vivre, là il est bon de parler hautement et sans détours. Voici, par exemple, un phénomène universel, l'existence des religions diverses et de leurs cultes. Après la critique qui en a été faite, quel est l'homme de ce siècle, ayant la moindre éducation, qui ne sache que dans ces représentations enfantines des peuples il n'y a pas d'absurdité qui n'ait sa raison d'être et par conséquent sa justification ? Quel est celui qui ignore que, s'il était né dans un autre pays, sous d'autres climats, dans des conditions différentes, il serait lui-même bien différent de ce qu'il est ? On est donc aujourd'hui assez bien disposé à ne se formaliser de rien. Ceux qui parlent de leur tolérance, qui la présentent comme un résultat intellectuel que peu ont encore atteint, sont parfaitement ridicules. Les persécuteurs, car il y en a, prétendent ne persécuter qu'au nom de la vérité ou pour le bien public, mais chacun sait, et ils le savent eux-mêmes, qu'ils n'agissent qu'en vue de leurs intérêts de caste ou de position sociale. On n'affiche aujourd'hui que des prétentions ; en réalité on fait le contraire de ce qu'on pense, si l'on pense. Tel qui soutient en public une opinion de parti soit par intérêt, soit pour soutenir un rôle dont il s'est affublé, s'en moque en petit comité pour ne pas paraître imbécile et donne pour excuse la mode, le ton, l'esprit de l'époque. C'est ce ton et cet esprit qu'il faut attaquer, et alors on s'inquiète peu de froisser des adversaires dont le métier est de condamner ceux qui pensent, je veux dire ceux qui parlent autrement qu'eux. Celui qui a pour but unique la vérité dédaigne ces démonstrations hostiles ; le dédain même est de trop et bon pour les poseurs ; il ne les voit pas, ne les entend pas et passe tranquillement son chemin.

La plupart des écrivains nuancés et délicats semblent

craindre que le progrès dans l'industrie et dans l'éducation, en détruisant l'erreur et ses formes diverses et en effaçant les différences trop sensibles entre les hommes et les peuples, n'aboutisse à faire régner partout l'uniformité et l'ennui. Ils diraient presque, s'ils l'osaient : « Plutôt l'ignorance et la misère avec la variété que la science et le travail avec la monotonie. » Vraiment! mais n'est-il pas absurde de se figurer que la science, le commerce et l'industrie auront pour résultat de nous rendre uniformes? Ce serait par trop prendre au sérieux la livrée des administrations, les casquettes et les boutons numérotés des employés des chemins de fer et des différentes compagnies. La science seule donne la liberté véritable, et avec elle le mouvement et la vie. Tandis que les religions, quelque diverses qu'elles soient, impriment partout à leurs adeptes un cachet d'uniformité ineffaçable, si bien qu'il n'y a rien au monde qui se ressemble plus que les peuples religieux, la science critique et guerrière fait la guerre précisément pour délivrer l'homme de tout ce qui pourrait gêner son développement individuel et lui imposer une physionomie d'esclave. Tandis qu'en Orient et en Occident chaque peuple religieux a pour ainsi dire un type, et qu'on voit sur chaque visage humain briller le feu d'une implacable haine pour tout ce qui ne lui ressemble pas, la civilisation permet au premier venu d'avoir la figure qui lui convient, met sur son front la sérénité et délivre ses regards de cette fixité bestiale de l'œil du croyant, qui ne voit que lui-même, en les dirigeant sur tout ce qui mérite d'être vu. — Je n'ai pas besoin de pousser plus loin ce parallèle et je reviens à mon sujet, c'est-à-dire à M. Renan et à l'examen de ses idées religieuses.

« Laissons les débats théologiques à ceux qui s'y complaisent; travaillons pour le petit nombre de ceux qui marchent dans la grande ligne de l'esprit humain. » Tel est le programme de M. Renan. Mais qui donc aime les débats théologiques ? Il ne s'agit pas de les renouveler, il s'agit de les expliquer. Sur quoi fondé affirme-t-il qu'il vaut mieux interpréter les premières idées religieuses des peuples que cette espèce de religion prônée de nos jours par des hommes de premier ordre, philosophes, naturalistes, historiens, et au nombre desquels on peut le ranger lui-même ? Pour quel motif renverse-t-il la méthode, et au lieu d'étudier les choses dans leurs fruits, se figure-t-il qu'il les connaîtra mieux par leurs racines ? Comment ne s'aperçoit-il pas que c'est la connaissance de ces fruits qui le guide, et que de sa longue excursion il ne nous rapporte rien que ce qu'il avait d'abord emporté ? Il travaille pour ceux qui suivent la grande ligne de l'esprit humain ; — si cette ligne est la science, ceux qui la suivent sont souvent obligés de se dire avec chagrin que ce n'est pas pour eux seuls qu'il écrit.

« La gloire des religions est de se poser un programme au-dessus des forces humaines, d'en poursuivre avec hardiesse la résolution et d'échouer noblement dans la tentative de donner une forme déterminée aux aspirations infinies du cœur de l'homme. Toute forme religieuse est dans une énorme disproportion avec son divin objet, et il n'en saurait être autrement. » Autant de mots, autant d'erreurs, et le vague des expressions s'accorde parfaitement avec le vague des idées. Un tel langage s'adresse non à l'intelligence, mais au sentiment ami du *far niente* et du rêve. La religion ne s'est jamais posé de programme, elle n'a rien fait avec conscience, c'est là le rôle du sacerdoce et de la théologie ; elle n'a jamais échoué dans ses tentatives, parce qu'elle n'a rien tenté, et d'ailleurs, en supposant qu'elle ait jamais eu une volonté réelle, elle l'a satisfaite complétement à sa manière. La foi est le fond et la forme de la religion ; le ciel, l'enfer, l'immortalité sont pour le croyant des solutions qui ne laissent rien à désirer, car elles dépassent toute la puissance de la nature et il croit à un être surnaturel. S'il y a disproportion entre une forme religieuse et son objet, c'est seulement pour celui qui commence à douter. Ce qu'il importe le plus d'étudier, c'est donc l'essence de la foi ; elle connue, tous les mystères sont dévoilés.

« Pour l'immense majorité des hommes, la religion établie est toute la part faite dans la vie au culte de l'idéal ; supprimer ou affaiblir dans les classes privées des autres moyens d'éducation, ce grand et unique souvenir de noblesse, c'est rabaisser la nature humaine et lui enlever le signe qui la distingue essentiellement de l'animal. L'élévation intellectuelle sera toujours le fait d'un petit nombre : pourvu que ce petit nombre puisse se développer librement, il s'inquiétera peu de la manière dont le reste proportionnera Dieu à sa hauteur. » — En général, on peut dire qu'il n'y a nulle part moins d'idéal que là où règne la religion ; il n'y a le plus souvent que superstition et idolâtrie. La religion est toujours une affaire pratique, une expression de l'égoïsme de l'homme, et elle tend bien moins à satisfaire ses besoins moraux et intellectuels que son instinct de conservation. Si son étude ne le démontrait pas, l'histoire de tous les peuples qui dans l'Europe moderne se trouvent encore sous sa tutelle et croupissent dans la misère et l'ignorance, suffirait pour le dévoiler à tous les regards. Les théosophes et les éclectiques n'attribuent à la religion des effets bienfaisants sur le peuple que parce qu'ils attribuent en même temps au peuple leurs propres idées sur la religion. Mais supposons qu'il en soit ainsi que M. Renan nous l'assure : il arrive toujours un moment où les classes privées des autres moyens d'éducation, — pourquoi en sont-elles privées ? — arrivent à l'incrédulité complète. La triste réalité leur fait sentir et leur enseigne ce que la raison apprend au philosophe. A quoi se décider dans ce cas ? Comment ressusciter ce qui est mort, même avec la meilleure volonté du monde ? Il faut donc recourir à ces autres moyens que M. Renan semble ne pas vouloir employer. Parce que le privilége d'une éducation supérieure lui a été accordé, voudrait-il le garder pour lui et ses amis ? Est-il bien vrai que la plus grande partie des hommes soient condamnés à ne jamais s'élever à sa hauteur? Illusion ridicule d'un aristocrate de l'intelligence! Il ne faudrait pas longtemps pour mettre le peuple au niveau de ses idées sur la religion et sur la race humaine en général, — de la tâche qu'il y a aujourd'hui à accomplir, c'est la moindre partie et l'opposition vient moins du peuple que d'ailleurs. Croit-il que ce petit nombre dont il revendique les droits a besoin pour se développer de l'abaissement du plus grand? Désirerait-il qu'il en fût ainsi pour paraître grand à peu de frais? Ne sait-il pas que la liberté des uns ne peut exister qu'à la condition de la liberté des autres ; l'histoire ne le prouve-t-elle pas à chacune de ses pages? Et de quel droit ose-t-il dire au nom des privilégiés qu'en général le degré d'éducation du peuple leur importe peu? Blasphème! Les trois quarts d'entre eux sont presque honteux de ce privilége et ils ne tiennent à rien tant qu'à se le faire pardonner. L'homme heureux désire voir des heureux partout, car la vue du malheur est un malheur aussi. L'homme digne de ce nom ne peut supporter autour de lui que des hommes élevés par l'art et la science, à ce degré de noblesse et de dignité qui convient seul à la nature humaine, et ce serait un affreux malheur qu'il en fût autrement, car la liberté provient moins des efforts de l'esclave pour briser ses fers que du dégoût de l'homme noble pour la servitude. Le bien, sous quelque forme que ce soit, n'a pas de besoin plus grand que celui de se communiquer, et c'est faire preuve d'une âme encore embarrassée dans les langes de la religion, que de ne pas soupçonner le plus beau côté de l'esprit scientifique, c'est-à-dire son désintéressement et son besoin d'expansion!

Voilà où conduit le désir de garder une espèce de milieu entre des extrêmes qu'on suppose. En ne voulant froisser personne, il arrive qu'on est applaudi par les indifférents et les éclectiques et qu'on blesse les meilleurs, les amis de la vérité et du progrès. Pour éviter des explications décisives, on empêtre ses lecteurs dans des phrases visqueuses dont le sens se dégage à peine ; on se pare d'une indifférence simulée que l'on prend pour une supériorité, et à force de chercher des déguisements pour sa pensée, on finit par se calomnier sans s'en apercevoir. M. Renan a beau faire, il ne nous persuadera pas qu'il a l'amour de l'étude et de la vérité sans avoir en même temps le désir de les voir se répandre partout. De même il aura beau faire parade de son dédain affecté, proclamer mille fois son dégagement de tous les préjugés et de tous les partis, ainsi que sa liberté et son indépendance, jusqu'à nouvel ordre, on n'y croira pas. Il ne sera libre que le jour où il comprendra ce qu'il a méconnu jusqu'ici, que le jour où la science pratique, l'industrie et la réalité ne seront pas pour lui un obstacle à l'idéal. Il a dit quelque part que le monde, tel qu'il est, est si drôle, que ce serait vraiment dommage qu'il changeât, Un tel mot et une telle idée ne s'expliquent guère chez lui que par son aveuglement sur le mal qui existe, ou par le besoin qu'il ressent quelquefois de sortir du ton doctrinaire ; mais enfin, puisqu'il aime la drôlerie, — j'aime croire qu'il entend par là la vie, l'esprit, l'animation, — il devrait savoir que la religion n'est pas drôle, et que ce n'est pas à elle qu'il faut s'adresser pour faire naître dans le peuple un esprit nouveau et une vie nouvelle.

Si je voulais feuilleter les œuvres de M. Renan, j'y trouverais cent pages pareilles à celles que je viens de citer ; je montrerais chez lui à chaque instant des contradictions palpables : d'une part, des affirmations éloquentes dans le sens du progrès, de la justice et de la vérité, et de l'autre, des complaintes sur le temps présent qui témoignent de ses regrets d'un passé mal compris et de l'incertitude de sa pensée. N'ayant par lui-même aucune idée originale, aucune méthode particulière, aucune vue propre des choses, il est de ces hommes chez lesquels on trouve à côté l'un de l'autre le oui et le non, le tant pis et le tant mieux, et dont on ne peut citer une phrase qui les accuse, sans qu'ils en citent aussitôt une autre qui les absout. Son dernier livre, la *Vie de Jésus*, ne contient rien qui me permette de retrancher une seule ligne de la critique qui précède. Quel a été son but en l'écrivant ? Celui de dire aussi son mot pour ou contre la divinité du Christ ? Sans doute, mais en même temps il a voulu faire de l'histoire, recréer par intuition un événement plongé dans la nuit du merveilleux, et, la tradition une fois expurgée, nous montrer son tableau tel quel et nous dire : « Que vous en semble? N'est-ce pas ainsi que les choses ont dû se passer? » Quel que soit le talent dont il a fait preuve, a-t-il réussi? Les uns diront oui, les autres non, avec tout autant de raisons pour motiver leur jugement. Je n'ai pas à faire ici la critique du livre, je me contenterai de dire que Pierre, Paul ou Baptiste, se proposant d'écrire la biographie du Christ, et sachant à quoi s'en tenir sur sa divinité, comme M. Renan, s'en acquitteront chacun à leur point de vue d'une manière différente, seront tous également dans le vrai et dans le faux, et que le résultat final sera, en définitive, absolument le même. Dans un travail de ce genre, le talent est tout, l'intention philosophique presque nulle ; il s'agit de faire œuvre d'art. La démonstration de l'idée première, l'humanité de Dieu, si elle est réussie, est chose excellente assurément ; mais au point de vue de la science actuelle, si l'on ne s'occupe que d'un fait particulier, l'incarnation chrétienne, par exemple, on reste au-dessous de la critique. La question d'histoire et d'art mise de côté, quelle que soit son importance, je demande, et c'est là que je voulais en venir, si M. Renan nous a appris quelque chose. Que nous a-t-il dit de la religion, de ses racines dans l'esprit et dans le cœur de l'homme, de ses transformations parallèles à celles de la société, de ses rapports avec la science, l'art, la morale, de son influence dans le passé et dans le présent? Rien, absolument rien. Il le fera plus tard, répondra-t-il. Soit, et c'est là que je l'attends ; nous verrons s'il ajoutera une idée à celles qu'ont émises l'écrivain allemand qu'il fait semblant de méconnaître, et un autre, celui-ci français, que je n'ai pas besoin de nommer. J'affirme d'avance qu'il ne dira rien de plus, qu'il dira mille fois moins, et que, s'il dit quelque chose, ce sera dans le même sens, sous peine d'erreur ou de manque de courage et de sincérité !

Manque de courage et de sincérité ; je l'ai dit et je le répète, voilà le péché irrémissible de la plupart des auteurs contemporains, et il faut que leur condescendance pour les classes imbues de préjugés, mais riches et puissantes, que leur crainte de violer l'étiquette et le ton de ce qu'on appelle la bonne société, soient bien grandes, pour leur faire commettre la seule faute que ne se pardonnent jamais les hommes d'intelligence, celle de risquer de paraître inférieurs à ce qu'ils sont, surtout inférieurs au milieu qui les entoure. Me trompé-je en ce moment en les croyant bien au-dessus de ce qu'ils paraissent être ? C'est possible, et je serais sur le point de n'en pas douter en voyant de quelle façon ils traitent les questions religieuses, principalement quand ils s'adressent au peuple. Il ne s'agit plus aujourd'hui de catholicisme et de protestantisme ; le débat s'est déplacé, et les ignorants seuls continuent à suivre la vieille ornière. Il s'agit de l'esprit qui les a créés, et qui, pour ne pas mourir, a revêtu une nouvelle forme adoptée à l'envi par les éclectiques, les rationalistes, les spiritualistes et tous les mystiques en général. Il s'agit de la religiosité nouvelle, de cette indifférence, de cette universelle apathie, de ce quiétisme fadasse qui en sont les conséquences inévitables, et que M. Renan ne contribue guère moins à répandre que le père Enfantin et ses confrères. Voilà ce que Feuerbach s'est proposé d'étudier pour lui faire mieux la guerre, et sur quoi il a laissé peu de chose à dire. Faites, si cela vous plaît, l'histoire du christianisme depuis son fondateur jusqu'à nos jours, mais ne parlez pas contre ceux qui ont proclamé d'avance les conclusions que vous tirerez de ce long travail, conclusions que vous n'aurez jamais peut-être le courage d'exprimer vous-même.

Si je me suis attaché à faire ressortir le peu de valeur des critiques de M. Renan avec une certaine animosité, c'est qu'aux hommes comme lui la vérité ne doit pas être épargnée, parce qu'ils ont charge d'âmes et que rien n'afflige plus que de voir les meilleures intelligences encourager par leur exemple les esprits inférieurs à prononcer des jugements prématurés sans autre base que la sympathie ou l'antipathie que leur inspirent les gens d'un autre tempérament que le leur. En critiquant chez lui cette manière d'être, qui repousse tout ce qui ne lui ressemble pas, cette fin de non-recevoir inadmissible dans un procès pendant depuis des siècles, je m'adressais à toute une classe d'hommes qui ne ferme les yeux à la vérité qu'à cause de la source d'où elle vient. Comme Feuerbach a répondu lui-même à toutes les objections qu'on a pu élever contre son œuvre, je n'avais pas à me charger du soin de le défendre;

le lecteur verra comment il s'en est acquitté. Je n'ai voulu, pour le moment, que prévenir les consciences timorées contre cette espèce de frayeur que leur inspire la parole d'un homme convaincu qui ne cherche pas de détours pour dire ce qu'il pense. C'est en vain que l'on voudrait faire entendre que les hommes qui écrivent avec passion ne sauraient être justes ; l'homme intelligent et libre ne renoncera pas pour cela à son caractère guerrier, et il n'admettra jamais que l'ardeur à défendre la vérité et la justice soit une preuve de partialité.

Nous savons tous aujourd'hui que la vérité est comme une vie qui se développe sans cesse. A chaque époque l'homme se représente les choses d'une manière particulière, et chacune de ces manières est pour ainsi dire légitime, excusable, quoique fausse souvent, parce qu'elle est nécessaire. Le but de l'étude est de trouver le lien qui unit ces divers modes de penser et de sentir, de démontrer que sous toutes ces formes diverses l'esprit est toujours le même. La vérité d'aujourd'hui éclaire ainsi la vérité d'autrefois, mais en nous faisant comprendre que telle ou telle doctrine du passé eût été la nôtre au temps où elle s'est produite ; elle nous donne la conviction que ses fondateurs, s'ils étaient sincères et conséquents avec eux-mêmes, seraient aujourd'hui nécessairement avec nous.

De cette conscience toute nouvelle de nous-mêmes, il résulte que l'esprit humain est enfin parvenu à trouver le secret de sa nature, à découvrir les lois de son développement. Désormais, connaissant la source de ses erreurs, le principe de sa force et de sa faiblesse, il se sent en pleine possession de lui-même et ne craint plus d'errer comme autrefois et de s'épuiser en de vains efforts. Avec l'aurore de cette conscience, tout a changé pour lui; la vérité, autrefois expression de la fantaisie, exprime aujourd'hui et exprimera désormais la réalité inépuisable; la science fait éclater de toutes parts les liens étroits dans lesquels la religion le comprimait. Arrivé à ce sommet sublime d'où il peut juger le passé et prévoir l'avenir, il efface de sa mémoire le souvenir des combats qu'il a dû livrer, des persécutions qu'ont subies ses représentants. Mais s'il offre l'oubli et le pardon à ses ennemis, il n'en est que plus sensible au manque de courage de ceux qui se proclament ses amis et le trahissent. Il ne faut donc pas s'étonner si ceux qui parlent en son nom mêlent à leurs discours un peu de colère et d'amertume.

En dépit de toutes les déclamations, il y a d'ailleurs dans l'ironie et l'invective bien plus de tendresse, bien plus d'amour de l'humanité que dans ces ménagements trompeurs, que dans cette doucereuse phraséologie et ce ton de convention qui dissimulent le mal sous prétexte de ne pas froisser des sentiments respectables, mais qui accusent une âme sans virilité et peu de haine pour le vice. L'ironie est la dernière arme de l'intelligence irritée, du cœur blessé, de la volonté opprimée. C'est le contre-coup dans notre esprit, l'expression involontaire, l'écho strident des dissonances qui résultent du peu d'harmonie des choses, de la rupture d'un équilibre, d'une injustice criante, du mensonge et de l'imposture. Quand malgré la science, les arts, les efforts réunis des hommes de bonne volonté depuis plusieurs siècles, le but qu'on voulait atteindre se dérobe à chaque instant sous nos pas, que reste-t-il à faire pour échapper au désespoir, sinon d'affimer par un éclat de rire la permanence de la liberté et le triomphe de la raison, même dans sa défaite momentanée? Mais cet éclat de rire déchire les entrailles comme un fer aigu, et lors même qu'on s'explique le pourquoi et le comment des choses, lors même qu'on ne fait un crime à rien ni à personne de la ruine de ses espérances, il est cependant impossible qu'on ne cherche pas à se soulager en objurguant le destin!

Joseph Roy.

CATHOLICISME — PROTESTANTISME THÉOLOGIE

I

Le paganisme classique avait pour caractère l'unité; dualisme, scission, désaccord en toutes choses sont le caractère du christianisme. On trouve bien, il est vrai, dans le paganisme, des contrastes nombreux, — où ne pourrait-on pas d'ailleurs en trouver? — et à leur suite mille maux, mille combats, mille douleurs; mais ces contrastes étaient nécessaires, ces combats organiquement fondés, ces douleurs et ces maux naturels et inévitables. Le christianisme unit à ces maux inévitables des maux superflus, aux luttes nécessaires et immanentes des luttes transcendantes qui brisaient les esprits, aux souffrances corporelles des souffrances de l'âme, aux contrastes naturels des contrastes contre nature; la scission entre Dieu et le monde, entre le ciel et la terre, la grâce et la nature, l'esprit et la chair, la foi et la raison. Les luttes de l'Église et de l'Etat ne furent que la manifestation extérieure, politique de ces contradictions qui ravageaient le cœur de l'humanité. Là où l'humanité est une en elle-même, son monde ne peut pas se scinder en deux mondes différents.

L'opposition intime qui caractérisa le monde chrétien dans les époques catholiques, ce fut surtout l'opposition de la nature et de la grâce, des choses sensibles et des choses suprasensibles, de l'humanité et de la sainteté, ou, pour s'exprimer comme l'Église, l'opposition de l'esprit et de la chair. Renoncer à la vie civile et politique, rejeter comme une vanité pure toutes les occupations, toutes les choses dites mondaines, afin de pouvoir sans distraction, avec un cœur brisé et des yeux pleins de larmes, languir dans l'attente du ciel, tuer tous les penchants, toutes les inclinations naturelles; se châtrer, se martyriser, voilà en quoi consistaient la religion, la vertu et surtout la plus haute vertu, la vertu du saint. Ce n'est pas l'amour, avec quelque emphase qu'on l'ait célébré, — car évidemment la nature n'a pas semé la haine, mais la sympathie au cœur de l'homme; — ce n'est pas la foi, — car déjà l'homme a naturellement pour elle un penchant prononcé, — non! c'est la chasteté seule, ou plutôt la virginité : — car la nature ne nous a donné aucune inclination pour elle, mais un penchant souverain tout à fait contraire; — c'est la chasteté qui, en tant que vertu surnaturelle ou contre nature, était la vertu spécifique du catholicisme. Facile est la foi, plus facile l'amour, mais difficile la chasteté absolue. L'amour n'est pas surhumain, la foi non plus; la virginité l'est. L'idée du sacrifice est la plus haute idée du christianisme; mais quel sacrifice est plus grand pour l'homme naturel que le sacrifice du penchant du sexe? Le ciel est l'unique, le dernier but du chrétien; mais quelle vertu rend déjà sur la terre l'homme céleste, égal aux anges et pur comme eux? la chasteté. « La chasteté inviolée, dit saint Augustin, est un don du ciel, et dans la chair corrompue l'exercice et la représentation de l'éternelle incorruptibilité. Assurément ceux qui ont déjà dans leur chair quelque chose de non charnel posséderont bien plus d'avantages que les autres dans l'immortalité commune. » Et saint Jérôme : « Celui que les anges adorent dans le ciel exige aussi des anges sur la terre. « Même le philosophe Albert le Grand fait de la chasteté la plus haute vertu, lorsque, parlant de la récompense qui lui est réservée, il cite ces paroles du Christ : « Quiconque triomphera des penchants de la chair, je lui accorderai de s'asseoir avec moi sur mon siége, de même qu'après en avoir triomphé moi-même, je me suis assis sur le siége de mon Père (1). » Si le mariage n'est pas rejeté par le catholicisme, s'il est souffert, accordé même à tel point, qu'on en a fait un sacrement, il n'en faut pas chercher la cause dans la foi et dans le sens religieux, mais dans l'intelligence mondaine pleine de prudence et s'accommodant avec souplesse aux nécessités extérieures. Saint Augustin se rend coupable en cette matière d'inconséquences frappantes. Après avoir élevé jusqu'au ciel la virginité dans l'écrit cité plus haut (*De sancta virginitate,* cap. 18), il ajoute ces paroles : « J'avertis les partisans, hommes et femmes, de la virginité sainte et de la continence éternelle que, tout en

---

(1) Apoc. 3, 21.

préférant leur bien au mariage, ils ne doivent pourtant trouver en celui-ci aucun mal et aucun péché. » Mais si le mariage nous fait perdre les avantages du ciel, le don des anges, la sainteté, n'est-il donc pas un mal ? Il n'en est pas un assurément pour l'intelligence faussée et sophistique, mais il l'est pour la raison droite et pour le sens religieux simple et entier, qui, dans toutes les matières douteuses, est seul compétent. Toutes les distinctions, tous les sophismes sans consistance que les théologiens ont faits *ad excusationem coitûs carnalis,* comme par exemple : *Conjugalis concubitus generandi gratiâ non habet culpam*, ont été réfutés honteusement par les saints dans leur vie, et l'action a bien plus de poids que la parole dans les matières pratiques. L'action silencieuse, sans arrière-pensée, reprend tout ce qu'on a accordé en parole aux autres par égard pour leur faiblesse. Les mots ne contiennent que la doctrine exotérique, les actions la doctrine ésotérique. Ce que les saints, les modèles ont fait, cela seul est vertu; ce qu'ils n'ont pas fait est péché; on ne doit pas tenir compte de ce qu'ils ont défendu ou permis d'une bouche complaisante. Si les actes sont si peu consultés, c'est que leurs signes d'intelligence ne sont aperçus et compris que par le sens élevé de la vérité.

Saint Antoine, saint Jérôme, apôtre rempli pour l'ascétisme monacal d'un enthousiasme qu'il savait communiquer aux autres, saint François d'Assise et d'autres saints semblables, sont les seuls originaux, les seuls produits classiques de l'esprit catholique, les interprètes véritables de ses pensées intimes, les fils purs de l'Église. Les poëtes et les artistes des âges suivants, mis au nombre de ces fils, n'y ont été placés que par méprise.

L'amour pour Béatrix fit de Dante un poëte. Un tel amour, quelque pur et quelque idéal qu'il soit, est en contradiction avec la nature et même avec la doctrine expresse du catholicisme. « N'aime pas l'homme pour lui-même, mais Dieu en lui », dit un saint. Ainsi s'expriment Pierre Lombard, Pascal et tous les moralistes religieux. Mais l'amour aime dans l'homme l'homme lui-même et unit les hommes entre eux. Pour l'amour, ce qui est terrestre est céleste ; le bonheur qu'il trouve en lui-même est la suprême félicité. L'amour élève le fini jusqu'à l'infini. Dante identifie sa Béatrix avec la théologie. Pétrarque, dans ses sonnets et canzones, célèbre Laure comme sa divinité présente ; son amour pour elle est le pouls de sa veine poétique. Quelle est la part de la foi dans son inspiration ? Était-il, comme poëte, d'accord avec cette foi ou en contradiction avec elle ? Rien de plus facile à déterminer. Son repentir, ses prières à saint Augustin, c'est-à-dire à la personnification de sa conscience chrétienne, de lui pardonner ses poésies, cela vient du catholicisme, mais non l'esprit qui les lui dicta.

Aussi peu Léon X, quoique pape, par ses inclinations, sa manière de penser, répond à la nature du catholicisme, aussi peu y répond l'art comme tel, malgré les soins et l'amour de l'Église pour lui. La beauté est la catégorie essentielle, le genre de l'art ; la force païenne et l'humilité chrétienne sont des espèces à lui subordonnées. Même l'artiste chrétien doit produire et représenter ce qui est chrétien non comme tel, mais comme beau ; s'il a la moindre intelligence, le moindre

4

sens artistique, s'il veut que son œuvre soit parfaite, il doit faire en sorte qu'elle réponde au goût de ceux dont la foi n'est pas la sienne. L'art élève ses objets au-dessus des limites d'une religion particulière, dans la sphère de l'humanité universelle. Ses œuvres, pour être vraiment dignes de porter son nom, doivent être un point de réunion pour tous les esprits, à quelque Église qu'ils appartiennent. L'artiste triomphe de sa foi, s'élève au-dessus d'elle en faisant des objets de sa foi des objets de l'art. L'art n'est art que lorsqu'il est son propre but, absolument libre, lorsqu'il ne connaît pas de lois plus élevées que les siennes, les lois de la vérité et de la beauté. Ce qu'il y a de religieux dans une œuvre n'a qu'une importance secondaire. Le catholique pieux et crédule qui, en dehors de la foi et du sens chrétien, n'a aucun sens distinct, esthétique, voit avec plaisir la plus mauvaise image de saint, tombe humblement à genoux devant le plus mauvais crucifix. Ce n'est, en effet, et ce ne peut être pour lui, comme toute image religieuse, qu'une invitation à se souvenir de ce Christ, de ce saint qui lui est ainsi présent. On peut dire même que les images qui n'ont aucune valeur artistique sont seules dans le sens et l'esprit du catholicisme pur, parce qu'elles ne détournent pas l'homme de la considération pieuse de l'objet sacré, ne flattent pas les sens, mais au contraire les remplissent de dégoût et d'aversion pour tout ce qui est terrestre et humain, et n'attirent ses regards que vers le ciel. Une image de saint qui a quelque mérite n'expose qu'elle-même, pour ainsi dire, et non le saint; ce n'est pas un verre par lequel nous ne voyons que l'objet pieux, mais un diamant qui brille de ses propres couleurs. L'impression produite par l'image d'une madone est bien une impression sainte, mais l'on s'illusionne si l'on attribue cet effet à l'objet religieux lui-même ou à la foi de l'artiste. Pour celui-ci l'art était déjà quelque chose de sacré; il l'avait saisi et pratiqué dans le sens le plus élevé; ce qu'il y a de plus grand au monde ne lui avait pas paru trop grand. Il pouvait s'attaquer aux sujets religieux, parce que l'art lui-même était devenu pour lui une religion. L'art était la madone de son âme, et l'expression la plus digne, l'image la plus significative qu'il pût trouver, était la madone de la croyance populaire religieuse; l'éclat céleste dont il l'entoure dans son œuvre n'est qu'un reflet de la flamme sacrée de son enthousiasme artistique.

Les images de l'Église catholique qui plaisent aux indifférents et même aux incrédules et à ses ennemis proviennent donc nécessairement d'un esprit libre, général, indépendant, d'un esprit contraire au sien.— Mais pourquoi des preuves? Dès que la vertu monastique est réputée la plus haute vertu, la sainteté même, l'art est nécessairement décrié. Lorsque la jouissance en général est un péché, que l'homme est si antinaturel, si mesquin, si esclave, si craintif, si mauvais pour lui-même, qu'il ne se permet aucune joie, aucun bon morceau, comme Pascal, qui, selon sa sœur, se donnait toutes les peines du monde pour trouver insipides les mets fins et délicats qu'on lui ordonnait dans sa maladie; comme saint Ignace de Loyola, qui, par ses pénitences et ses macérations, avait perdu le sens du goût; dès lors il n'y a plus ni sens ni goût pour l'art dont les jouissances sont des fruits défendus. Là où la vertu contre nature passe pour la vertu suprême, pour l'état naturel du chrétien, où les maladies du corps sont déclarées la santé de l'âme, où la mortification est une loi, un principe, là le sens esthétique, la condition suprême de l'art, est décrété de bannissement, et l'art lui-même en dehors de tout lien moral et juridique avec le principe religieux. L'art choisit-il, pour les images de la Vierge, des visages laids, excitant le dégoût ? Ne choisit-il pas, au contraire, les plus beaux et les plus aimables ? Celui à qui sa religion fait un devoir de fuir devant la beauté de la femme, d'éviter toute occasion de pensées impures, tout ce qui excite les sens, pourra-t-il avec une conscience en repos se repaître de la vue d'une belle image de madone ? Une telle image ne peut-elle pas inspirer un amour sensuel ? N'a-t-on pas l'exemple d'une jeune fille devenue amoureuse d'une statue jusqu'à en mourir ? On trouve cependant la beauté de l'art unie au catholicisme et même dans la compagnie des moines; mais il est aussi facile d'expliquer ce phénomène que d'expliquer pourquoi, dans le voisinage des cloîtres de moines, on trouve des cloîtres de nonnes unis aux premiers par des conduits souterrains et illégitimes (1).

La science n'est pas moins que l'art en contradiction avec la véritable nature du catholicisme. Comment ? Qui pourra nier les grands mérites des cloîtres et des papes en ce qui concerne la conservation des lettres et des sciences ? Personne ne niera ce fait, mais l'explication qu'on en donne. Ce que les papes ont fait ou fait faire par leur influence, ce n'est pas toujours comme papes et d'accord avec leur vocation qu'ils l'ont fait.

---

(1) Eichhorn, *Histoire de la littérature*. 1er vol., p. 710.

Léon X, en tant que chasseur passionné et amateur de comédies et d'opéras, était-il encore le saint-père ? Ce qui s'est développé dans le sein du christianisme ne s'est pas pour cela développé par lui et sous sa protection. Il y a dans l'homme un penchant indestructible à se poser des questions et à les résoudre, un besoin profond de se développer malgré tous les obstacles et en dépit de toutes les circonstances historiques ou extérieures en général. Ce furent cette tendance et cet esprit, entièrement opposés à la destination primitive des cloîtres et à l'esprit qui les avait fondés, qui dans les cloîtres même prirent les sciences sous leur protection et hâtèrent leur développement. « Avant Benoît de Nursie, le célèbre fondateur des Bénédictins (544), le jeûne et la prière étaient la chose principale dans les institutions monastiques, et quand Benoît ordonna dans sa règle de donner l'instruction dans chaque cloître de son ordre, d'écrire des livres et d'en faire des collections, il entendait tout simplement l'instruction dans les premiers principes de la religion, dans la lecture et l'écriture, et, parmi les livres qui devaient être écrits et réunis dans une bibliothèque, les seuls livres de piété (1).» Déjà, au dixième siècle, au temps de Hroswitha, il y avait, comme elle le dit elle-même, des catholiques qui aimaient mieux lire les livres des païens que la Bible, et prenaient surtout plaisir à Térence. Mais ce plaisir esthétique n'était-il pas une anomalie, un anti-catholicisme ? La pieuse Hroswitha avoue qu'elle n'est pas tout à fait pure du péché de ces catholiques, mais elle est assez sincère pour se reconnaître coupable et

---

(1) Voir *appendix* n° 1.

cherche à réparer sa faute en faisant des drames pieux. Il en est de même pour la science ; elle fut cultivée par curiosité, c'est-à-dire en vertu d'un penchant antireligieux. Celui qui voudrait le nier doit nier aussi que l'alliance de l'aristotélisme avec le catholicisme, la contradiction la plus claire et la plus monstrueuse, fût une contradiction.

Si l'esprit scientifique et l'esprit catholique sont deux esprits entièrement opposés, il n'y a que deux cas possibles : ou la science est cultivée dans le catholicisme par désir de connaître, et ainsi dans un sens correspondant à la nature de la science elle-même, et alors elle est cultivée, qu'on s'en rende compte ou non, contrairement à l'essence du catholicisme ; ou bien elle est cultivée de la seule manière conforme à l'esprit religieux, et dès lors elle n'est plus science. C'est ainsi que la traitèrent les jésuites ; ils firent d'elle tout simplement un moyen, — et le moyen est sanctifié par le but, — un moyen pour la défense et la propagation de la foi. Aussi, pour le fondateur pieux de l'ordre des Jésuites, l'étude était-elle une vraie torture ; il ne s'y adonnait que pour des raisons extérieures, et il avait la conscience de sa contradiction avec l'esprit catholique. Pour que ses plans d'études ne fussent pas troublés et détruits par les flammes de son ardeur sacrée, de son penchant de propagande, il était obligé de s'imposer la plus sévère diète spirituelle, de se priver de tout entretien pieux, même avec ses amis (1). Ce que les cloîtres firent pour les sciences était donc, dans le sens du catholicisme, tout au plus une aumône accordée par grâce

---

(1) Petro Ribadeneira, *Vita I. Loiolæ*.

et pitié à l'esprit scientifique qui se trouvait là, sans qu'on sût trop comment, le reste de la table ecclésiastique surchargée de mets célestes. — Et l'on voudrait donner une haute valeur à cette aumône ! Les sciences ne commencent en vérité qu'au moment où leur esprit commence à poindre, lorsqu'elles passent des cellules du cloître aux mains des hommes libres qui n'étaient pas forcés de mettre leur lumière sous le boisseau de la foi. Erasme est un bel exemple de cette transition ; chez lui le penchant à connaître s'est émancipé : « *Ad litteras tantum rapiebatur animus* », disait-il lui-même dans une lettre à son prieur. Aussi s'empressa-t-il de quitter la vie monastique ; cette vie froissait en lui aussi bien l'homme spirituel que l'homme physique. Les besoins du corps font autant de révolutions que les besoins de l'esprit.

II

La contradiction du catholicisme avec la nature humaine fut le fondement intime de la réformation. Le protestantisme détruisit la fausse opposition de la chair et de l'esprit. Il conduisit l'homme, avec des chants de triomphe, du cimetière du catholicisme au sein de la vie civile et humaine ; il rejeta, avant tout, le célibat, comme une institution impie, arbitraire, opposée au droit naturel ; mais il ne délivra l'homme que du côté pratique, et non du côté théorique et intellectuel. Les droits du penchant à connaître, les prétentions élevées de l'intelligence, ne furent point reconnus et satisfaits par lui. Il resta embourbé dans la barbarie ancienne, établissant des articles de foi contraires à la raison et les donnant pour vrais.

Ce serait un sophisme absurde de prétendre que le protestantisme a rejeté le célibat pour se conformer à ces paroles de la Bible : « Multipliez-vous, » et n'a tenu aucun compte des droits de la raison, parce que la Bible ne contient là-dessus aucun ordre expressif, mais bien plutôt nous recommande la foi. — Si le protestantisme, pour ce qui regarde le mariage, ne s'était appuyé que sur la Bible, il n'aurait pas, il est vrai, ordonné le célibat, mais il ne l'aurait pas non plus rejeté sans condition. L'apôtre saint Paul loue et glorifie en effet tellement l'état célibataire, — et les vives recommandations d'un apôtre inspiré par l'Esprit-Saint ne devraient-elles pas avoir force loi? — que Luther ne se serait pas prononcé d'une manière aussi absolue. Il aurait laissé tout simplement ce point en question, comme beaucoup d'autres, jusqu'à l'heureuse époque où messieurs les exégètes devaient expliquer les passages contradictoires de la Bible d'une façon tout à fait satisfaisante. Ce qui décida ici, comme dans beaucoup d'autres cas, ce fut le droit sacré de la nature et de la raison, la voix la plus influente dans les cas douteux, le sens naturel de la vérité, qui, sans s'inquiéter des paroles à double sens de la sainte Écriture, reconnaît immédiatement le faux pour faux et le vrai pour vrai. Si l'on voulait fonder le mariage de Luther non pas sur le droit naturel, mais sur un ordre positif, sur une sentence biblique, on tomberait dans l'absurdité; on serait forcé de prouver que, dans la Bible, Catherine de Bora est nommée comme l'épouse destinée au réformateur.

Un homme qui se décide au mariage non par lui-même, mais sur la recommandation de la Bible, ne se décidera pas non plus par lui-même à prendre telle ou telle personne. La personne, en effet, n'est pas indifférente; une seule est choisie, une seule m'est destinée par Dieu, c'est celle que je dois prendre. Et quelle est celle-là? Ma voisine, une compagne de ma jeunesse, ou celle que j'ai appris à connaître par une circonstance extraordinaire, et que j'ai aimée du premier coup? Mais combien perfides sont ces moyens de connaissance! Le démon séducteur ne se sert-il pas souvent, — ah! trop souvent! — des mêmes voies? Pouvons-nous distinguer si c'est le bon ou le mauvais principe qui nous a envoyé cette personne? Même lorsque je fais des qualités chrétiennes, de la foi chrétienne la condition *sine quâ non* de mon choix, à quoi cela sert-il? La chrétienne n'est-elle peut-être pas, par-dessus le marché, riche, noble, gracieuse, agréable dans la conversation, belle de corps, — tout cela à la fois ou quelque peu seulement? Est-ce la chrétienne pieuse que j'épouse purement et simplement, sans penser à ces accessoires? Ne seraient-ce pas, au contraire, ces accessoires qui sont le principal? Sur ce terrain douteux de l'inclination et du sentiment, où des causes impures viennent, sans que je le sache, influencer mon choix, puis-je être sûr que mon mariage sera vraiment chrétien et agréable à Dieu? Non! Il n'y a d'infaillible que ce qui est dans l'Écriture. Une personne ne m'est destinée par Dieu que si je tire de l'Apocalypse ou de tout autre écrit biblique son nom, son état, et toute sa personne jusqu'à la pointe des cheveux. Il n'en est pas ainsi pour Luther : donc le fondement de son mariage n'est pas la Bible, mais la saine raison humaine, la philosophie naturelle, qui a eu plus de part à la réformation que beaucoup ne veulent le croire.

Mais le protestantisme s'est rendu coupable d'une contradiction d'autant plus grande, qu'après avoir reconnu les droits de la nature, il n'a pas tenu compte des droits et des prétentions de la raison, sous prétexte qu'elle n'a pas un mot à dire dans les choses spirituelles, parce qu'elles dépassent son horizon. Les mêmes motifs qui parlaient pour ou contre le replacement de la nature au rang qui lui appartient parlaient aussi pour ou contre la mise en liberté de la raison humaine. Si tu fais la raison prisonnière sous la domination de la foi, pourquoi ne remets-tu pas ta propre nature à la garde de la vertu chrétienne? Si tu regrettes la raison, qui n'est pas autre chose que la nature spirituelle, parce que les doctrines de la foi sont pour elle d'incompréhensibles mystères, pourquoi ne regrettes-tu pas aussi la nature qui n'est que la raison corporelle, et qui ne se révolte peut-être contre le célibat que parce que la vertu chrétienne en général, et le célibat en particulier, étant pour elle des mystères trop élevés, excitent son aversion? Si le chrétien n'est pas en contradiction avec les besoins pratiques, pourquoi le serait-il avec les besoins intellectuels, qui sont aussi nécessaires, aussi indestructibles et inaliénables, aussi indépendants de nous que les premiers?

Il est vrai que le protestantisme est suffisamment justifié, — si du moins un phénomène historique universel a besoin de justification, — en ce que les besoins pratiques se faisant sentir les premiers dans le développement humain, et devant être les premiers satisfaits, il a fait assez pour son temps et assez pour la liberté de l'intelligence en jetant à la mer une masse énorme de superstitions qui opprimaient l'esprit et le cœur. Mais qu'on explique les choses comme on voudra, le protestantisme, sur le terrain de la théorie, était, aussi peu que le catholicisme sur le terrain de la pratique, un principe de paix et de réconciliation. Le catholique avait même sur le protestant un immense avantage : pour amoindrir ses luttes ou même pour les éteindre, il pouvait avoir recours à des moyens pareils à ceux qu'employèrent Origène, qui se délivra de sa virilité ; saint Jérôme, qui s'enfuit dans les déserts ; saint François d'Assise, qui apaisait le feu de ses désirs dans la neige et la glace ; Pascal, qui portait une ceinture garnie de pointes pour réprimer à leur naissance les mouvements de la chair. Mais la raison est liée à un organe dont la perte entraîne celle de la vie, ou du moins, si des moyens plus doux sont employés, entraîne la perte de la conscience, de la réflexion, de l'humanité dans l'homme. Le protestant ne peut, par aucune voie extérieure et naturelle, apaiser chez lui les luttes et les souffrances de l'âme. Il doit avoir recours à des moyens artificiels, à des produits de sa propre invention : c'est un malade forcé d'être son propre médecin. Le malheureux ! il n'a pour source de guérison que la source de son mal. Qu'il s'apaise ou se fortifie, comme il voudra, par la lecture de la Bible, il ne peut faire autrement que de chercher à détruire les doutes que la raison lui suggère par des principes qui lui viennent également de la raison. Il est forcé de tromper sans cesse cette raison par elle-même pour l'empêcher de devenir folle. Il y a quelque chose de pis encore. Si les penchants de la chair ressemblent aux insectes qui viennent à certaines époques et disparaissent ensuite, les désirs de l'intelligence et les doutes qui l'obsèdent sont des vers intestinaux. Le protestantisme orthodoxe traîne ainsi partout avec lui son ennemi juré. Il ne peut pas être une heure certain que la raison ne viendra pas lui chuchoter à l'oreille cette question terrible : « Ta foi n'est-elle pas illusion pure ? » Et quand même les choses n'iraient pas jusqu'à ce terrible peut-être, il est impossible que la paix et l'unité règnent là où la foi dit non partout où la raison dit oui, tandis que la raison dit oui partout où la foi dit non. Et si cependant la paix s'y trouve quelquefois, ce n'est pas la paix de la vérité, de l'intelligence satisfaite, mais la paix que procurent la paresse, le vide de la pensée, la stupidité opiniâtre, l'illusion insoucieuse, la paix obtenue par l'art le plus raffiné de se tromper soi-même. O chrétiens aveugles ! qui voyez une paille dans les yeux des païens sans savoir qu'il y a une poutre dans les vôtres ! Les païens offraient à leurs dieux des sacrifices humains sanglants ; mais combien de sacrifices humains la foi catholique, combien la foi protestante n'ont-elles pas offerts au Dieu des chrétiens? La seule différence est que le paganisme sacrifiait les corps, tandis que le christianisme sacrifie les âmes.

Les sacrifices psychologiques de la foi protestante se rencontrent surtout dans les temps nouveaux. Auparavant la foi était d'accord avec l'époque, le degré de civilisation, les besoins; c'était une foi justifiée, salutaire. Mais, malgré tout, le mal caractéristique du protestantisme, — je dis caractéristique parce qu'il n'est pas le mal principal du catholique, bien qu'il en souffre lui-même, — l'opposition de la raison et de la foi, se montre dans une époque ancienne, déjà même sous Luther. La conscience de cette opposition s'exprime chez lui d'une manière très-remarquable. La voix de la raison passait alors pour la voix du peuple, et, contrairement à l'ancien principe si aimé : *Vox populi, vox Dei*, on la repoussait sans l'entendre, on lui crevait les yeux avec une cruauté byzantine, on la soumettait malgré ses réclamations à l'autorité de la foi, qui en imposait davantage par sa puissance extérieure fondée sur des antécédents historiques. « Si tu ne veux pas, dit Luther, à propos de la résurrection et de la rédemption, si tu ne veux pas accorder plus de confiance à la parole de l'Écriture *qu'à ton sentiment, à tes yeux, à tes sens et à ton cœur*, alors tu dois périr, et il est impossible de te porter secours. Contre tout ce que la raison dit et se permet d'examiner, contre tout ce que les sens éprouvent et saisissent, nous devons apprendre à nous en tenir à la parole et à nous diriger d'après elle, lors même que nous voyons *avec les yeux* que, si l'homme est mis en terre, c'est pour qu'il y pourrisse. L'Écriture vaut mieux que toutes les pensées de l'homme, que son sentiment et son expérience. » De pareils aveux ne sont pas exprimés seulement par Luther, mais encore par Calvin et les autres théologiens de la réforme. Théodore de Bèze déclare que rien ne répugne plus à la raison que la prédestination. Rungius, professeur de théologie à Wittenberg, reconnaît que la raison humaine chez les incrédules se moque des mystères de la foi et soulève le doute même chez les vrais croyants. « Elle ressemble, dit-il, à cette haute tour d'où la chair et les démons combattent le

Christ ; il faut les faire prisonniers et les atteler au joug de la doctrine céleste pour les soumettre humblement à Dieu et opposer sa vérité et sa puissance à leurs artifices. » Jurieu, d'abord ami, plus tard ennemi déclaré de Bayle, d'ailleurs un vrai modèle d'orthodoxe dans sa conduite envers les hérétiques, — quoique accusé lui-même de plusieurs hérésies par les réformés, — nous représente d'une manière plus intéressante encore les tourments que la foi fait subir au chrétien dès qu'il réfléchit. « Je trouve, écrit-il, des choses incompréhensibles dans la conduite de Dieu ; j'ai beaucoup de peine à concilier sa haine contre le péché avec la providence ; et cette épine me fait tellement souffrir, que, si quelqu'un pouvait me l'arracher, je me déclarerais pour lui sans condition. — Si je jette mes regards sur le monde, l'histoire, les événements, j'y trouve des abîmes dans lesquels je me perds, je me heurte contre des difficultés qui me renversent. Pour parler sincèrement, on doit avouer qu'il n'y a pas de réponse pour la justification de Dieu qui puisse réduire l'esprit humain au silence. Toute la fausse sagesse de la raison se révolte contre les mystères, et cette fausse sagesse est ainsi faite, qu'on ne peut la distinguer de la vraie que par la lumière de la foi. » — Un esprit fort n'aurait pas pu mieux montrer les incompréhensibilités et les contradictions intimes qui se trouvent dans la doctrine du péché originel, que ne l'a fait ici un vrai croyant, un orthodoxe incarné, un théologien zélatique comme Jurieu. Aussi cet aveu souleva-t-il contre lui plusieurs théologiens de la réforme. Ils ne se plaignirent pas seulement qu'il exposât le christianisme aux attaques et aux moqueries des incrédules en déclarant irréfutables les objections rationnelles ; ils l'accusèrent aussi formellement dans le synode de Hollande, — mais il fut renvoyé absous.

III

La théologie, — et remarquons-le bien, — non pas celle qui est déjà vaincue par l'esprit scientifique, entraînée hors de son cercle étroit dans le torrent de la vie universelle, — mais la théologie qui s'appuie sur un monopole, qui affecte des prétentions particulières vis-à-vis du savoir humain, se regarde comme l'enfant chéri de la divinité ; en un mot, la théologie orthodoxe, pour nous servir de ce terme usé, qu'elle soit protestante ou catholique, a pour base un intérêt borné, servile, le seul intérêt de déclarer ce qu'elle suppose vrai non pas vérité scientifique, ce qui lui est impossible, mais vérité choisie, élue entre toutes, de le prouver historiquement ou dogmatiquement, d'en écarter tout ce qui lui est contradictoire, et, si cela ne se peut, d'employer tous les moyens pour l'expliquer et le tourner à son profit. Le théologien, à ce point de vue, n'a pas le moindre soupçon de l'esprit scientifique et de la liberté qui en est l'âme ; il est jusqu'à la moelle des os corrompu et perdu pour la science, car il l'entraîne toujours sur le terrain religieux. Il ne lui accorde qu'une importance de pure forme, ne la traite jamais sérieusement, quelque soin qu'il apporte à son étude : — son savoir est un sépulcre blanchi. Chez lui, chose étrange ! les rôles de la science et de la foi sont intervertis; la première est chose pratique, c'est un moyen; la seconde est théorie et but à la fois. Rien d'étonnant qu'il cultive la science avec un esprit impur et servile.

L'esprit de la science est, en effet, un esprit complétement opposé à celui de la théologie. C'est l'esprit universel, l'esprit purement et simplement, l'esprit sans nom, ni chrétien, ni païen. Il n'y a point de mathématique, de métaphysique, de psychologie, de philosophie qui relèvent d'une religion quelconque. La philosophie n'est pas une cosmo-théogonie; elle ne peut l'être que dans Homère, Hésiode, et dans les fables, mais non dans Platon et Aristote. Elle est la science des esprits silencieux, des principes et des lois qui dirigent la nature et l'humanité. Mais les lois sont éternelles, immuables, gouvernent encore aujourd'hui le monde chrétien comme elles gouvernaient le monde païen. La théologie est essentiellement chrétienne; son principe n'est pas la vérité pure et simple; il n'y a de vrai pour elle que ce qui est chrétien. Particularisme, voilà sa nature. La vérité et l'impartialité historique ne datent que de l'époque où on a pu traiter l'histoire avec une certaine liberté. Quiconque examine le paganisme et lit les philosophes de l'antiquité avec l'esprit théologique n'en comprend pas le premier mot, comme les malentendus des théologiens, depuis les Pères de l'Église jusqu'à nos jours, l'ont suffisamment prouvé. Même les mauvaises interprétations, les falsifications, les calomnies ont été de tout temps familières au zèle religieux. Il sacrifie sans scrupule la vérité à sa foi, les devoirs universels à son intérêt particulier.

Pour se mettre sous les yeux par des personnalités

la différence qui existe entre l'esprit de la science et l'esprit de la théologie, qu'on pense seulement à saint Bernard et Abailard, à Lanfranc et Bérenger, à Jurieu et Bayle, à Lange et Wolf, à Gœthe et Lessing, à Mélanchton, et aux autres théologiens de son temps, dont la rage « *rabies* » est mise par lui-même au nombre des causes qui lui rendaient la mort désirable. Toujours la vérité, l'amour, l'humanité, l'esprit d'universalité se sont trouvés du côté du savant; la haine, le mensonge, l'intrigue, l'esprit de persécution du côté du théologien. « Quel contraste, dit Bayle, entre la conduite des moines et des prédicateurs, et celle d'un Érasme, d'un Louis Vivès et de bien d'autres plus adonnés à l'étude de la science et des belles-lettres qu'à celle de la théologie, qui ne respiraient que la paix, avaient horreur de toute violence et détournaient sans cesse les princes de la guerre! » Il n'y a là rien d'étonnant. La science rend l'esprit libre, élargit les sens et le cœur; la théologie les comprime et les écrase. Aussi a-t-elle toujours poursuivi d'une haine fanatique la philosophie qui élève l'homme à un point de vue universel, qui rend justice au paganisme, reconnaît en lui de la vérité, et, loin de faire dépendre la vérité du christianisme, se sert de la vérité pour juger le christianisme lui-même. Combien n'a-t-on pas soupçonné Leibnitz, persécuté surtout Wolf, pour avoir trop bien parlé des Indiens et des Chinois! Et aujourd'hui encore, le drame de Lessing, *Nathan le Sage*, n'est-il pas pour les pieux théologiens une blessure au cœur, une épine dans l'œil?

Et qu'on ne croie pas que la haine contre la philosophie ne s'attache qu'à une philosophie particulière.

Aucune philosophie n'est venue au monde, aucune n'y viendra qui, pour les théologiens, ne soit antichrétienne. Celle de Leibnitz, qu'on entend aujourd'hui louer comme orthodoxe, passait à son époque, aux yeux des piétistes, pour aussi antichrétienne qu'aujourd'hui celle de Hegel. Et qu'on ne croie pas non plus que celui qui hait la philosophie ait sincèrement meilleure opinion des autres sciences. Ce n'est que par crainte ou par ignorance de l'esprit de ces sciences que le théologien n'étend pas jusqu'à elles la haine qu'il porte à la philosophie, dont le caractère est de représenter leur esprit général, indépendamment des matières traitées par chacune en particulier. Il le devrait pourtant, s'il avait du courage et de la loyauté, car il est dit dans la Bible : « Qui n'est pas pour moi est contre moi. » Or, la physique, l'astronomie, la botanique, la physiologie, la jurisprudence n'étant pas le moins du monde pour le Christ, sont nécessairement contre lui. Bien des gens ont perdu leur foi chrétienne par l'étude de ces sciences, et c'est en elles que l'esprit de liberté a pris sa source.

En fait, à l'époque où l'esprit de la théologie était l'esprit dominant, les sciences ne passaient pas pour nécessairement opposées à la doctrine religieuse, et leur étude était permise et sanctifiée non par elle-même, mais comme moyen de défense de cette doctrine. Luther, chacun le sait, d'abord ennemi déclaré de la philosophie, la reconnût plus tard à ce point de vue. « Je suis convaincu, disait-il, que la vraie théologie ne peut pas subsister sans la science. » Mélanchton écrivait dans le même sens : « Au nom du salut de l'Église, que vous devez avoir à cœur par-dessus tout, je vous conjure de ne pas négliger l'étude de la philosophie, si nécessaire au théologien. » Melchior Adam, dans sa biographie du théologien Rungius, cité plus haut, avoue expressément qu'il a étudié les philosophes parce qu'il a reconnu que cette étude pouvait être d'une grande utilité. Ailleurs, il se demande s'il est convenable d'étudier les mathématiques, et il conclut à l'affirmative sur un passage de saint Augustin. D'après cette manière de voir, commune à tous les écrivains catholiques et protestants, on peut se figurer aisément combien la science était dégradée. Même plus tard, lorsque l'orthodoxie moins puissante et moins redoutée n'imprimait guère plus que le respect, l'esprit avait encore peu d'audace et de confiance en lui-même. Comme un oiseau dont on a coupé les ailes, il voltigeait çà et là dans sa cage, sans pouvoir prendre l'essor. Prisonnier, craintif, méfiant, plein de contradictions, de scrupules, de clauses, d'exceptions, d'arrière-pensées, il se voyait toutes les recherches interdites après un certain point arbitrairement fixé suivant les sujets. Aucune idée n'était exprimée sans qu'on eût d'abord recherché avec soin si elle était orthodoxe ou hétérodoxe; aucun objet n'était étudié pour lui-même, aucune doctrine jugée ou estimée que d'après le profit ou le préjudice qui pouvaient en résulter pour la foi. C'est ainsi que les cartésiens, pour démontrer la vérité d'un point de leur doctrine d'après lequel les animaux sont de pures machines, faisaient ressortir que, si on donnait une âme aux animaux, on ruinait toutes les preuves naturelles de l'immortalité de l'homme, et que, par conséquent, leurs adversaires ne pouvaient être que des épicuriens ou des impies. Ils cherchaient à étayer leur manière de voir sur sa concordance non-seulement avec le dogme de l'immortalité, mais encore avec les idées religieuses en général sur la nature de Dieu; et l'on ne peut nier que leurs raisons, à ce point de vue, ne fussent irréfutables. De cette proposition de saint Augustin : « Dieu est juste, et le malheur est nécessairement la preuve du péché, » ils tiraient cette conclusion que, si les animaux étaient capables de sentir, ils souffriraient sans avoir péché; qu'en conséquence ils devaient être privés de tout sentiment, parce que, dans le cas contraire, Dieu serait un être injuste et cruel pour avoir soumis des êtres innocents à toutes sortes de maux et de douleurs, sans les en dédommager un jour. Ils disaient encore : « Si Dieu, qui fait et crée tout pour sa gloire, avait créé des êtres capables de connaissance et d'amour, sans leur donner la puissance et sans leur imposer le devoir de le connaître et de l'aimer lui-même, il les aurait créés pour la pure jouissance charnelle, c'est-à-dire pour l'état de péché et de révolte contre lui. » Ce qui excite un insupportable dégoût dans les disputes scientifiques de cette époque, c'est que toujours l'intérêt de la religion vient s'y mêler, que chaque adversaire a soin de présenter à l'autre les conséquences inquiétantes pour la foi de chacune de ses assertions. Toute la discussion de Bayle et de Cléricus sur les natures plastiques de Cudworth et de Grew tourne autour d'un seul point : trouve-t-on dans cette doctrine des armes pour ou contre l'athéisme? Leibnitz lui-même aimait à présenter ses pensées et celles des autres philosophes, au point de vue de leurs conséquences pour la théologie, soit par égard et complaisance pour son époque, soit qu'il fût lui-même prisonnier dans les limites de son temps. Ainsi les penseurs étaient loin de s'en tenir au seul critérium de la philosophie : si une chose est vraie ou fausse par elle-même, — leur esprit était divisé, coupé en deux, à double sens et à double face.

Les naturalistes, sous l'oppression de la théologie, n'étaient pas moins que les philosophes en contradiction avec eux-mêmes. Dans le dix-septième et le dix-huitième siècle ils déclaraient que le but propre de leurs recherches était d'arriver à connaître et à démontrer la puissance, la bonté et la sagesse divines. Ils s'excusaient devant leur propre conscience et devant l'esprit étroit et ombrageux de leur époque du zèle qu'ils apportaient à l'étude de la nature en assurant que l'intérêt de la religion était leur seul mobile, démontrant ainsi que cette étude était aux yeux de la théologie une étude impie, dangereuse ou du moins vaine et sans utilité. Mais, malgré votre sincérité et votre amour du vrai, ô hommes si dignes de notre estime ! l'intérêt religieux n'était, quoi que vous en disiez, qu'un prétexte, qu'une imagination, qu'une illusion en vous. Au fond, le premier moteur de votre zèle était le désir de connaître. C'était la nature seule qui vous attirait et vous charmait, c'était l'objet lui-même qui enchaînait vos regards. Soyez justes ! rendez à la nature ce qui appartient à la nature et à la religion ce qui appartient à la religion.

Il est évident en effet que l'intérêt de la religion, loin d'être pour eux un stimulant dans leurs travaux, n'était qu'un embarras et un obstacle. Dans le but d'admirer la sagesse, la bonté et la puissance de Dieu, non-seulement il n'est pas nécessaire, mais encore il est nuisible d'étudier la nature. Pour arriver complétement à ce but, il suffit de jeter sur les choses un regard superficiel. Rien que la vue de l'insecte le plus petit et le plus méprisable faisait verser des larmes d'amour et d'admiration à saint François d'Assise ; plus nous étudions la nature, plus nous devenons familiers avec sa manière d'agir, plus nous arrivons à l'idée de son indépendance, à la connaissance de ses mobiles intimes et plus la variété qui excite l'admiration de nos regards se ramène aux mêmes buts, aux mêmes lois et aux mêmes formes. Que des milliers de créatures variées et infiniment petites possèdent et emploient les mêmes moyens que nous pour vivre et se conserver : ce fait que l'on aperçoit au premier coup d'œil suffit complétement au point de vue religieux. Mais chercher à savoir comment sont construits les divers organes d'un animal, de quelle façon il s'en sert, en quoi consiste sa nourriture, quelle est sa manière de vivre : tout cela a sa source dans le besoin de science, un des plus profonds de notre être. D'ailleurs la sagesse et la bonté ne sont que des attributs généraux, indéterminés d'un sujet placé par la pensée en dehors du monde, sinon comme force, du moins comme existence, et la puissance pure n'est pas seulement un attribut indéterminé, mais encore qui ne dit rien. Entre ces attributs et un animal de telle ou telle forme, de tel ou tel organisme ou un autre être naturel quelconque il n'y a aucun rapport. Je puis reconnaître la sagesse et la bonté tout autant par l'animal que voici que par un autre d'une espèce différente ; par un arbre, par une pierre, sans parler de cette circonstance inutile à développer ici, que d'un être personnel il ne peut venir que des êtres personnels et non des êtres insensibles, sans individualité, comme, par exemple, les minéraux. Si Dieu n'explique que l'existence d'êtres qui le connaissent et l'aiment et non celle des autres, il ne peut pas non plus être connu et expliqué par eux. Au fond, l'admiration de la puissance, de la sagesse et de la bonté surnaturelles n'était que l'admiration des objets eux-mêmes, attachée subjectivement dans l'esprit du contemplateur à l'idée religieuse, mais pouvant être ressentie sans elle. Et parce qu'entre l'objet de l'admiration et les attributs divins il n'y avait pas de rapports nécessaires, l'idée de ces attributs en se mêlant à l'étude avait pour résultat de détourner l'esprit de la réalité, d'ôter à l'objet, en le rabaissant au rang de créature, le seul intérêt qu'il puisse avoir pour la science. Quelque distingués que fussent, à leur manière, les naturalistes des derniers siècles, quelque infatigables dans leur zèle, quelque ingénieux dans leurs recherches et dans leurs moyens d'épier les secrets des choses, ils n'en étaient pas moins complétement bornés, car le sens profond de l'universel leur manquait. La théologie avec sa foi aux miracles, avec son idée d'un être personnel existant en dehors et au-dessus du monde et le gouvernant comme une machine selon son bon plaisir, avait rendu l'humanité étrangère à la nature, lui avait ravi la faculté de se penser, de se sentir en elle. Ce qui attirait en effet la plupart des savants à l'étude de la nature, ce n'était pas le désir d'entrer, pour ainsi dire, dans leur patrie, le pressentiment de sa parenté avec leur propre être, mais la surprise, l'étonnement en face de son essence énigmatique ; ce n'était pas une admiration profonde, mais une simple curiosité ; aussi leur attention ne s'attachat-elle à la fin qu'aux bizarreries. Ce que le monde était pour leur Dieu, il le fut pour eux, une machine pure. L'idée de ce Dieu théologique était la frontière de leur esprit ; ils voyaient partout un arrangement préconçu, un plan, un ordre tout extérieur et dénué d'âme et de vie. De cette époque date la sentence : « Aucun esprit sensé ne peut pénétrer dans le sein de la nature ; trop heureux celui à qui elle montre seulement son écorce. » Rob. Boyle et Christ. Sturm voulaient même bannir son nom comme une fiction païenne (1).

Déjà cependant l'esprit éprouvait une certaine joie à contempler les choses ; l'homme ne levait plus seulement ses regards vers le ciel ; ses yeux étaient ravis des trésors de la terre et bien des poésies pieuses s'égaraient jusqu'à les célébrer ; mais toujours au milieu de ses joies contemplatives l'homme était ressaisi par un frisson théologique qui le ramenait de ce monde à l'autre. Cette scission, ce dualisme entre le ciel et la terre produisirent un effet original. La dualité est mère de la pluralité, et la théologie, gagnant en extension à mesure que son esprit perdait en intensité, se scinda en une foule de théologies spéciales. Le savant et crédule naturaliste Athan. Kircher (+ 1680), un jésuite, ne compta pas moins de 6561 preuves de l'existence de Dieu. Bientôt il n'y eut plus de règne naturel qui ne donnât lieu à une théologie particulière. On eut une astrothéologie, une lithothéologie, une petinothéologie, une insectothéologie. Les espèces d'animaux particulières eurent aussi la leur. En 1748, des foules innombrables de sauterelles ayant fait invasion dans le

---

(1) Voir *appendix* nº 2.

pays, Rathlef, pasteur à Diepholz, profita de l'occasion, et la même année il fabriqua une akridothéologie ou théologie des sauterelles, où, entre autres preuves de « *la grande intelligence de Dieu,* » on rencontre celle-ci : « Il a organisé leur tête d'une manière admirable ; longue et ayant la bouche en bas, elle permet aux sauterelles de manger sans avoir besoin de se courber beaucoup et de prendre leur nourriture avec autant de facilité que de rapidité. » On peut dire qu'il n'y eut pas un seul être dans le monde que la théologie n'adoptât et auquel elle ne léguât son nom sacré en souvenir des services rendus par lui dans le combat contre les incrédules. J.-A. Fabricius écrivit une hydro- et une pyrothéologie ; un intendant supérieur à Pfedelbach « une doctrine spirituelle sur la neige »; P. Ahlwardt, une brontothéologie ou « des considérations théologiques et rationnelles sur le tonnerre et l'éclair»; J.-S. Preu une sismothéologie ou étude physico-théologique sur les tremblements de terre. Même les monstres qui, tout d'abord, pouvaient faire conclure à un développement intime dans la nature, même les diables furent créés docteurs en la sainte faculté. Ainsi le savant J.-C. Schwartz fit un discours *de usu et præstantiâ demonium ad demonstrandam naturam Dei.* Altdorf, 1715. — Il n'y eut pas un seul organe du corps humain dont on ne se servît comme d'un instrument meurtrier contre l'athéisme. Ce n'est pas de l'idée de la perfection, de la sainteté, non ! mais des yeux, des oreilles, du cœur, du cerveau, de la langue, des mains, des pieds, de l'épine dorsale, de l'estomac, des parties sexuelles, qu'on tira des preuves en faveur de l'existence divine. Les penseurs parmi les naturalistes abandonnèrent, il est vrai, rejetèrent même, comme témoignage d'une audace effrontée, toute tentative de scruter les desseins de Dieu en particulier; ils sentaient plutôt, comme Bacon et Descartes, l'inutilité de ces recherches. Malgré tout, l'idée d'un plan extérieur, d'une conformité à un but dans les choses naturelles, était une forme de leur esprit dont ils n'avaient pu se débarrasser. Même le digne Réaumur, incontestablement un des penseurs les plus libres de la première moitié du dix-huitième siècle, qui, dans ses études, s'était placé au vrai point de vue objectif, qui osait dire : « Il y a assurément des fins particulières que nous connaissons; mais il y en a peut-être beaucoup moins que nous pensons » et qui le prouvait, même Réaumur était pris dans les mailles du concept théologique. La sagesse, l'intelligence de Dieu n'étant comprises que dans un sens subjectif, que d'après l'analogie avec l'intelligence humaine pratique qui se sert des choses dans un but qui leur est complétement indifférent, l'homme ne sortait jamais de lui-même et restait par conséquent en dehors de la nature. Le matérialisme, le mécanisme, l'occasionalisme étaient les conséquences nécessaires de cette manière de voir; tout esprit, toute vie, toute raison se perdant dans l'idée de Dieu qui n'était pas encore pensé d'une manière spirituelle, rationnelle et vivante, tout regard profond dans les choses, comme, par exemple, ce mot d'Hippocrate, que la nature trouve sans jugement les moyens les plus courts pour arriver à ses fins, passait pour hérésie, paganisme ou athéisme. Ici, comme dans toutes les sphères, le Dieu avait repoussé le divin. Giordano Bruno et Spinosa étaient les seuls qui eussent une idée de la vraie vie intime du monde.

Le résultat déplorable des persécutions que l'esprit scientifique eut à supporter se fait sentir encore aujourd'hui dans ce qui regarde la bibliologie. Les écrits philosophiques les plus intéressants pour leur temps, les plus riches d'idées, comme ceux d'un Giordano Bruno et d'un Nicolas Taurellus, ne sont devenus des raretés littéraires que parce que l'esprit étroit des théologiens les mit au rang des écrits athéistes. — Et qu'était le crime d'athéisme ? Ce qu'en politique, à certaines époques d'ailleurs bien connues, était le crime de haute trahison.

Mais pourquoi donc l'esprit de la théologie est-il opposé à l'esprit de la philosophie ou de la science, car la philosophie représente, comme nous l'avons dit, l'esprit de la science ? Quel est le principe suprême de cette opposition ? Le voici : le fondement de la théologie est le miracle, la volonté, refuge de l'ignorance, principe de l'arbitraire ; le fondement de la philosophie est la nature des choses, la raison, la mère de la loi et de la nécessité. La philosophie considère les lois de la morale comme des rapports moraux, comme des catégories de l'esprit ; la théologie comme des commandements de Dieu. Ce que Dieu, ou, pour parler comme les nouveaux casuistes qui trouvent Dieu trop abstrait, ce que le Maître, ce que le Seigneur veut, cela seul est juste. Que ce soit bon ou mauvais en soi, qu'importe ! la volonté de Dieu est la source du bien et du mal, — que cette volonté s'accomplisse ! L'objection faite par le théologien au philosophe qui combat le principe de la volonté, l'objection que Dieu étant l'être parfait et saint par excellence ne peut vouloir que le bien et la justice, et que, par conséquent, l'obéissance n'est pas aveugle, est un pur sophisme qui accorde à l'adversaire qu'il a droit, en voulant s'en débarrasser. La volonté et ses commandements sont ici subordonnés à l'idée du bien absolu. Ce n'est pas ainsi que le raisonneur orthodoxe entend les choses. « Je veux, voilà la raison dernière ; aucune loi ne m'enchaîne, je suis maître de tout, le suprême législateur, et rien ne m'est impossible. » — *Sic volo, sic jubeo, sit pro ratione voluntas*. Telle est chez lui la manière de s'exprimer du maître. Mais, si la nature même des objets n'est pas le dernier et l'unique fondement du bien qui est en eux, dès lors on est obligé d'admettre que Dieu n'est pas bon ou saint en vertu de sa nature, mais en vertu d'un acte d'arbitraire, et que Dieu, par conséquent, s'est fait lui-même Dieu. Dès que l'arbitraire est une fois principe, toute borne qu'on lui oppose est arbitraire elle-même, la déraison en est la seule conséquence nécessaire et raisonnable, l'absolu non-sens est le premier être, l'alpha et l'oméga de l'univers.

Ce procédé sommaire, pour établir les lois de la morale, n'est qu'un cas particulier ; mais tous les autres lui ressemblent. La tendance spéciale de la théologie est en général de tout faire aboutir à Dieu dans ses explications. Son principe métaphysique suprême, pour ainsi dire, car ce n'est point un principe rationnel, mais un subterfuge tout à fait vide, quelque profond qu'il paraisse, et qui n'a pas le moins du monde son origine dans la tête de saint Augustin, c'est la création *ex nihilo*, c'est-à-dire par la volonté. Il est ridicule de chercher derrière ce néant, ce rien, quelque mystère. Le rien n'est rien que l'expression métaphysique ou ontologique de la volonté pure et sans fondement.

« Pourquoi, dit saint Augustin, Dieu fait-il le ciel et la terre? Parce qu'il le veut. » La tendance de la philosophie, au contraire, est de faire dériver les choses de leurs fondements naturels, c'est-à-dire de fondements qui sont une matière pour la pensée, de leur nature même, ou, pour parler comme les nouveaux, de leur idée. Prenons un exemple, et un seul suffit, pour montrer la différence absolue des deux procédés. Si l'on demande au théologien : Comment expliquez-vous l'apparition du christianisme? Il répondra tout de suite, sans hésiter et sans réfléchir : « Le christianisme n'a point d'origine naturelle ; il est inutile de se casser la tête pour n'arriver à rien; Dieu l'a établi pour le salut du genre humain, lorsqu'il a jugé bon et convenable de l'établir. » Mais la philosophie est entraînée par cette question à des réflexions profondes, et ce n'est qu'après avoir longtemps réfléchi qu'elle rompt le silence en ces termes : Vous me posez un problème qu'il n'est pas facile de résoudre, et je serais obligée de faire un long, un très-long chemin avant de trouver une solution qui pût me satisfaire ; — la raison est un pain amer et dur à digérer, — mais, pour montrer la différence de ma méthode avec la vôtre, je me contenterai de ces quelques mots : un point d'appui suffisait au mathématicien pour mettre la terre en mouvement; le philosophe n'est pas si heureux; deux choses lui sont indispensables, le le temps et la nature : — le temps dévoile tous les secrets et la nature est toute-puissante; mais sa toute-puissance est la puissance de la sagesse, et non de la volonté pure.

La nature de la religion est mon point de départ. Je dis donc dans mon langage : la religion est une forme essentielle de l'esprit humain, surtout de l'esprit populaire ; les religions différentes ont donc un fondement commun, et quelle que soit la diversité de leur contenu, des lois communes. Quelque différentes que soient la philosophie de l'Orient et celle de l'Occident, non-seulement les lois logiques, mais encore les lois métaphysiques, les formes de la raison, les idées générales sont pourtant partout les mêmes ; de là une ressemblance qui frappe tous les regards, de là ce phénomène que même des expressions techniques qui semblent inventées à plaisir, comme par exemple le terme scolastique *hæcceitas*, se retrouvent dans le sanscrit. Il n'en est pas autrement des formes religieuses diverses. Ou bien, il ne faut pas parler d'une religion des païens, ou il faut reconnaître une certaine identité entre elle et la religion chrétienne. Cette identité n'est pas autre chose que l'esprit religieux en général. Même le fétichisme porte les traces de cet esprit, horriblement défigurées, si l'on veut, et comme caricature ; mais ces traces sont aussi importantes pour le penseur qui s'efforce de pénétrer l'essence intime de la religion, que la passion et l'hallucination pour la connaissance de l'être humain psychologique. Les conceptions, semblables aux conceptions chrétiennes qu'on trouve chez les différents peuples, dans l'Orient surtout, ne sont pas des restes d'une religion primitive, ou des préparations, des préconceptions au christianisme, mais des conceptions nécessaires provenant de la nature de la religion et de ses lois intimes. Elles sont elles-mêmes ces lois, et les phénomènes qu'elles régissent, et dont la diversité forme les sectes diverses, sont quelquefois impies, c'est-à-dire contraires au véritable esprit religieux. Le christianisme a donc son origine fondée dans la nature de la religion, et il n'en pouvait être autrement.

Sa seconde origine est temporelle, historique. Le christianisme ne pouvait venir au monde qu'à l'époque où il y a fait son apparition, à l'époque de la ruine universelle, de la plus horrible corruption, de la disparition de toutes les différences nationales, de tous les liens moraux entre les peuples, en un mot de tous les principes qui soutenaient et agitaient le monde ancien pendant toute la durée des peuples et des âges classiques. Ce n'est que dans un temps semblable que la religion pouvait revêtir une forme pure, dégagée d'éléments étrangers, conforme à sa vraie nature. Combien de fois dans une famille corrompue, brisée au point de vue moral et économique, arrive-t-il qu'un enfant seul conserve un cœur pur et l'esprit domestique le plus saint et le plus profond! Ce phénomène qui paraît extraordinaire, c'est-à-dire en contradiction avec l'attente naturelle et l'expérience, n'en est pas moins naturel et conforme à la loi. Le malheur causé par la discorde inspire à l'enfant la terreur et l'horreur de la discorde, le fait rentrer en lui-même et y chercher ce qu'il ne trouve pas dans les êtres et les choses qui l'entourent. Il en fut alors ainsi pour le christianisme. Le bien, dit-on, ne peut être reconnu que par lui-même : c'est vrai; mais c'est aussi le reconnaître par lui-même que le reconnaître par le mal. Le sentiment du malheur causé par le mal est le sentiment du bonheur dont le bien est la source. Le manque d'un bien produit souvent les mêmes effets que sa possession. Les philosophes païens n'avaient pas conçu entièrement pour elle-même l'idée de la moralité, ne l'avaient jamais poussée à ses dernières conséquences, détournés qu'ils étaient par un but national ou politique. De là leurs considérations sur la communauté des femmes, l'exposition des enfants faibles, choquantes pour nous et immorales, et qui ne peuvent être expliquées que par leur époque et la direction de leur esprit vers les questions sociales. Le christianisme doit sa pureté, sa sévérité, sa conséquence, précisément à la corruption morale de son temps. L'esprit se détourna de toute politique, rejeta avec ce monde mauvais tout autre monde. Il n'y avait rien en effet en dehors de lui qui pût l'attirer, rien qui pût charmer ses yeux ou séduire son cœur. L'homme était rassasié de la vie, las de la jouissance dans la jouissance même. La recherche des plaisirs, la volupté de l'empire romain n'étaient qu'une joie désespérée, se haïssant et se détruisant elle-même, un malheur brillant. Ce n'est que dans un temps et un monde aussi nuls que pouvait être conçue l'idée de la moralité pure qui est le seul point essentiel et vrai du christianisme, si du moins on saisit son but final, si on dépouille le sens propre caché sous ses images, des ornements orientaux de la fantaisie.

Si cette origine du christianisme, tirée de la nature de la religion et d'une époque particulière, vous paraissait trop méprisable, trop commune, alors je vous rappellerai cette foi aux miracles que tous les peuples ont eue avant vous, et qu'avec vous quelques-uns partagent encore. Quoique vous parliez beaucoup de la divinité et de la vérité intime de votre doctrine, que vous n'ayez pas l'air d'attacher aux miracles grande importance, on voit cependant, à votre fureur contre ceux qui les mettent en doute, qu'ils sont pour vous quelque chose de très-essentiel, et qu'ainsi vous pensez autrement que vous ne parlez. Quiconque les nie n'est pas chrétien. La foi aux miracles a cru avec vous, ne fait qu'un avec le christianisme, et, comme on la trouve dans toutes les religions, on peut en conclure, d'après toutes les lois de la vérité, que le miracle est un besoin naturel, une forme de représentation religieuse nécessaire. Les miracles du christianisme proviennent du même besoin, de la même nécessité que ceux du paganisme. Loin d'être des phénomènes surnaturels, ils sont au contraire des phénomènes légitimes régis par une loi psychologique. Ils diffèrent de ceux des païens seulement par le but, et si vous m'objectez qu'ils sont vrais et que les leurs sont faux, que votre croyance est fondée et que la leur ne l'était pas, je réponds que cette question : si un miracle est vrai ou faux, mieux encore, réel ou imaginé, — car la vérité n'est rien de miraculeux, la vérité est loi, raison, règle et non exception, destruction de la loi, — que cette question, dis-je, est tout à fait secondaire. Lors même que les miracles des païens seraient faux, inventés, ils n'en étaient pas moins chez eux comme chez vous une conséquence nécessaire de l'esprit religieux. Vos vrais miracles reposent sur le même fondement que leurs faux miracles, quelque effort que vous fassiez pour les distinguer et pour faire ressortir que, servant chez vous à constater des vérités, ils ont un tout autre sens que chez eux. La foi au miracle est la nature, la condition du miracle. La foi ne tient pas compte des lois de la raison et de la nature, et pas davantage des lois de la vérité et de la réalité historique. Il y a en elle une contradiction remarquable; elle veut avoir de son côté les sens comme dernier et décisif témoignage de certitude, et, en même temps, elle leur refuse toute certitude et toute vérité en détruisant les lois de la perception externe. Elle veut, elle croit pouvoir voir avec les yeux naturels ce qui est contre nature; le miracle est aussi peu un objet des sens qu'un objet de la raison.

Si, par exemple, de l'eau était changée en vin, il faudrait, pour constater ce miracle comme un fait sensible, qu'il se passât devant mes yeux, c'est-à-dire que je visse cette transformation. Je ne pourrais avoir la certitude que par la vue de ce qui se passe, par la marche de la métamorphose; — mais alors le miracle n'en serait plus un. Pour éviter toute illusion, qu'on se représente le miracle ayant lieu non dans une cruche, mais dans un verre transparent ; — que verrons-nous? tout simplement le vin à la place de l'eau, un objet naturel à la place d'un autre objet naturel sans nous rendre compte de ce qui s'est passé. Nous croyons donc tout simplement le miracle, mais nous ne le voyons pas. Aussi peu le vide de l'espace est un objet des sens, de l'expérience, aussi peu l'est le vide qualitatif, l'abîme infini qui sépare une substance d'une autre; — mais la foi le franchit. Les miracles réels n'ont donc aucun signe caractéristique qui les distingue des miracles imaginés, de pure hallucination. Ils n'ont rien de commun avec les faits historiques, les événements réels. Le fait véritable est celui qui, au moment où il se passe, exclut la possibilité qu'il en soit autrement et dans le spectateur la possibilité du doute. Le miracle est quelque chose qui est arrivé sans être arrivé, un pur *perfectum* sans *imperfectum*, un fait sensible sans développement sensible, sans fondement naturel. Après l'avoir vu on peut croire qu'il s'est passé naturellement. Le fait ne se donne pas pour autre chose que ce qu'il est ; s'il ne dévoile pas toujours son origine, il ne la nie pas non plus et invite l'esprit à la rechercher ; le miracle veut en imposer, s'attribue une certaine importance qui ne porte pas le cachet de la réalité, parle autrement qu'il ne pense, emploie les mots et les signes les plus communs, mais dans un sens arbitraire opposé aux coutumes et même aux lois du langage. La vérité se fie à elle-même, elle dédaigne d'arracher à l'homme son assentiment par des moyens séducteurs qui excitent la fantaisie et écrasent la raison. La foi repose sur une vue fausse et superficielle de la nature, sur un jugement dont la base n'est pas la science mais l'ensemble des besoins pratiques, des impressions de chaque jour. De même que pour l'homme du monde la vie d'un homme occupé des choses intellectuelles paraît triste, malheureuse, parce qu'elle lui semble uniforme et qu'il n'a pas le pressentiment que cette uniformité extérieure témoigne d'une richesse et d'une satisfaction intimes ; de même au point de vue du cours ordinaire des choses où les mêmes phénomènes se reproduisent sans cesse, où l'on ne considère que les suites de la régularité sans en pénétrer l'esprit, la nature paraît à l'homme commune et triviale, et il croit ne sentir les traces de l'esprit divin que dans les interruptions violentes, les spectacles théâtraux, les intermezzos miraculeux. — Mais en fait, le merveilleux dans la nature, le souffle divin qui l'agite et la pénètre, c'est la loi qui est en elle. — La loi n'est rien moins qu'une lettre morte, c'est l'esprit profond et vivant, l'âme intérieure, créatrice et ordonnatrice. La philosophie croit aussi assurément aux miracles mais non à ceux de la foi ; du moins la philosophie digne de ce nom, qui à chacune de ses paroles ne demande pas pardon à la théologie d'un ton larmoyant pour ne pas perdre la paix confortable que lui procure son entente avec elle, qui ne courbe pas la nuque avec une âme esclave sous le joug des préjugés séculaires. Elle ne croit pas aux miracles de l'arbitraire, de l'imagination, mais aux miracles de la raison, de la nature des choses, aux miracles silencieux de la science que l'esprit concentré du sage ne perçoit que dans le temple solitaire des muses, aux heures de l'enthousiasme scientifique le plus profond ; elle ne croit pas aux miracles qui se font sur la place publique et s'annoncent aux sens populaciers d'une foule crédule par le bruit des tambours et des trompettes, mais aux miracles éternels, vivants, universels, se renouvelant sans cesse, et non aux miracles particuliers, temporels, morts, sans aucun sens ni esprit. — La philosophie n'est point attachée de cœur aux choses temporelles ; — encore moins au culte égyptien des momies du passé. (*Voir la note à la fin du volume.*)

ESSENCE DE LA RELIGION

I

Le sentiment que l'homme a de sa dépendance, voilà le fondement de la religion. L'objet de ce sentiment, ce dont l'homme dépend et se sent dépendant n'est dans l'origine rien autre chose que la nature. La nature est le premier objet de la religion comme le prouve suffisamment l'histoire de toutes les religions et de tous les peuples.

II

Cette assertion que la religion est naturelle, innée dans l'homme, est complétement fausse si l'on entend par religion les conceptions du déisme; elle est vraie au contraire si par religion l'on n'entend rien de plus que le sentiment de la dépendance humaine, que la conscience qu'a l'homme qu'il n'existe et ne peut exister sans un être différent de lui. La religion, dans ce sens, est aussi nécessaire à l'homme que la lumière à l'œil, l'air aux poumons, la nourriture à l'estomac. La religion est l'ensemble des idées par lesquelles nous reconnaissons et affirmons ce que nous sommes. Mais nous ne pouvons exister sans lumière, sans air, sans eau, sans aliments ; en un mot, nous dépendons de la nature. Cette dépendance n'est point sentie par l'animal ; l'être seul qui peut en faire l'objet de sa conscience, de sa pensée a seul aussi la puissance de s'élever à des idées religieuses. Ainsi toute vie dépend du changement des saisons ; mais l'homme seul fête ce changement par des représentations dramatiques, par des sacrifices solennels, et ces fêtes qui n'expriment et ne représentent que les alternatives des saisons, que les phases de la lune, sont les fêtes les plus anciennes, les premiers aveux religieux de l'humanité.

III

Un homme particulier, un peuple, une tribu, ne dépendent pas de la nature en général, mais de tel ou tel sol, de tel ou tel pays, de tel ou tel fleuve. L'Égyptien n'est pas Égyptien en dehors de l'Egypte, l'Indien ne peut être Indien en dehors de l'Inde. De même que l'homme civilisé, universel par l'intelligence adore comme une divinité cette intelligence qui pourtant lui appartient, de même les anciens peuples bornés dans leurs idées, attachés de corps et d'âme à leur sol, ne connaissant pas encore l'unité de leur nature dans l'humanité, mais divisés partout en peuples et en tribus, adoraient comme des êtres divins les montagnes, les arbres, les animaux, les fleuves de leur pays : car toute leur existence, tout leur être avaient pour fondement la conformation et les propriétés de ce pays, leur nature à eux.

IV.

C'est la fantaisie seule qui a fait naître l'idée que l'homme n'aurait pu s'élever au-dessus de l'état de pure bestialité sans la Providence, sans le secours d'êtres surhumains tels que des dieux, des esprits, des anges et des génies. Certainement l'homme n'est pas devenu seulement par lui-même ce qu'il est aujourd'hui ; il avait besoin pour cela de l'appui, de la protection d'autres êtres ; mais ces êtres étaient des créatures réelles et non imaginaires, au-dessous et non au-dessus de lui : car tout ce qui aide l'homme dans son activité, soit méditée, soit involontaire, tous les dons et toutes les facultés utiles lui viennent d'en bas et non d'en haut, lui viennent des profondeurs de la nature. Ces êtres secourables, ces génies protecteurs de l'homme, ce furent surtout les animaux. C'est par leur aide qu'il s'est élevé au-dessus d'eux, c'est sous leur protection que la semence de la civilisation humaine a pu prospérer. «Le monde subsiste par l'intelligence du chien, est-il dit dans le *Zend-A-Vesta*, dans la partie de ce livre la plus ancienne et la plus authentique, dans le *Vendidad ;* s'il ne veillait pas sur les chemins, tous les biens seraient enlevés par les loups et par les voleurs. » Cette importance des animaux pour l'homme surtout à l'époque de la formation des sociétés justifie pleinement les honneurs religieux qu'on leur rendait. Ils étaient pour l'homme des êtres indispensables, nécessaires ; d'eux dépendait son existence humaine ; mais ce dont la vie, ce dont l'existence de l'homme dépend, cela est *Dieu* pour lui. Si les chrétiens n'adorent plus la nature, c'est tout simplement parce que selon leur croyance, leur vie n'a pas sa source dans la nature, mais dans la volonté d'un être surnaturel. Malgré cela ils ne considèrent et n'honorent cet être comme l'être suprême que parce qu'ils voient en lui l'auteur et le conservateur de leur existence et de leur vie. C'est ainsi que l'adoration de Dieu n'est qu'une conséquence, une manifestation de l'adoration de l'homme par lui-même. Si je n'ai que du mépris pour moi-même et pour ma vie, — et dans l'origine l'homme ne fait aucune distinction entre sa vie et lui-même, — comment pourrai-je louer, honorer ce d'où provient cette vie méprisable? La valeur que je donne à la cause de la vie ne fait qu'exprimer la valeur que sans en avoir conscience, je donne à la vie elle-même. Plus devient grande dans notre esprit la valeur de la vie, plus grandissent en importance et en dignité les dieux qui en sont les dispensateurs. Comment les dieux pourraient-ils briller dans l'or et dans l'argent, tant que l'homme ne connaît pas encore la valeur de l'argent et de l'or? Quelle différence entre l'amour et la plénitude de la vie chez les Grecs et le vide et le mépris de la vie chez les Indiens! mais aussi quelle différence entre la mythologie de la Grèce et les fables de l'Inde, entre le père Olympien des hommes et des dieux, et le grand serpent à sonnettes, ce père de la race indienne!

V

Les chrétiens se réjouissent de la vie tout autant que les païens; mais ils adressent leurs prières et leurs actions de grâces au Père éternel qui est dans les cieux ; aussi accusent-ils les païens d'idolâtrie, parce que ceux-ci ne rendent des honneurs qu'aux créatures, au lieu de s'élever à la cause suprême, à la seule cause véritable de tous les bienfaits. Mais dois-je mon existence à Adam, au premier homme ? L'honoré-je comme mon père ? Pourquoi ne pas m'arrêter à la créature ? N'en suis-je pas une moi-même ? Pour moi qui ne date que d'hier, pour moi être *déterminé*, *individuel*, la cause la plus proche, déterminée, individuelle, n'est-elle pas la cause dernière ? Mon individualité inséparable de mon existence ne dépend-elle pas de l'individualité de mes parents ? Si je vais trop loin en arrière, ne risqué-je pas de perdre toute trace de mon être ? N'y a-t-il pas nécessairement un point d'arrêt dans ce retour vers le passé ? Ce qu'on appelle cause générale, devant tout exprimer, n'exprime absolument rien. En effet, dans toute explication des choses, on est obligé de la laisser de côté. De même la suite interrompue des causes secondes, que les anciens athées regardaient comme infinie, et les déistes comme s'arrêtant à Dieu, cette suite de causes, ainsi que le temps dont tous les instants s'ajoutent les uns aux autres sans différence aucune, n'existe que dans la pensée, que dans l'imagination de l'homme. L'ennuyeuse uniformité de leurs effets successifs est brisée, détruite dans le monde réel par l'individualité des choses et des êtres, qui est toujours quelque chose de nouveau, d'indépendant, d'absolu. Certainement l'eau, substance divine au point de vue des religions de la nature, est un composé d'oxygène et d'hydrogène ; mais elle n'en est pas moins un être neuf, original, dans lequel disparaissent les propriétés des éléments qui le composent. Certainement la lumière de la lune, que le païen, dans sa simplicité religieuse, adore comme une lumière indépendante, est une lumière dérivée, réfléchie; mais elle n'en est pas moins une lumière différente de celle du soleil, une lumière qui n'existerait pas si la lune n'existait pas. De même, le chien, que le Parse, à cause de sa vigilance et de sa fidélité, implore dans ses prières comme un être bienfaisant et par cela même divin, le chien est une création de la nature et n'est pas par lui-même ce qu'il est; mais ces admirables qualités n'appartiennent qu'à lui. Suis-je obligé, pour m'en rendre raison, de tourner le dos au chien et de diriger mes regards vers la cause première, générale? Mais cette cause générale est aussi bien la cause du chien, ami de l'homme, que du loup, son ennemi, du loup, dont, en dépit de cette cause universelle, je dois détruire la vie, si je veux conserver la mienne.

VI

L'être divin qui se révèle dans la nature n'est pas autre chose que *la nature elle-même,* qui, en se révélant à l'homme, le force à la reconnaître comme un être divin. Dans la multitude de leurs dieux, les Mexicains avaient un dieu du sel. Ce dieu du sel va nous révéler l'essence du dieu de la nature en général. Le sel nous représente, dans ses effets économiques, thérapeutiques et technologiques, l'utilité et la bienfaisance de la nature objet des louanges des déistes; par ses effets sur l'œil, par ses couleurs, son éclat, sa transparence, il nous représente sa beauté; par sa forme et sa structure cristalline, sa régularité et son harmonie; par sa composition, l'union des éléments les plus opposés pour la formation d'un seul tout, union que de tout temps les déistes, dans leur ignorance de la nature, ont regardée comme une preuve irréfutable de l'existence d'un dieu séparé du monde. — Qu'est donc, en définitive, ce dieu du sel? ce dieu dont l'existence, l'empire, la révélation, les effets, les qualités, sont contenus dans le sel? Ce n'est pas autre chose que le sel lui-même, qui, à cause de ses propriétés, paraît à l'homme un être divin, c'est-à-dire bienfaisant, magnifique, digne de louange et d'admiration. « Divin, » telle est l'épithète que lui donne Homère. Eh bien! de même que le dieu du sel ne fait que révéler la divinité du sel, de même le dieu du monde ou de la nature en général n'est que la révélation et l'expression de la divinité de la nature.

VII

Croire que dans la nature il se manifeste un autre être que la nature elle-même, c'est croire que des esprits et des démons peuvent s'emparer de l'homme et s'exprimer par son organe, c'est croire que la nature est possédée par un être étranger, au-dessus et en dehors des sens. Pour les croyants de cette espèce, c'est bien réellement un esprit qui domine et gouverne la nature; mais cet esprit n'est pas autre chose que l'esprit de l'homme : c'est la fantaisie humaine qui, involontairement, transforme la nature et en fait un symbole, un miroir de son propre être.

VIII

La nature n'est pas seulement l'objet primitif des religions, elle en est encore le fondement persistant, le dernier soutien, quoique caché à tous les regards. Si l'on croit que Dieu, même conçu comme différent du monde, est autre chose qu'une idée, existe *en dehors de la pensée de l'homme*, est un être *objectif*, comme disent les philosophes, c'est tout simplement parce que les êtres qui existent en dehors de l'homme, c'est-à-dire la nature, l'univers, sont dans l'origine Dieu lui-même. L'existence de la nature ne se fonde pas, comme le pense le déiste, sur l'existence de Dieu; non! Tout au contraire, l'existence de Dieu, ou plutôt la croyance que Dieu existe, se fonde seulement sur l'existence de la nature. Si tu es forcé de penser Dieu comme un être existant nécessairement, c'est parce que la nature te force de préposer l'existence de la nature à la tienne propre, car ta première idée de Dieu n'est pas autre chose que l'idée de l'existence qui a dû précéder la tienne. Si tu crois que Dieu existe en dehors du cœur et de la raison de l'homme, existe d'une manière absolue, sans s'inquiéter si l'homme est ou n'est pas, le connaît ou ne le connaît pas, le désire ou ne le désire pas, eh bien, tu n'as dans la tête que l'idée de la nature, dont l'existence n'a point pour fondement l'existence de l'homme et encore moins les besoins de son intelligence ou de son cœur. Si donc les théologiens, et principalement les rationalistes, placent surtout l'honneur de Dieu dans son existence en dehors de la pensée de l'homme, ils feront bien de réfléchir que l'honneur de cette existence appartient aussi aux dieux du paganisme, aux étoiles, aux pierres, aux animaux, — et qu'ainsi la manière d'exister de leur dieu ne se distingue pas de celle du bœuf Apis.

IX

Les attributs qui fondent et expriment la différence qui existe entre l'être divin et l'être de l'homme, ou du moins de l'individu, ne sont dans l'origine que les attributs de la nature (1). — Dieu est le plus puissant des êtres ou plutôt l'être tout-puissant, c'est-à-dire, il peut ce que l'homme ne peut pas, ce qui dépasse même infiniment toutes les forces humaines, et c'est là ce qui fait entrer dans le cœur de l'homme le sentiment de sa limitation, de sa faiblesse et de son néant. « Peux-tu, dit Dieu à Job, défaire les liens qui attachent les sept étoiles ou bien attacher ceux d'Orion ? Peux-tu commander aux éclairs et faire qu'ils partent à ton ordre et

---

(1) Socrate rejetait la physique comme une étude trop au-dessus de l'homme et de plus inutile, parce que, disait-il, quand bien même on saurait comment se forment les pluies, on ne pourrait point cependant faire pleuvoir. Aussi ne s'occupait-il que de l'homme, que de la morale. Cela veut dire : tout ce que l'homme peut est humain, ce qu'il ne peut pas est surhumain, divin. Un roi des Cafres disait aussi : « Nous croyons en une puissance invisible, qui nous fait tantôt du bien, tantôt du mal et produit le vent, le tonnerre, la grêle, enfin tout ce que nous ne pouvons pas imiter. » — « Peux-tu faire croître le gazon ? demandait un Indien à un missionnaire ; je ne le crois pas : personne ne le peut excepté le grand Manitou. » C'est ainsi que l'origine de l'idée de Dieu conçu comme être différent de l'homme n'est pas autre chose que la nature.

s'écrient : Nous voici? Est-ce toi qui donne sa force au coursier ? est-ce par ton intelligence que vole l'épervier ? as-tu un bras aussi puissant que celui de Dieu et peux-tu tonner avec une voix égale à la sienne ?» Non ! l'homme n'a point un tel pouvoir et sa voix ne peut point se comparer au tonnerre. Mais quelle est la puissance qui se manifeste dans le fracas du tonnerre, dans la force du coursier, dans le vol de l'épervier, dans la marche irrésistible et éternelle des constellations? *La puissance de la nature.* — *Dieu est l'être éternel :* — mais il est écrit dans la Bible : Une génération passe, une autre vient, la terre seule reste éternellement. » Dans le Zend-A-Vesta le soleil et la lune sont nommés immortels. « Tu adores un Dieu mort sur la croix, disait un Inca du Pérou à un dominicain, et moi j'adore le soleil qui ne meurt jamais. » — *Dieu est l'être bon et miséricordieux,* car il fait luire son soleil pour les méchants comme pour les bons et il laisse tomber la pluie sur les justes et les injustes; mais l'être qui ne fait aucune différence entre les bons et les méchants, entre les justes et les injustes, qui ne partage point les biens de la vie d'après la valeur morale des individus, et qui ne paraît bon à l'homme que parce que ses effets tels que par exemple, la lumière du soleil et l'eau des pluies, sont la source des sensations les plus agréables et les plus bienfaisantes, cet être, c'est la nature. — *Dieu est l'être universel, immuable, qui embrasse tout,* — mais il n'y a qu'un seul et même soleil qui éclaire tous les êtres de la terre et du monde (car dans toutes les religions la terre est le monde lui-même), il n'y a qu'un *seul et même ciel* qui les couvre tous, *une seule et même terre* par laquelle tous sont portés. « Ce qui prouve qu'un Dieu existe, dit saint Ambroise, c'est qu'il n'y a qu'un monde. » — « De même que le soleil, la lune, le ciel, la terre et les mers sont communs à tous, dit Plutarque, mais cependant portent différents noms chez des peuples différents ; de même il y a un esprit qui dirige le monde honoré partout sous des noms et des cultes divers. » Dieu n'est point un être qui habite dans des temples construits par la main des hommes, mais la nature non plus. Les anciens Germains et les Perses qui n'adoraient que la nature faisaient leurs sacrifices et toutes les cérémonies de leur culte sur les montagnes, à la face du ciel. — *Dieu est l'être grand, infini, incommensurable ;* mais c'est parce que le monde son ouvrage est grand, infini, incommensurable, ou du moins paraît tel aux yeux de l'homme. L'œuvre loue celui qui l'a faite ; la magnificence du créateur se fonde sur la magnificence de la créature.— *Dieu est l'être supra-terrestre, surhumain, le plus élevé de tous ;* mais dans l'origine cet être représente seulement ce qu'il y a de plus haut et de plus éloigné dans l'espace, c'est-à-dire le ciel avec ses brillants phénomènes. Toutes les religions placent leurs dieux dans la région des nuages, dans le ciel ou dans les étoiles ; *tous les dieux vont se perdre à la fin dans les vapeurs azurées du ciel*. Même le dieu spiritualiste des chrétiens a son siége dans les cieux. *Dieu est l'être mystérieux,* incompréhensible ; mais c'est parce que la nature est mystérieuse et incompréhensible pour l'homme, surtout pour l'homme religieux. « Sais-tu, dit Dieu à Job, comment se forment les nuages ? es-tu allé jusqu'au fond des mers ? connais-tu la grandeur de la terre ? Etc., etc. » Dieu enfin est l'être élevé au-dessus de l'arbitraire de l'homme, insensible aux besoins et aux passions de l'humanité, éternellement égal à lui-même, régnant par des lois immuables et dont la volonté embrasse tous les temps; mais cet être n'est pas autre chose que la nature toujours égale, obéissant toujours aux mêmes lois et dont l'action est nécessaire, irrésistible, sans égards et inexorable.

X

On peut bien se représenter Dieu en tant que créateur comme distinct de la nature; mais ce qu'il contient et exprime, c'est ce que contient et exprime la nature même et rien de plus. « On reconnaît l'arbre à ses fruits, est-il dit dans la Bible, et l'apôtre saint Paul proclame que l'univers est l'œuvre à laquelle on reconnaît l'existence et les attributs de Dieu, car ce qu'un être produit le contient tout entier, nous montre ce qu'il est et ce qu'il peut. Nous avons donc dans la nature tout ce que nous mettons ensuite en Dieu, c'est-à-dire Dieu créateur est pour nous non un être moral, spirituel, mais un être naturel, physique. Un culte fondé sur l'idée d'un Dieu simplement créateur, si l'on n'accordait pas à ce Dieu d'autres attributs puisés dans l'essence de l'homme, si on ne le regardait pas en même temps comme un législateur moral et politique, serait un culte purement naturel. Il est vrai qu'on accorde au créateur de la nature intelligence et volonté; mais ce que veut cette volonté, ce que pense cette intelligence, c'est précisément ce pour quoi il n'est besoin ni d'intelligence ni de volonté, c'est ce que peuvent parfaitement accomplir, soit des forces mécaniques, physiques et chimiques dans le monde matériel, soit des instincts, des tendances et des inclinations dans la vie animale.

XI

La nature n'est pas plus l'œuvre d'une intelligence et d'une volonté que ne le sont la formation de l'enfant dans le sein de la mère, les battements du cœur, la digestion et les autres fonctions organiques. Si la nature est dans l'origine un produit de l'esprit et par conséquent un phénomène spirituel, une apparition d'esprit, alors les phénomènes d'aujourd'hui sont nécessairement aussi des phénomènes spirituels. Qui dit A doit dire B : *un commencement surnaturel exige une continuation surnaturelle*. L'homme ne cherche la cause de la nature dans une intelligence que là où les phénomènes naturels dépassent la portée de son esprit; comme il veut tout s'expliquer par lui-même, il est obligé de faire dériver de la volonté d'un maître absolu, d'un Dieu, ou de la puissance et de la volonté d'esprits d'un ordre inférieur, tels que des anges et des génies, tous les phénomènes dont il ne peut se rendre compte. Mais lorsque, comme aujourd'hui, on ne regarde plus la toute-puissante parole de Dieu comme le point d'appui de la terre et des étoiles, lorsqu'on ne fait plus diriger leurs mouvements par un esprit ou par des anges, mais par des forces mécaniques, on doit admettre que la cause première de ces mouvements est purement mécanique ou naturelle. Faire dériver la nature d'une intelligence ou d'une volonté, c'est faire naître l'homme d'une vierge par l'opération du Saint-Esprit, c'est faire du vin avec de l'eau, c'est apaiser les tempêtes

7

par une simple parole, ou par un seul mot rendre la vue aux aveugles. Les gens qui ne veulent pas entendre parler de miracles, de démons et d'esprits, c'est-à-dire des causes secondes de la superstition, et qui cependant admettent la doctrine de la création, cette cause première de toutes les croyances superstitieuses, sont tout simplement ridicules et absurdes.

XII

Plusieurs Pères de l'Église ont soutenu que le Fils de Dieu ne provient point de la volonté, mais de l'essence du Père, que l'acte de la génération, comme acte provenant de l'essence, de la nature de Dieu, a dû précéder l'acte de la création, qui est un acte de la volonté. C'est ainsi que, même dans la conception du Dieu surnaturel du christianisme, quoique par une contradiction flagrante avec l'essence même de ce Dieu, la vérité de la nature a fait valoir ses droits. Avant l'activité de la conscience, de la volonté, on croit devoir mettre l'activité de la nature, — et c'est avec raison. La nature doit exister avant qu'il y ait des êtres qui puissent se distinguer d'elle et la prendre pour objet de leur intelligence et de leur volonté. Aller de l'absence de toute intelligence à l'intelligence, c'est le chemin de la sagesse; si l'on suit la marche opposée, on va directement dans la maison des fous de la théologie. Faire précéder la nature par l'esprit, c'est placer le ventre de l'homme sur sa tête. Le parfait suppose l'imparfait. Plus un être est élevé, accompli, plus il suppose l'existence d'autres êtres avant la sienne. Ce ne sont pas les êtres produits les premiers, non! ce sont les derniers venus, les plus dépendants de la nature, les plus compliqués dans leur organisation, les plus remplis de penchants et de besoins qui sont les plus parfaits. Un être qui a l'honneur de n'être précédé par rien a aussi l'honneur de n'être rien du tout. Mais les chrétiens sont très-habiles dans l'art de faire avec rien quelque chose.

XIII

Toutes choses viennent de Dieu et en dépendent, disent les chrétiens, d'accord en cela avec leur foi; mais, ajoutent-ils aussitôt, entraînés par leur raison impie, seulement d'une manière médiate. Dieu est la cause première, mais derrière lui s'étend à perte de vue l'innombrable armée des dieux subalternes; après l'effet immédiat de sa volonté vient le gouvernement des causes secondes. Ces causes secondes sont en vérité les seules réelles et actives, les seules qui se fassent sentir. Un dieu qui ne donne plus la mort à l'homme avec les flèches d'Apollon, qui n'épouvante plus l'imagination avec l'éclair et la foudre de Jupiter, qui n'active plus les feux de l'enfer pour les pécheurs opiniâtres avec les comètes, les étoiles filantes ou d'autres météores ignés, qui ne dirige plus avec bienveillance de sa propre main l'aiguille de la boussole, qui ne produit plus le flux et le reflux des eaux, et ne protége plus les continents contre la puissance des mers qui les menacent sans cesse d'un nouveau déluge, un dieu, en un mot, qui est chassé de l'empire des causes secondes, n'est plus une cause que de nom, n'est plus qu'une simple hypothèse pour résoudre une difficulté de théorie, pour expliquer, par exemple, le commencement de la nature ou de la vie organique. En effet, si le déiste a recours à l'idée d'un dieu pour s'expliquer l'existence de la nature, c'est tout simplement parce qu'il ne peut trouver dans la nature l'explication de la vie, c'est parce qu'il attribue aux choses l'impuissance qui est en lui; c'est parce que les limites de son intelligence sont pour lui les limites de la nature elle-même.

XIV

Création et conservation sont inséparables. Si c'est un être différent de la nature, si c'est un dieu qui nous a créés, c'est aussi ce dieu, c'est sa force qui nous conserve, et non la force du pain, de l'eau, de l'air et de la chaleur. « En lui nous sommes, en lui s'accomplissent nos mouvements et notre vie. » « Ce n'est pas le pain, dit Luther, c'est la parole de Dieu qui nourrit le corps naturellement, comme elle crée toutes choses et les conserve. Parce que nous voyons le pain, nous croyons que c'est lui qui nous nourrit; mais c'est la puissance divine qui nous nourrit sans que nous le puissions voir... Toutes les créatures sont des larves de Dieu, qu'il fait agir avec lui, et par lesquelles il laisse faire ce qu'il peut faire lui-même et ce qu'il fait aussi souvent sans leur concours. » D'après cette manière de voir, la nature n'est qu'un jeu qui nous cache la divinité, ce n'est qu'une apparence vaine, qu'un être inutile et superflu. Or, il est évident que nous ne sommes redevables de notre conservation qu'aux propriétés, aux vertus et à la puissance des êtres naturels; nous sommes donc forcés de conclure que c'est aussi à la nature que nous sommes redevables de notre existence. Nous vivons dans la nature, avec elle et par elle, et l'on voudrait que notre origine fût ailleurs! Quelle contradiction!

XV

La terre n'a pas toujours été ce qu'elle est maintenant; elle n'est arrivée à son état actuel qu'après une suite de révolutions successives, et la géologie a prouvé qu'à chaque période de ce développement correspondaient diverses espèces de plantes et d'animaux, qui n'existent plus aujourd'hui ou qui n'existaient pas dans les périodes précédentes. Ainsi il n'y a plus de trilobites, d'ammonites, de ptérodactyles, d'ichthyosaures, de plésiosaures, de dinothériums, etc. Et pourquoi? parce que les conditions de leur existence sont détruites. Mais si une vie cesse nécessairement lorsque disparaissent ses conditions, de même elle doit commencer lorsque ses conditions commencent à se produire. Même aujourd'hui, que les plantes et les animaux, du moins ceux des classes élevées, arrivent à l'existence par la génération organique, nous en voyons partout, dès que se présentent les conditions particulières essentielles à leur vie, se montrer en nombre infini à nos regards, d'une manière extraordinaire et encore inexpliquée. La production de la vie organique ne doit donc pas être considérée comme un acte isolé. Lorsque la terre, après s'être développée et cultivée dans le cours du temps, en vertu de sa propre nature, a pu acquérir un caractère compatible avec l'existence de l'homme, un caractère humain, pour ainsi dire, c'est alors seulement qu'elle a produit l'homme, sans avoir besoin pour cela d'une autre puissance que la sienne.

XVI

La puissance de la nature n'est pas illimitée comme la toute-puissance divine, c'est-à-dire comme la puissance de l'imagination de l'homme; elle ne peut pas tout faire à volonté, en tout temps et dans toute circonstance; elle ne peut créer ou produire que dans certaines conditions. Si par conséquent la nature ne produit plus aujourd'hui ou ne peut plus produire aucun organisme par une génération spontanée, immédiate, il ne s'ensuit pas qu'elle n'ait pu avoir autrefois cette puissance. Le caractère de la terre est maintenant celui de la stabilité; le temps des révolutions est passé, les volcans ne sont plus que quelques têtes turbulentes qui n'ont aucune influence sur la masse et ne peuvent troubler l'ordre existant. Le plus terrible phénomène volcanique que l'on connaisse, le soulèvement du Jorullo, dans le Mexique, n'a été qu'un accident local. De même que l'homme ne développe des forces extraordinaires que dans des circonstances extraordinaires, et n'a la puissance de faire ce qui lui est ordinairement impossible que dans les moments de surexcitation; de même que la plante n'accomplit qu'à certaines époques des fonctions opposées à celles de la vie végétale ordinaire, telles que la production de la chaleur, la combustion du carbone et de l'hydrogène, en un mot ne se fait animal (Dumas) que dans des circonstances déterminées; de même la terre n'a développé sa force de production zoologique que dans la période de ses révolutions, lorsque ses diverses puissances et ses divers éléments étaient dans un état de tension et de fermentation extraordinaires. Nous ne connaissons la nature que dans son état présent de *statu quo;* comment pourrions-nous conclure que ce qui n'a pas lieu aujourd'hui ne peut en général jamais avoir lieu, pas même dans d'autres temps et dans des circonstances bien différentes ?

XVII

Les chrétiens se sont toujours extrêmement étonnés de ce que les païens honoraient comme des divinités des êtres qui avaient eu une origine, un commencement. Ils auraient dû au contraire les admirer, car les honneurs rendus à ces êtres avaient pour fondement une intuition profonde et exacte de la nature. Commencer, pour un être, c'est s'individualiser ; tous les êtres individuels ont eu un commencement ; tous les éléments primitifs, au contraire, tous les êtres impersonnels et fondamentaux de la nature n'en ont point eu ; ils ont toujours existé. Mais l'être individuel est par la qualité infiniment supérieur à celui qui ne l'est pas. Honteuse est sans doute la naissance et douloureuse la mort ; mais quiconque ne veut commencer ni finir doit renoncer à la dignité d'être vivant. L'éternité est l'exclusion de la vie, la vie l'exclusion de l'éternité. L'individu, il est vrai, ne peut point exister si un autre être ne l'a précédé et produit ; mais l'être producteur est au-dessous et non au-dessus de l'être produit. Comme cause d'existence, il est au premier rang ; mais en même temps comme simple moyen, comme condition de cette existence, il est un être subordonné. L'enfant dévore la mère, en épuise les forces, colore ses joues avec son sang, et cependant l'enfant est l'orgueil de la mère, elle le met au-dessus d'elle-même, elle subordonne sa propre existence, son propre bonheur à l'existence et au bonheur de son enfant. Même chez les animaux, la femelle sacrifie sa propre vie pour la vie de ses petits. Ce qu'il y a de plus affreux pour un être, c'est la mort; mais le fondement de la mort, c'est la génération. Engendrer, c'est se rejeter soi-même, c'est se mettre au nombre des choses communes, c'est se perdre dans la foule, se dépouiller pour d'autres êtres de son originalité, de sa personnalité exclusive. Rien de plus contradictoire que de faire produire les êtres naturels par un être spirituel doué des plus hautes perfections. S'il en était ainsi, pourquoi les hommes, au lieu de se former dans la matrice, ne se formeraient-ils pas dans l'organe le plus parfait, c'est-à-dire dans la tête.

XVIII

Les anciens Grecs donnaient pour origine à toutes les sources, à tous les torrents, à tous les lacs à toutes les mers le grand océan qui entoure le monde, et les Perses faisaient naître du mont Abbordy toutes les montagnes de la terre. Fait-on autre chose quand on prétend que tous les êtres de l'univers sont les créations d'un être parfait? Non; on suit en tout la même manière de penser que les anciens. De même que le mont Abbordy est aussi bien une montagne que toutes celles qui sont issues de lui, de même l'être divin est la même chose que les êtres dérivés ; mais de même que l'Abbordy se distingue des autres monts en ce qu'il en possède les propriétés à un degré suprême exalté par la fantaisie, de même l'être primitif, divin, ne se distingue des autres êtres qu'en ce qu'il en possède les qualités à un degré infini. S'il est ridicule de chercher dans une eau primitive la source de toutes les eaux différentes, ou dans une montagne primitive l'origine de toutes les montagnes, il ne l'est pas moins de chercher dans un être primitif la cause première de tous les êtres divers. Stérile est l'unité, fertile seulement est le dualisme, c'est-à-dire le contraste, la différence. Les montagnes et les eaux proviennent des éléments les plus divers et les plus opposés. De même que l'esprit et le jugement ne se forment et ne se développent que par contraste, par conflit, de même la vie n'est produite que par le conflit de forces, d'êtres et d'éléments différents et opposés les uns aux autres.

XIX

« Celui qui a fait l'oreille, comment pourrait-il ne pas entendre ? celui qui a fait l'œil comment pourrait-il ne pas voir ? » Cette explication déiste de l'existence des êtres doués du sens de la vue et du sens de l'ouïe par un être qui lui-même voit et entend, ou pour nous exprimer comme les philosophes, des êtres spirituels par un être spirituel aussi, cette explication dit absolument la même chose que l'explication biblique de la pluie par un rassemblement d'eaux célestes dans les nuages ou au-dessus ; c'est toujours le même procédé que celui des Grecs et des Perses cité plus haut.

L'eau vient de l'eau, mais d'une eau infinie qui embrasse tout; les montagnes viennent d'une montagne, mais d'une montagne dont le sommet se perd dans les cieux; et de même l'esprit vient de l'esprit, la vie vient de la vie, l'œil de l'œil, mais d'un œil, d'une vie et d'un esprit qui ont l'infini pour domaine.

XX

Quand un enfant fait chez nous cette question : « Mais d'où viennent donc les petits enfants ? » on lui fait entendre que c'est la nourrice qui les tire d'une fontaine dans laquelle ils nagent comme des poissons. C'est ainsi que nous répond la théologie quand nous la questionnons sur l'origine des êtres naturels ou organiques. Dieu est la belle et profonde fontaine de la fantaisie, dans laquelle sont contenues toutes les réalités, toutes les forces, toutes les perfections, et où les choses futures, déjà toutes faites, nagent comme de petits poissons. La nourrice qui les tire de là, c'est la théologie; mais la personne principale, la nature, la mère qui engendre les enfants dans la douleur et les porte neuf mois sous son cœur, cette personne est entièrement oubliée dans cette explication, acceptable autrefois, mais aujourd'hui à peine bonne pour des enfants. Bien sûr, cette explication est plus jolie, plus agréable, plus légère et plus intelligible pour les enfants de Dieu que l'explication naturelle qui ne se fait jour qu'à travers mille obstacles. Mais l'explication que donnaient nos pieux ancêtres de la grêle, des épidémies, de la sécheresse, du tonnerre et des tempêtes, en les attribuant à des enchanteurs et à des sorciers ou sorcières, est beaucoup plus « poétique, » plus claire, et encore aujourd'hui bien plus intelligible pour les ignorants que l'explication de ces mêmes phénomènes par des causes naturelles.

XXI

La nature est l'objet primitif des religions, mais non pas la nature telle qu'elle nous apparaît au point de vue du déisme, de la philosophie et des sciences naturelles. L'homme ne voit d'abord dans la nature que ce qu'il voit en lui-même, c'est-à-dire un être personnel, vivant, capable de sentir ; il ne fait aucune différence entre elle et lui, et les sensations que produisent en lui les objets naturels, il les regarde comme des qualités des objets eux-mêmes. Les sensations agréables, bienfaisantes, sont l'œuvre d'un bon génie dans la nature : les sensations désagréables, au contraire, telles que le froid, la faim, la maladie, sont produites par un être méchant, ou du moins par la nature dans l'état de colère. C'est ainsi que l'homme, sans le vouloir et sans le savoir, c'est-à-dire nécessairement, quoique cette nécessité soit seulement relative, historique, transforme les êtres naturels en êtres imaginaires, subjectifs ou humains. Il n'est pas étonnant qu'il en fasse ensuite, mais cette fois avec conscience et volonté, des objets de la religion, c'est-à-dire des êtres accessibles à ses prières, dociles à ses caprices et à sa fantaisie. En effet, l'homme triomphe de la nature et la soumet à sa volonté dès qu'il la fait semblable à lui et lui attribue ses propres passions. D'ailleurs il ne lui accorde pas seulement des penchants, des inclinations et des mobiles humains; même dans les corps naturels il voit des hommes véritables. Ainsi les Indiens de l'Orénoque prennent pour des hommes le soleil, la lune et les étoiles. Pour les Patagons, pour les Groënlandais, ces mêmes astres sont leurs ancêtres, qui, dans quelque circonstance particulière, ont été transportés dans le ciel. Il en est de même chez beaucoup d'autres peuples. Ainsi, dans la religion, l'homme n'a affaire qu'à lui-même; son Dieu, c'est son propre être; si même il rend des honneurs aux choses les plus différentes, les plus éloignées de lui, c'est parce qu'il met en elles ses propres attributs, qu'il les regarde comme des êtres qui lui ressemblent. La religion, dans ce phénomène, manifeste son essence contradictoire d'une manière frappante, quoique facile à comprendre, et il n'en peut être autrement. Tandis qu'au point de vue déiste, l'être humain en général est adoré comme Dieu, parce qu'il paraît différent de l'homme particulier, dans les religions naturelles, au contraire, les êtres différents de l'homme sont adorés comme divins, parce qu'ils paraissent à l'homme entièrement semblables à lui.

XXII

Ce qui fait que la nature est regardée par l'homme comme un être doué de volonté, auquel il se sent obligé de rendre des honneurs et d'adresser ses prières, c'est qu'elle montre une certaine inconstance, surtout dans les phénomènes qui lui font le plus sentir sa dépendance et son néant. Si le soleil restait toujours au milieu du ciel, jamais il n'aurait allumé dans le cœur de l'homme le feu des sentiments religieux. Mais il disparaît le soir à l'horizon en faisant place à la nuit, avec ses ombres et ses terreurs, et l'homme primitif, en le voyant ensuite reparaître, tombe involontairement à genoux devant lui, ne se possédant plus de joie à ce retour inattendu. Les anciens Apalachites, dans la Floride, saluaient le soleil à son lever et à son coucher par des chants de reconnaissance et le priaient de revenir au temps convenable les réjouir de sa lumière. Si la terre portait toujours des fruits, quel serait le fondement des fêtes religieuses célébrées au temps des semences et de la moisson? C'est parce que tantôt elle ouvre son sein, et tantôt le referme, que ses fruits paraissent à l'homme des dons volontaires pour lesquels il doit la remercier. Les changements de la nature seuls rendent l'homme incertain, inquiet, religieux. Je ne sais pas si demain la température sera favorable à mes travaux, si je récolterai ce que j'aurai semé; je ne puis point, par conséquent, compter sur les dons de la nature comme sur un tribut qui m'est dû, comme sur une conséquence nécessaire; mais là où finit la certitude mathématique, là commence la théologie, même encore aujourd'hui, dans les têtes faibles. Tout ce qui est nécessaire paraît à la religion quelque chose d'arbitraire lorsque des circonstances variées semblent parfois y apporter quelque modification. La manière de voir entièrement opposée, celle de l'impiété et de l'irréligion, est représentée par le cyclope d'Euripide lorsqu'il dit : « La terre doit, qu'elle le veuille ou non, produire de l'herbe pour mes troupeaux. »

XXIII

Le sentiment de notre dépendance de la nature, allié à cette idée que la nature est un être personnel doué d'une activité volontaire, tel est le fondement du *sacrifice*, l'acte le plus essentiel des religions. Je me sens dépendant de la nature quand j'ai besoin d'elle ; ce besoin exprime et me fait sentir que sans elle je ne suis rien ; mais inséparable du besoin est la jouissance, sentiment tout opposé, sentiment de ma valeur personnelle, de mon indépendance, de ma différence d'avec la nature. Dans le besoin, l'homme a la crainte de Dieu, il est humble et religieux ; dans la jouissance, il est fier, orgueilleux, oublieux de la divinité, méprisant et frivole. Et cette frivolité, ou du moins ce manque de respect dans la jouissance, est pour l'homme une nécessité pratique, une nécessité sur laquelle se fonde son existence, mais qui n'en est pas moins en contradiction directe avec le respect qu'en théorie il a pour la nature : car, du moment qu'il en fait un être vivant, personnel, sensible et égoïste comme lui-même, il doit la craindre et la traiter avec beaucoup de ménagements et d'égards, sachant que comme lui elle est très-susceptible et n'aime pas à se laisser prendre ce qui lui appartient. Aussi, toutes les fois que l'homme se sert des choses naturelles, il lui semble qu'il viole un droit, qu'il commet, pour ainsi dire, un crime. C'est pourquoi, afin de faire taire sa conscience et d'apaiser en même temps l'objet que, dans son imagination, il croit avoir offensé, pour lui prouver que, s'il l'a dépouillé, ce n'est pas par insolence ou par caprice, mais par besoin, il se modère dans la jouissance, il rend à l'objet une partie de ce qu'il lui a pris. Ainsi les Grecs croyaient que, lorsqu'on coupait un arbre, l'âme de cet arbre, la dryade, poussait des gémissements et demandait vengeance au Destin. Aucun Romain n'aurait osé tailler ou couper un buisson dans son champ sans sacrifier en même temps un jeune porc au dieu ou à la déesse de ce buisson. Quand les Ostiaques ont tué un ours, ils en suspendent la peau à un arbre, font devant elle mille gestes exprimant le regret et la vénération, et prient ainsi l'ours de les excuser de lui avoir donné la mort; « ils croient se préserver par cette politesse du mal que pourrait leur faire l'âme de l'animal. » Les tribus de l'Amérique du Nord apaisent les mânes des animaux tués par de semblables cérémonies. Pour nos ancêtres, l'aune était un arbre sacré; lorsqu'il leur fallait l'abattre, ils avaient coutume de faire cette prière : « Femme aune, donne-moi de ton bois, je te donnerai du mien quand il croîtra dans la forêt. » Le brahmine ose à peine boire de l'eau ou fouler la terre sous ses pieds, parce qu'à chaque pas, à chaque gorgée d'eau, il tue ou fait souffrir des animaux ou des plantes; aussi se croit-il obligé de faire pénitence pour se faire pardonner la mort des créatures que, sans le savoir, il pourrait anéantir jour et nuit (1). »

XXIV

L'essence de la religion se concentre tout en-

---

(1) On pourrait ajouter à tous ces exemples les nombreuses règles de convenance que dans toutes les anciennes religions

tière dans le sacrifice, et par là se manifeste à nous de la manière la plus sensible. L'origine du sacrifice, *c'est le sentiment de notre dépendance*, c'est-à-dire la crainte, le doute, l'incertitude du succès, l'inquiétude de l'avenir, le remords d'une faute commise ; mais le résultat, le but du sacrifice, c'est le sentiment de nous-mêmes, c'est-à-dire le courage, la jouissance, la certitude du succès, la liberté et le bonheur. Le sentiment de notre dépendance, voilà *le fondement;* mais *la destruction de cette dépendance, la conquête de la liberté*, voilà le but de la religion. Ou bien : *La divinité de la nature est la base de toutes les religions, y compris le christianisme, mais la divinité de l'homme en est le but final.*

XXV

La religion suppose le contraste, la contradiction entre *vouloir et pouvoir*, entre *désir et réalisation, intention et réussite, imagination et réalité, pensée et être.* Dans la volonté, le désir, l'imagination, l'homme est illimité, libre, tout-puissant, dieu ; dans la réalité, au contraire, lorsqu'il s'agit pour lui d'atteindre le but de ses désirs et de ses efforts, là il se heurte partout contre des obstacles sans nombre ; en un mot, il est homme, c'est-à-dire un être borné, tout le contraire de Dieu. « L'homme propose et Dieu dispose. » Ma pensée et ma volonté m'appartiennent ; mais ce que je pense et ce que je veux est en dehors de moi,

---

l'homme était obligé d'observer à l'égard de la nature, pour ne pas l'offenser ou la profaner.

hors de la portée de ma puissance. Détruire cette contradiction, telle est la tendance, tel est le but de la religion. Et l'être dans lequel cette contradiction est détruite, dans lequel sont réalisées toutes les choses possibles pour ma pensée et mon imagination, mais impossibles pour mes forces, cet être, c'est l'être divin.

XXVI

Ce qui est au-dessus de la volonté et du savoir de l'homme est l'affaire originelle, particulière, caractéristique de la religion, est l'affaire de Dieu. « J'ai planté, dit l'apôtre saint Paul, Apollon a arrosé, mais Dieu a donné la moisson ; ce n'est ni celui qui plante ni celui qui arrose, mais seulement celui qui accorde prospérité et réussite, qui a de la valeur. » « Nous devons louer et remercier Dieu, dit Luther, de ce qu'il fait croître le blé, et reconnaître que ce n'est pas à notre travail, mais à sa grâce et à sa bienveillance, que nous devons le pain, le vin et tous les fruits qui servent à notre nourriture et à notre conservation. » Hésiode dit aussi que l'homme des champs, après mille fatigues, recueillera une riche moisson si Jupiter veut bien couronner ses travaux par une bonne fin. Labourer, semer, arroser, tout cela dépend de moi ; mais récolter n'est pas en mon pouvoir ; la réussite, la récompense de mes efforts est entre les mains de Dieu. Mais qu'est-ce que Dieu? Rien autre chose que la nature considérée comme un être que les prières peuvent émouvoir, et par conséquent doué de volonté. Jupiter est la cause des phénomènes météorologiques, mais ce n'est pas là ce qui constitue son caractère religieux, divin ; l'incrédule aussi sait qu'il y a une cause de la pluie, de la neige et des tempêtes. S'il est Dieu, c'est parce que ces phénomènes sont des effets de sa volonté, de sa puissance et de son bon plaisir. La religion fait dépendre de la volonté de Dieu toutes les choses sur lesquelles la volonté de l'homme n'a aucune prise; mais en même temps elle les met au pouvoir de l'homme en en faisant l'objet de la prière. En effet, tout ce qui dépend de la volonté est quelque chose d'arbitraire, de susceptible de changement, et peut, par la prière, être obtenu ou écarté. « Les dieux mêmes se laissent émouvoir et diriger à notre gré ; un mortel peut faire changer leurs desseins par des prières, d'humbles vœux, par l'encens et les libations. »

XXVII

L'objet de la religion, du moins là où l'humanité s'est élevée au-dessus de l'état d'incertitude, de hasard et de volonté sans puissance et sans direction qui caractérise le fétichisme proprement dit, c'est uniquement ce qui est objet des besoins et des efforts de l'homme; aussi les êtres naturels les plus utiles, les plus indispensables pour lui, ont-ils toujours reçu les honneurs religieux les plus grands et les plus universels. Mais ce qui est un objet de mes efforts et de mes besoins est en même temps un objet de mes vœux. La pluie et la chaleur du soleil me sont indispensables pour que ma semence prospère. Après une trop longue sécheresse je désire la pluie, après une trop longue pluie j'appelle de tous mes vœux les rayons du soleil. Le vœu est un désir dont la satisfaction, souvent possible en elle-même, n'est pas cependant en ma puissance dans tel ou tel moment, dans telle ou telle circonstance; c'est une volonté qui n'a pas la force de se réaliser. Eh bien, ce vœu lui-même a un pouvoir que n'a pas mon corps, que n'ont pas mes forces en général. Ce que je désire ardemment, je l'anime, je l'enchante par mes désirs (1). Dans la passion, — et c'est dans la passion, le sentiment que la religion a sa racine, — l'homme traite les choses mortes comme si elles étaient vivantes, regarde comme arbitraire ce qui est nécessaire, anime par ses soupirs l'objet de son amour, parce que dans cet état il lui est impossible de s'adresser à des êtres privés de sentiment. Le sentiment ne garde point la mesure que lui prescrit la raison, il se trouve à l'étroit dans la poitrine, il faut qu'il déborde, qu'il se communique au monde extérieur, et qu'il fasse de l'insensible nature un être sensible comme lui. — Cette nature enchantée par le sentiment de l'homme, devenue sensible elle-même, c'est la nature telle que la conçoit la religion lorsqu'elle en fait un être divin. L'essence des dieux n'est pas autre chose que l'essence du vœu; les dieux sont des êtres supérieurs à l'homme et à la nature; mais nos vœux sont aussi des êtres surhumains et surnaturels. Suis-je, en effet, encore un homme dans mes vœux et dans ma fantaisie, lorsque je désire être immortel ou être délivré des chaînes du corps terrestre? Non! Qui n'a pas de désirs n'a pas non plus de dieux. Là où tu n'entends pas des chants funèbres et des lamentations sur le sort

---

(1) Dans l'ancienne langue allemande le mot (*wünschen*, désirer) signifie (*zaubern* enchanter.)

mortel et sur les misères de l'homme, là tu n'entends pas non plus des cantiques de louanges en l'honneur des dieux heureux et immortels. Ce sont les larmes du cœur qui, en s'évaporant dans le ciel de la fantaisie, forment l'image nuageuse de la divinité. Homère donne pour origine à tous les dieux l'Océan qui entoure le monde ; mais cet Océan, si riche en divinités, n'est, en réalité, qu'une effluve des sentiments de l'homme.

XXVIII

En général, ce n'est que dans le malheur que l'homme pense à Dieu et a recours à lui ; c'est là un phénomène que les païens avaient déjà remarqué avec blâme, et qui nous conduit à la source même de la religion : car ce sont précisément les phénomènes irréligieux de la religion qui nous en dévoilent le mieux l'essence et l'origine. Dans le malheur, dans le besoin, que ce soit le sien ou celui des autres, l'homme fait la douloureuse expérience qu'il ne peut pas ce qu'il veut et que ses mains sont liées. Mais ce qui paralyse les nerfs moteurs ne paralyse pas toujours les nerfs sensibles ; ce qui est une chaîne pour mes forces corporelles n'en est point une pour mon cœur et pour ma volonté. Tout au contraire, plus mes mains sont liées, plus mes désirs sont exagérés, plus est vive mon aspiration à la délivrance, plus est énergique mon penchant pour la liberté. La puissance *surhumaine* de la volonté et du cœur de l'homme, exaltée et portée au plus haut degré par la puissance du besoin, constitue la puissance des dieux, pour lesquels il n'y a ni besoins ni obstacles. Les dieux peuvent ce que les hommes désirent, c'est-à-dire *ils exécutent, ils accomplissent les lois du cœur humain*. Ce que les hommes ne peuvent que dans la volonté, dans la fantaisie, c'est-à-dire spirituellement, comme, par exemple, se transporter en un instant dans un lieu éloigné, ils le peuvent physiquement. Les dieux sont les vœux de l'homme réalisés, doués d'un corps ; chez eux, les bornes naturelles imposées à l'homme n'existent plus, et les forces du corps sont égales aux forces de la volonté. La manifestation irréligieuse de cette puissance surnaturelle de la religion se trouve dans la sorcellerie des peuples barbares, pour laquelle la simple volonté de l'homme est le dieu qui commande à la nature. Si le dieu des Israélites arrête le soleil sur l'ordre de Josué, fait pleuvoir à la prière d'Elie ; si le dieu des chrétiens, pour prouver sa divinité, c'est-à-dire la puissance qu'il a d'accomplir les vœux de l'homme, apaise les tempêtes, guérit les malades par une simple parole, il est aisé de voir qu'ici, de même que dans la sorcellerie, la volonté pure est proclamée la puissance qui gouverne le monde. Il y a cependant une différence : le sorcier réalise le but de la religion d'une manière irréligieuse ; le juif et le chrétien le réalisent d'une manière religieuse. Le premier s'attribue à lui-même ce que les seconds n'attribuent qu'à Dieu ; il regarde comme résultant de sa volonté ce que ceux-ci font dépendre de la soumission de leur volonté, d'une prière ou d'un pieux désir ; en un mot, ce que le sorcier fait par lui-même, c'est par Dieu que les juifs et les chrétiens le font. Mais on peut appliquer ici le proverbe : *Quod quis per alium fecit, ipse fecisse putatur*, ce qu'un homme fait par l'entremise d'un autre lui est imputé comme sa propre action ; ce qu'un homme fait accomplir par Dieu, c'est en vérité lui-même qui l'accomplit.

XXIX

La religion, du moins dans l'origine, et par rapport au monde extérieur, n'a pas d'autre tendance, d'autre tâche, que de transformer l'être mystérieux de la nature en un être connu et familier, d'en adoucir au foyer brûlant du cœur le caractère rigide et indomptable et de le rendre souple et docile aux desseins de l'homme. Elle a donc le même but que la civilisation, dont la tendance est précisément de rendre la nature intelligible, et d'en faire, au point de vue pratique, un être obéissant dont l'homme puisse se servir pour la satisfaction de ses besoins. Mais la route suivie par l'une est bien différente de la route suivie par l'autre. La civilisation arrive à son but par des moyens empruntés à la nature elle-même, tandis que la religion y arrive sans moyens, ou, ce qui revient au même, par les moyens surnaturels de la prière, de la foi et des sacrements. Tout ce qui, par conséquent, dans la suite du développement de l'humanité, est devenu l'affaire de la civilisation, de l'activité humaine, de l'anthropologie, a été, dans le principe, l'affaire de la religion ou de la théologie, comme, par exemple, la jurisprudence, la politique, la médecine, qui encore aujourd'hui chez les peuples barbares n'a pour moyens de guérison que des pratiques religieuses (1). Le progrès de l'humanité

---

(1) Dans des temps barbares et chez des peuples barbares la religion est par conséquent un moyen de civilisation pour

reste assurément toujours bien loin derrière les vœux de la religion; il peut aller jusqu'à rendre la vie humaine plus longue, mais jamais il n'en fera une vie immortelle. — L'immortalité est un désir religieux illimité, irréalisable.

XXX

Dans les religions de la nature, l'homme s'adresse à des objets qui sont tout à fait en contradiction avec le sens et l'objet de la religion; il y sacrifie en effet ses sentiments à des êtres insensibles, son intelligence à des êtres inintelligents; il met au-dessus de lui ce qu'il voudrait pour ainsi dire fouler aux pieds; il se fait l'esclave de ce dont il voudrait être maître; il rend des honneurs à ce qu'au fond il abhorre; il appelle à son secours précisément ce contre quoi il cherche protection. Ainsi les Grecs sacrifiaient aux vents pour apaiser leur fureur; les Romains consacraient un temple à la fièvre; les Tongouses, lorsque règne une épidémie, la supplient de vouloir bien épargner leurs cabanes; les Indiens, à l'approche d'un orage, s'adressent au manitou, à l'esprit de l'air; dans un voyage maritime, au manitou des eaux; en général, beaucoup de peuples honorent expressément non pas l'être bon, mais l'être méchant ou qui leur paraît tel dans leur nature. C'est ce que l'on voit dans le culte rendu aux animaux nuisibles. L'homme va jusqu'à faire des déclarations d'amour à une statue, à un cadavre; aussi ne faut-il pas

---

l'humanité; mais dans les temps civilisés c'est tout le contraire.

s'étonner si, pour se faire écouter, il a recours aux moyens les plus insensés, les plus désespérés ; si, pour se rendre la nature propice, il se dépouille de tout ce qu'il possède ; si, pour lui inspirer *des sentiments humains*, il verse le sang de l'homme lui-même. Les Germains du Nord croyaient que des sacrifices sanglants pouvaient donner le sentiment et la parole à des idoles de bois, et faire rendre des oracles aux pierres consacrées sur lesquelles le sacrifice s'opérait. Mais tous les efforts pour animer ce qui ne vit pas sont inutiles ; la nature ne répond pas aux plaintes et aux questions de l'homme, elle le renvoie à lui-même impitoyablement.

XXXI

De même que les bornes que l'homme, au point de vue de la religion, attribue à sa nature, comme par exemple l'impossibilité de connaître l'avenir, de vivre éternellement, d'être toujours heureux, de vivre à la manière des anges sans aucun penchant sensuel, en un mot l'impossibilité de réaliser tout ce qu'on désire ; de même que ces bornes n'existent que dans l'imagination ou la fantaisie, et ne sont pas des bornes véritables, réelles, parce qu'elles ont leur fondement dans l'être lui-même, dans la nature des choses, de même l'être infini, illimité, n'est qu'un produit de l'imagination et du sentiment gouverné par elle. Tout ce qui est objet de l'adoration religieuse, que ce soit un caillou ou un escargot, n'a de valeur que dans la fantaisie ; aussi peut-on affirmer que les hommes n'adorent pas les pierres, les arbres, les animaux, les fleurs pour eux-mêmes, mais seulement les dieux, les manitous, les esprits qui résident en eux. Mais ces esprits des êtres naturels ne sont pas autre chose que leurs images imprégnées dans la mémoire, de même que les esprits des morts ne sont que leurs images ineffaçables dans le souvenir, que les êtres autrefois réels devenus imaginaires; si l'homme religieux les regarde comme existant encore par eux-mêmes, c'est qu'il ne sait pas encore distinguer l'idée de l'objet. Cette pieuse et involontaire illusion de l'homme est dans les religions de la nature une vérité palpable, qui saute aux yeux; car l'homme y fait des yeux et des oreilles à l'objet de son culte; il voit, il sait que le tout est fait de bois ou de pierre, et cependant il croit que ce sont des yeux, des oreilles qui voient et entendent. Dans la religion, l'homme a des yeux pour ne pas voir, pour être aveugle; l'intelligence, pour ne pas penser, pour être stupide. Ce qui dans la réalité n'est qu'une pierre, un morceau de bois, pour elle est un être vivant; ce qui *visiblement* est loin d'être un dieu en est un *invisiblement*, c'est-à-dire dans la foi. Aussi la religion de la nature est toujours en danger de voir ses illusions détruites; il ne faut qu'un coup de hache pour la convaincre que de ses arbres vénérés aucun sang ne coule, et que par conséquent aucun être vivant, divin, ne les a choisis pour demeure. Comment se délivre-t-elle de ces contradictions grossières auxquelles l'expose le culte de la nature ? Elle fait de ce qu'elle adore un être invisible, qui ne peut être l'objet que de la foi, de l'imagination, de la fantaisie, de l'esprit en un mot, c'est-à-dire un être spirituel.

XXXII

Dès que l'homme devient un être politique, se distingue de la nature, se concentre en lui-même, aussitôt son Dieu devient aussi un être politique et différent de la nature. Pour en arriver là, l'homme doit d'abord par son union avec ses semblables faire partie d'une société dans laquelle des puissances différentes de celles de la nature et qui n'existent que dans sa pensée, telles que les puissances abstraites, morales, politiques de la loi, de l'opinion, de l'honneur, de la vertu, s'emparent de son esprit et lui fassent sentir leur autorité; il doit en être venu à subordonner son existence physique à son existence civile et morale et à faire de la puissance de la nature qui dispose de la vie et de la mort un simple attribut de la puissance politique. Jupiter est le dieu des éclairs et du tonnerre, mais il n'a dans les mains ces armes terribles que pour en écraser ceux qui désobéissent à ses ordres, les violents et les parjures. Jupiter est le père des rois : aussi soutient-il leur pouvoir et leur dignité avec le tonnerre et l'éclair. La puissance de la nature comme telle disparaît avec le sentiment de dépendance qu'elle inspire à l'homme devant la puissance politique ou morale. Tandis que l'esclave de la nature est si ébloui de l'éclat du soleil que chaque jour il l'implore en s'écriant comme le Tartare : « Ne me donne pas la mort en me perçant de tes rayons; » l'esclave politique, au contraire, est tellement frappé de la splendeur de la majesté royale qu'il tombe à genoux devant elle comme devant une puissance divine, parce qu'elle dispose à son gré de la vie et de la mort. Même parmi les chrétiens, les empereurs romains avaient pour titres « votre divinité » « votre éternité. » Même aujourd'hui encore la sainteté et la majesté, titres et attributs de Dieu, sont aussi les titres et attributs des rois. Les chrétiens cherchent bien à s'excuser de cette idolâtrie politique en prétendant que les rois sont les représentants de Dieu sur la terre et que Dieu est le roi des rois ; mais cette excuse est illusoire : Dieu ne devient le régent du monde, n'est considéré en général comme un être politique que là où l'homme est tellement dominé et fasciné par la nature imposante de la royauté qu'elle lui paraît l'être suprême. « Brahma, dit Menou, forma pour son service à l'origine des temps le *génie du châtiment* avec un corps de pure lumière, comme le fondateur de la justice et le soutien de toutes les choses créées. C'est la crainte seule du châtiment qui met le monde en état de jouir de son bonheur. » Ainsi l'homme va jusqu'à faire du châtiment une puissance qui régit l'univers et du code pénal le code de la nature. Il ne faut donc pas s'étonner quand on le voit croire que la nature s'intéresse à ses passions et à ses souffrances politiques, et rendre l'existence du monde dépendante du maintien d'un trône ou d'une chaire pontificale. Ce qui a de l'importance pour lui en a naturellement pour tous les autres êtres ; ce qui trouble ses regards trouble aussi l'éclat du soleil ; ce qui émeut son cœur met en mouvement le ciel et la terre ; son être est pour lui l'être universel, l'être des êtres.

XXXIII

D'où vient que l'Orient n'a pas comme l'Occident une histoire vivante et progressive ? C'est que dans l'Orient l'homme n'a pas oublié la nature pour l'homme, l'éclat des étoiles et des pierres précieuses pour l'éclat de l'œil humain, le cours du soleil et des constellations pour les affaires du jour, les changements des saisons pour les changements de la mode. L'Oriental se prosterne bien dans la poussière devant l'éclat de la puissance et de la dignité royales; mais cet éclat n'est pour lui qu'un reflet de celui du soleil et de la lune; il ne regarde pas le roi comme un être terrestre, humain, mais comme un être céleste, comme un dieu. Or, à côté d'un dieu, l'homme disparaît; il faut donc que les dieux quittent la terre et montent dans le ciel, que d'êtres réels ils deviennent des êtres imaginaires, pour que l'homme trouve enfin assez de place pour lui et qu'il puisse se montrer tel qu'il est. Entre l'homme de l'Orient et celui de l'Occident il y a la même différence qu'entre l'homme des champs et l'homme des villes. Le premier dépend de la nature, le second de l'homme; le premier se règle sur les signes du zodiaque, le second sur les signes perpétuellement variables de l'honneur, de la mode et de l'opinion. Seuls les hommes des villes font l'histoire, car l'histoire a pour principe la « vanité » humaine. Celui-là seul est capable d'actions historiques qui peut sacrifier la puissance de la nature à la puissance de l'opinion, sa vie à son nom, son existence corporelle à son existence dans le souvenir et dans la bouche de la postérité.

XXXIV

Le monde, la nature *sont* pour l'homme ce qu'ils lui *paraissent être;* son imagination, ses sentiments sont, sans qu'il le sache, la mesure de la réalité, et cette réalité lui apparaît *telle qu'il est lui-même.* Dès que l'homme est arrivé à avoir conscience que malgré le soleil et la lune, le ciel et la terre, l'eau et le feu, les plantes et les animaux, il est obligé de faire usage de ses propres forces pour conserver sa vie, que c'est injustice de la part des mortels de se plaindre des dieux parce que le malheur provient pour eux de leur manque d'intelligence, que le vice et le folie ont pour conséquence la maladie et la mort ; la sagesse et la vertu au contraire, la santé, le bonheur et la vie, et que par conséquent la raison et la volonté sont les puissances qui déterminent le destin de l'homme; ainsi, dès qu'il n'est plus comme le sauvage jouet du hasard des impressions et des sensations que chaque instant amène, mais un être pensant qui agit d'après des règles de prudence et des principes rationnels, alors aussi la nature, le monde est pour lui un être que l'intelligence et la volonté dirigent et gouvernent.

XXXV

Dès que l'homme par l'intelligence et la volonté s'élève au-dessus de la nature et se prétend « maître des poissons dans la mer, des oiseaux dans l'air, et de tous les animaux qui vivent et rampent sur la terre; » dès lors ce qu'il peut concevoir de plus sublime, c'est la domination sur la nature, et l'être suprême, l'objet de son adoration, c'est le créateur de l'univers, car la création est la connaissance nécessaire ou plutôt le principe de l'empire absolu. Si le maître de la nature n'en était pas en même temps le créateur, il n'aurait sur elle qu'une puissance bornée, défectueuse ; la nature dans ce cas serait indépendante de lui par son origine et son existence, — car s'il avait pu la faire, pourquoi ne l'aurait-il pas faite ? — et sa domination serait pour ainsi dire illégitime, usurpée. Cela seul que je produis, que je fais est complétement en mon pouvoir ; de l'acte de la production découle le droit de propriété. C'est la création seule qui est la garantie, la réalisation de la puissance et qui en épuise la nature et l'idée. Les dieux des païens étaient bien déjà des maîtres de la nature, mais ils n'en étaient pas les créateurs. Ce n'étaient point des monarques absolus, mais des rois constitutionnels, obligés de ne pas dépasser certaines limites ; c'est-à-dire les païens n'étaient pas encore supranaturalistes radicaux, absolus, comme le sont les chrétiens.

XXXVI

Si la doctrine de l'unité de Dieu est pour les déistes une doctrine révélée, d'origine surnaturelle, c'est qu'ils n'ont pas vu que l'homme a en lui la source du monothéisme et que le fondement de l'unité de Dieu c'est l'unité de la conscience et de l'esprit de l'homme. Le monde se déroule à mes regards avec l'infinie variété de ses êtres innombrables, et cependant tous ces êtres divers, le soleil, la lune et les étoiles, le ciel et la terre, ce qui est loin et ce qui est près, ce qui est présent et ce qui est passé ou absent, tout cela est embrassé par mon esprit, par ma tête. Cet esprit, cette conscience de l'homme qui paraît extraordinaire, surnaturelle à l'homme religieux, c'est-à-dire ignorant et grossier, cet être qui embrasse tout sans être lui-même une chose visible, soumise aux conditions de l'espace et du temps, voilà ce que le monothéisme place au sommet de l'univers et proclame comme sa cause. Dieu *parle,* Dieu pense le monde et *aussitôt le monde est;* Dieu pense, Dieu dit, veut qu'il ne soit plus et aussitôt il n'est plus ; cela veut dire : Je puis dans ma pensée, par la force de l'imagination ou de la fantaisie, produire à volonté toutes choses et par conséquent le monde lui-même, lui donner l'existence et la lui enlever aussitôt. Le Dieu qui a tiré le monde du néant et qui peut l'y replonger quand bon lui semble n'est pas autre chose que l'essence de l'abstraction humaine par laquelle je puis me représenter le monde comme existant ou n'existant pas. De ce néant *subjectif*, de ce néant du monde dans la fantaisie, le monothéisme fait un néant *objectif*, réel. Le polythéisme, les religions de la nature en général transforment les êtres réels en êtres imaginaires ; le monothéisme fait des êtres imaginaires des êtres réels, ou mieux : l'essence de la pensée, de la puissance de l'imagination est pour lui l'être nécessaire, absolu, l'être suprême.

XXXVII

Le déisme proprement dit ou le monothéisme ne prend naissance que là où l'homme se regarde comme le centre, comme le *but* final de la nature, là où voyant que non-seulement elle pourvoit à ses besoins et aux fonctions nécessaires, organiques de sa vie, mais encore se laisse employer comme un instrument sans conscience et sans volonté à l'accomplissement de ses desseins, il en vient à croire qu'elle est uniquement faite pour lui (1). Là où la nature a *son but* en dehors d'elle-même, là elle a aussi en dehors d'elle *son fondement et son principe;* là où elle n'existe que pour un *autre être*, là elle provient aussi d'un *autre être*, et, en vérité, d'un être qui en la créant avait pour but l'homme destiné par lui à en jouir et à la faire son esclave. Si *l'origine* de la nature est en Dieu, *sa fin* est dans l'homme; ou bien cette doctrine : Dieu est le *créateur de l'univers* n'a de fondement et de sens que dans celle-ci : *L'homme est le but de la création*. Rougissez-vous de croire que le monde a été créé, fait pour l'homme? Eh bien! rougissez aussi de croire à une création en général. Là où il est écrit : « Au commencement Dieu créa le ciel et la terre, » là il est aussi écrit : « Dieu fit deux grandes lumières et avec elles les étoiles, et les plaça à la voûte du ciel pour éclairer la terre et former le jour et la nuit. » La croyance que l'homme est le but de la nature vous paraît-elle avoir sa source dans l'orgueil humain? Eh bien! soyez assez conséquents pour ne voir, dans la croyance à un créateur du monde que la manifestation de l'orgueil de l'homme.

(1) Un Père de l'Eglise nomme en propres termes l'homme le lien de toutes choses, σύνδεσμον ἁπάντων, parce que Dieu a voulu concentrer en lui l'univers, parce que tout se rapporte à lui et n'a pour but que de lui être utile. Certainement l'homme est la conclusion de la nature ; mais ce n'est pas dans le sens anti-et supranaturaliste de la théologie.

Seule la lumière qui ne brille que pour l'homme est la la lumière de la théologie ; seule la lumière qui n'existe que pour des êtres doués de la vue suppose comme sa cause un être capable de voir.

XXXVIII

« L'être spirituel » que l'homme suppose au-dessus de la nature comme son créateur et son maître n'est pas autre chose que *l'être spirituel de l'homme lui-même;* mais cet être lui paraît incomparable, différent du sien, parce qu'il en fait la cause de la nature, la cause de phénomènes que ni l'intelligence ni la volonté de l'homme ne peuvent produire, parce qu'ainsi à cet être humain il allie l'être de la nature qui en diffère (1). C'est l'esprit divin qui fait croître le gazon, qui forme l'enfant dans le sein de la mère, qui dirige le soleil dans son cours, soulève les montagnes, déchaîne et apaise les vents et renferme les mers dans des bornes infranchissables. Qu'est l'esprit de l'homme à côté de cet esprit? Quelle infirmité! quel néant! Si donc le rationaliste rejette l'incarnation de Dieu, l'union de la divinité et de l'humanité dans un seul être, c'est tout simplement parce que *derrière* son Dieu il n'a dans la tête que la nature, la nature telle que l'a dévoilée aux regards de l'homme le télescope de l'astronomie.

---

(1) Cette association, ce mélange de l'être moral et de l'être physique, de l'être de l'homme et de l'être de la nature produit un troisième être qui n'est ni homme ni nature, mais qui tient de l'un et de l'autre et par ce caractère amphibie, énigmatique est devenu l'idole de la spéculation et du mysticisme.

Comment, s'écrie-t-il, cet être immense, universel, infini, dont l'action ne peut dignement se manifester que dans l'immensité de l'univers, pourrait-il descendre sur la terre pour les besoins de l'homme, sur la terre qui n'est qu'un atome, un rien dans l'incommensurable espace? Oh! bien sûr, il faut avoir une intelligence bien grossière et bien bornée pour imposer à l'être universel la terre et l'homme comme limites! Mais tu ne vois pas, rationaliste à courte vue, que ce qui s'oppose en toi à l'union de l'homme avec Dieu, et te fait regarder cette union comme une contradiction insensée, ce n'est pas ton idée de Dieu, mais l'idée de la nature ou du monde. Le trait d'union, le *tertium comparationis* entre Dieu et l'homme, ce n'est pas l'être à qui tu accordes directement ou indirectement la puissance et les effets de la nature; c'est cet être suprême que tu distingues de la nature, parce que et de même que tu t'en distingues toi-même, qui possède intelligence, conscience et volonté, parce que tu es intelligent, conscient et libre. Que peux-tu donc trouver à redire, si cet être humain en vient à se manifester à tes yeux comme un homme réel! Comment peux-tu rejeter les conséquences si tu conserves le principe, comment renier le fils si tu reconnais le père? Si l'homme-Dieu te paraît une création de la fantaisie humaine, si tu veux un être sans anthropomorphismes, rejette Dieu en général, et appuie-toi sur la nature seule comme sur la dernière base de ton existence. Tant que tu laisseras subsister *une différence entre la nature et Dieu,* aussi longtemps tu laisseras subsister *une différence humaine, aussi longtemps tu diviniseras en Dieu ton propre être; car, de même que tu ne connais que la nature comme être différent de l'homme, de même tu ne connais que l'homme comme être différent de la nature.*

XXXIX

Avant de considérer son propre être comme un être différent du sien, avant de pouvoir par abstraction détacher de sa propre nature ses vertus et ses qualités pour les élever à une puissance infinie dans un être à part, dans un Dieu, l'homme a dû d'abord considérer la nature comme un être intelligent et sensible, comme un être humain. L'intelligence et la volonté lui paraissent être les forces primitives, le fondement et la cause des phénomènes naturels, parce que ces phénomènes, vus à la lumière de l'intelligence, lui semblent produits *à dessein, dans un but,* parce qu'ainsi la nature est pour lui un être intelligent ou du moins une pure affaire d'intelligence. De même que rien n'échappe aux regards du soleil (« le dieu du soleil, Hélios, voit tout et entend tout »), parce que l'homme voit tout à sa lumière, de même toutes les choses du monde sont *pensées* parce que l'homme *les pense*, et sont *l'œuvre d'une intelligence* parce qu'elles sont *l'objet* de son intelligence. Il mesure la grandeur des étoiles et les distances qui les séparent; c'est pourquoi cette grandeur et ces distances ont été mesurées; les mathématiques lui sont nécessaires pour la *connaissance* de la nature; c'est pourquoi elles ont été aussi nécessaires pour sa *production ou création*, parce qu'il voit d'avance le but d'un mouvement, le résultat d'un développement, la fonction d'un organe : tout cela a été *prévu*; en examinant la position ou la direction d'un corps céleste, il peut se figurer des positions et des directions contraires et en nombre infini ; mais comme il s'aperçoit que, si cette direction était changée, avec ce changement disparaîtraient une foule de conséquences utiles et bienfaisantes, alors cette suite de conséquences devient pour lui le fondement du choix qui, dans l'origine, a été fait de cette direction *entre mille autres qui n'existent que dans sa tête*, choix fait par conséquent avec une admirable sagesse. C'est ainsi que pour l'homme, immédiatement et sans distinction aucune, le principe de la *connaissance* est le principe de l'existence, l'objet *pensé*, l'objet *réel*, l'*à posteriori*, l'*à priori*. L'homme se représente la nature autrement qu'elle n'est; rien d'étonnant qu'il lui donne pour cause un être différent d'elle et qui n'existe que dans son imagination. Il renverse l'ordre naturel des choses, place *le monde sur la tête*, la pyramide sur son sommet. La chose première dans l'intelligence, le but pour lequel quelque chose existe est pour lui la chose première dans la réalité, la cause productrice. Voilà pourquoi il fait de l'être intellectuel non-seulement en logique, mais encore dans le monde réel, l'être primitif et fondamental.

XL

Tout le secret de la téléologie repose sur la contradiction qui existe entre la nécessité de la nature et l'arbitraire de l'homme, entre la nature telle qu'elle est réellement et la nature telle que l'homme se la représente. « Si la terre se trouvait partout ailleurs, à la place de Mercure, par exemple, tout sur sa surface serait détruit par l'intensité de la chaleur. Combien grande est par conséquent la sagesse qui lui a donné la seule place qui convînt à son organisation ! » Mais en quoi consiste cette sagesse ? Tout simplement dans le contraste de la réalité avec la folie humaine qui, en imagination, par un acte arbitraire de la pensée, assigne à la terre un tout autre lieu que celui qu'elle occupe réellement. Si tu commences par séparer ce qui dans la nature est inséparable, comme par exemple la position astronomique d'un corps céleste et son organisation physique, il est évident *qu'ensuite l'unité* de la nature devra t'apparaître comme *le concours des forces vers un même but, la nécessité comme un plan, la place réelle, nécessaire d'un corps en comparaison de celle que tu as pensée et choisie, comme la seule place raisonnable, la seule choisie avec sagesse.* « Si la neige avait une couleur noire, ou si cette couleur régnait dans toutes les contrées du pôle, les régions septentrionales de la terre seraient un sombre désert où la vie organique ne pourrait jamais se produire... C'est ainsi que la disposition des couleurs des corps fournit une des plus belles preuves de l'organisation du monde, en vue d'un but conçu d'avance. » C'est vrai, si l'homme ne faisait pas du *noir avec du blanc*, si la *folie humaine* ne disposait pas de la nature selon son bon plaisir, la nature ne paraîtrait pas, ne serait pas non plus gouvernée et organisée par une sagesse divine.

XLI

« Qui a dit à l'oiseau qu'il n'a besoin que de lever la queue quand il veut s'abaisser et de la baisser quand il veut s'élever ? Il doit être complétement aveugle celui qui dans le vol des oiseaux n'aperçoit pas une sagesse supérieure qui a pensé pour eux. » Oui, il doit être aveugle s'il ne voit pas que c'est l'homme qui fait de *son être le type de la nature, de l'intelligence la force première, de ses idées abstraites des lois universelles*, lois que les oiseaux doivent suivre dans leur vol, comme les cavaliers les règles de l'équitation, les nageurs celles de la natation, avec cette différence que chez eux l'emploi des règles du vol est quelque chose d'inné. Le vol chez les oiseaux n'est point un art ; ils ne peuvent pas voler autrement qu'ils ne volent, ils ne peuvent pas même ne pas voler, il faut qu'ils volent. L'animal n'a le pouvoir de faire qu'une seule chose, et il la fait d'une manière admirable, parfaite, parce que l'accomplissement de cette chose unique épuise toute sa puissance, exprime entièrement sa nature. Si tu ne peux t'expliquer sans leur présupposer une intelligence les actions des animaux, surtout de ceux qui sont doués de penchants dits artistiques, cela provient tout simplement de ce que tu t'imagines que les objets de leur activité sont pour eux *objet*, de la même manière qu'ils sont objet de ta conscience et de ta pensée. Regardes-tu les œuvres des animaux comme des *œuvres d'art*, comme des *œuvres arbitraires*, tu dois naturellement leur donner pour cause l'intelligence, parce qu'aucune œuvre d'art ne se fait sans choix, sans dessein, sans intelligence, et puisque l'expérience te montre que les animaux ne pensent pas, tu es nécessairement conduit à faire penser un autre être à leur place (1). « Qui pourrait se mêler de

(1) C'est ainsi qu'en général dans toutes les conclusions ti-

donner des conseils à l'araignée pour l'aider à attacher ses fils d'un arbre à un autre, du bord d'un ruisseau à l'autre bord ? » Personne, assurément; mais crois-tu donc que des conseils sont ici nécessaires et que l'araignée se trouve dans la même position que celle où tu te trouverais si tu avais à résoudre le même problème avec ta tête, et que pour elle comme pour toi le ruisseau a deux côtés opposés? Entre l'araignée et l'objet auquel elle attache les fils de sa toile, il y a un rapport aussi nécessaire qu'entre tes os et tes muscles; car cet objet est pour elle le point d'appui du fil de sa vie même; elle ne voit point ce que tu vois : toutes les séparations, toutes les distances, telles que te les montre l'œil de ton intelligence, n'existent point pour elle. Voilà pourquoi cette œuvre qui te paraît un problème insoluble en théorie, l'araignée l'accomplit sans penser,

rées des phénomènes naturels et tendant à prouver un Dieu, les prémisses sont empruntées à la nature humaine; dès lors rien d'étonnant que le résultat soit un *être humain ou semblable à l'homme*. Le monde est-il une machine, naturellement il doit avoir un constructeur, un architecte. Les êtres naturels sont-ils aussi indépendants les uns des autres que les individus humains, qui ne se laissent employer et réunir dans un but quelconque, comme par exemple le service militaire, que par une puissance supérieure, nécessairement il doit y avoir un régent, un général en chef de la nature, « un capitaine des nuages » pour que tout ne tombe pas dans l'anarchie. L'homme fait d'abord de la nature, sans en avoir conscience, une œuvre humaine, c'est-à-dire il fait de son être même l'être fondamental; mais comme ensuite il remarque une différence entre les œuvres de la nature et celles de l'art humain, cet être qui est le sien lui apparaît autre, mais *analogue, semblable*. Toutes les preuves de l'existence de Dieu n'ont par conséquent qu'une signification logique ou plutôt anthropologique.

c'est-à-dire sans éprouver aucune des difficultés qui n'existent que pour ta pensée. « Qui a dit au puceron qu'en automne il trouvera mieux sa nourriture à la branche, au bourgeon qu'à la feuille? Pour le puceron qui est né sur la feuille, le bourgeon n'est-il pas une contrée lointaine, complétement inconnue? J'adore le Créateur, et je me tais. » Et tu fais bien de te taire, si pour toi les pucerons sont des prédicateurs du déisme et si tu leur prêtes tes propres pensées, si tu les fais à ton image; pour le puceron véritable la feuille n'est pas une feuille, la branche n'est pas une branche, c'est tout simplement une matière qu'il peut s'assimiler, à laquelle il est lié par des rapports d'affinité chimique. Ce n'est que le reflet de ton œil qui te fait regarder la nature comme l'œuvre d'un être qui voit et qui te force à chercher dans la *tête* d'un être pensant l'origine des fils que l'araignée tire de *son derrière*. La nature n'est pour toi qu'un spectacle, qu'une fête pour ta vue; ce qui charme tes regards te semble enchanter le monde; de la lumière céleste dans laquelle il t'apparaît tu fais l'être céleste qui l'a créé, du rayon de l'œil le levier de la nature, du nerf optique le nerf moteur de l'univers. Faire provenir la nature de la puissance et de la sagesse d'un créateur, c'est produire des enfants d'un regard, apaiser la faim avec l'odeur des mets, remuer les rochers par des sons harmonieux. Si le Groënlandais croit que le requin provient de l'urine de l'homme parce qu'il en a l'odeur, cette genèse zoologique est tout aussi fondée que la genèse cosmologique du déiste qui croit que la nature a pour principe l'intelligence, parce qu'aux yeux de son intelligence elle paraît avoir une pensée et un but. L'ensemble des phénomènes par lesquels se manifeste à nous la nature est bien pour nous *raison;* mais la cause de ces phénomènes est aussi peu raison que la cause de la lumière n'est lumière.

XLII

Pourquoi la nature produit-elle des monstres? parce que le résultat des choses qu'elle forme n'est pas pour elle un but conçu d'avance. Pourquoi chez quelques animaux des membres trop nombreux? parce qu'elle ne compte pas. Pourquoi ce qui doit être à droite se trouve-t-il quelquefois à gauche et réciproquement? parce qu'elle ne connaît ni côté gauche ni côté droit. C'est pourquoi les anciens athées, et même quelques déistes qui ont affranchi la science de la tutelle de la théologie, ont donné les monstres comme preuve que les productions de la nature ne sont ni prévues, ni voulues, ni conçues d'avance. En effet, toutes les raisons alléguées pour les expliquer, même celles des nouveaux naturalistes d'après lesquels ils ne sont qu'une conséquence des maladies du fœtus, toutes ces raisons disparaîtraient si la puissance qui a créé ou formé la nature était douée de conscience, d'intelligence et capable de prévoir. Mais si la nature ne voit pas, elle n'est pas pour cela *aveugle;* si elle ne vit pas, — dans le sens de la vie humaine, subjective, sensible, — elle n'est cependant *pas morte*, et bien que ses productions ne soient pas voulues, elles ne proviennent pourtant point du hasard. Quand l'homme juge la nature comme morte et aveugle, il la juge d'après la mesure de son propre être, d'après ce qui la distingue de lui; il la trouve défectueuse parce qu'elle n'a pas ce qu'il a. La nature agit, produit, crée, et ses créations sont partout et toujours en rapport les unes avec les autres sans qu'il puisse en être autrement, et ces rapports, cette harmonie sont pour l'homme *raison*, car partout où il trouve des rapports, là il trouve aussi sens, matière à penser, « raison suffisante, » système; — elle crée et ne peut créer que par et avec nécessité. Mais cette nécessité n'est pas une nécessité humaine, c'est-à-dire logique, métaphysique, mathématique, en un mot abstraite, car les êtres de la nature ne sont pas des êtres spirituels, mais des êtres réels, sensibles, des individus, et leur nécessité est par conséquent excentrique, irrégulière, et à cause de ces anomalies elle parait aux yeux de l'homme *liberté*, ou du moins un produit de la liberté. La nature ne peut en général être comprise qu'en elle-même et par elle-même; son concept ne dépend d'aucun autre, et il est impossible d'arriver à la connaître en se servant d'une *mesure humaine* quelle qu'elle soit, bien que nous soyons obligés de comparer ses phénomènes avec des phénomènes humains analogues pour nous les rendre intelligibles, et que l'essence même de notre langage nous force à employer vis-à-vis d'elle des idées et des expressions telles que celles de but, d'ordre, de loi, expressions et idées qui n'ont leur fondement que dans l'apparence subjective des choses.

XLIII

La providence qui se manifeste dans l'ordre naturel des choses, dans leur concours vers un but où leur obéissance à des lois n'est point la providence de la religion. Celle-ci a pour base la liberté, celle-là la nécessité; celle-ci est infinie, sans condition aucune, spéciale, individuelle; celle-là est bornée, soumise à mille conditions, n'embrasse que l'ensemble et laisse l'individu en proie au hasard. « Un grand nombre d'hommes, dit un écrivain déiste, se représentent la conservation de l'univers et du genre humain comme un soin immédiat, spécial de la divinité, comme si Dieu gouvernait et dirigeait selon son bon plaisir les actions de toutes les créatures. C'est ce qu'il nous est impossible d'admettre après l'examen des lois de la nature ; le peu de protection qu'elle accorde aux êtres particuliers en est une preuve (1). Elle sacrifie sans attention et sans remords des milliers d'entre eux, les hommes y compris. Près de la moitié meurent avant d'avoir atteint la deuxième année de leur vie, ne sachant pas s'ils ont vécu. Si l'on pèse toutes ces circonstances, si l'on songe à tous les malheurs qui frappent

---

(1) La nature a aussi peu de soins des genres et des espèces que des individus. L'espèce se maintient par cette raison toute simple qu'elle n'est que l'ensemble des individus se conservant et se propageant par la génération. Les influences destructives auxquelles sont exposés tels ou tels membres particuliers n'existent pas pour les autres. La pluralité est une cause de conservation. Malgré cela les mêmes causes qui font périr les individus font aussi quelquefois périr les espèces. La dronte, le cerf géant ont disparu. Aujourd'hui encore, soit à la suite de destructions faites par l'homme, soit devant la marche de la civilisation, beaucoup d'autres espèces disparaissent des lieux où elles abondaient autrefois, comme par exemple les chiens de mer des îles du sud de l'Ecosse, et avec le temps finiront par disparaître tout à fait.

les hommes, soit les bons, soit les méchants, il est évident que l'idée d'une surveillance spéciale et continuelle du créateur est insoutenable. » — Mais une providence qui n'est pas spéciale ne répond pas au but, à l'idée d'une providence. Une providence *générale* qui laisse subsister, qui ne détruit pas le hasard, n'est rien. Ainsi, par exemple, c'est une « loi de l'ordre divin dans la nature, » c'est-à-dire une conséquence des causes naturelles que la mortalité de l'homme soit dans un certain rapport avec le nombre des années, que dans la seconde année de la vie il meure un enfant sur trois, dans la cinquième un sur vingt-cinq, dans la septième un sur cinquante; etc.; mais que cet enfant-ci ou que celui-là meure plutôt que les autres, c'est ce que cette loi ne détermine pas. De même le mariage est « une ordonnance divine, » une loi de la providence naturelle pour la conservation et la propagation de l'espèce; mais quelle femme dois-je épouser? celle que je choisirai ne sera-t-elle pas stérile par quelque défaut de son organisme? Là-dessus cette providence ne me dit rien. Et c'est justement parce que dans l'exécution de la loi, dans le moment critique où je veux me décider sous l'impulsion du besoin, c'est parce qu'alors la providence de la nature m'abandonne et me laisse en plan que j'en appelle à la puissance surnaturelle des dieux dont l'œil brille sur moi lorsque la lumière de la nature s'éteint, dont le gouvernement commence dès que le gouvernement de la nature ne se fait plus sentir. Les dieux savent et me disent ce qu'elle laisse dans les ténèbres ou abandonne au hasard. Le domaine du hasard, des choses individuelles, incalculables, impossibles à prévoir, tel est le domaine des dieux, le domaine de la providence religieuse. Et comment la religion change-t-elle pour l'homme le hasard en providence, l'obscurité en lumière, l'incertitude en certitude, ou du moins en confiance ? Elle arrive à ce but par des moyens surnaturels, par des oracles et des prières (1).

XLIV

Les dieux, dit Epicure, existent dans les intervalles du monde (2). C'est vrai ; ils n'existent que dans l'espace vide, que dans l'abîme qui sépare le monde de la réalité du monde de l'imagination, la loi de son exécution, l'action de sa réussite, le présent de l'avenir. Les dieux sont des êtres de fantaisie qui doivent leur existence non au présent, mais à l'avenir et au passé. Les dieux que produit le passé sont les êtres qui ne sont plus, les morts, les êtres qui ne vivent que dans l'imagination ou dans les regrets du cœur et dont le culte forme toute la religion chez beaucoup de peuples et en constitue la partie la plus importante chez un grand nombre d'autres. Mais infiniment plus puissantes que celles du passé sont les influences de l'avenir sur nous ; le passé ne laisse derrière lui que le sentiment silencieux du souvenir ; le temps futur nous montre de loin les terreurs de l'enfer ou les félicités du ciel. Les dieux qui prennent naissance dans les tombeaux ne sont que des ombres de dieux ; les dieux véritables, vivants qui disposent à leur gré de l'éclair et du tonnerre, de la pluie et des rayons du soleil, de

---

(1) Voyez dans Xénophon ce que Socrate dit des oracles.
(2) Le sens des idées d'Epicure est ici tout à fait indifférent.

la vie et de la mort, de l'enfer et du ciel, sont les fils de deux puissances suprêmes, *l'espérance et la crainte*, qui illuminent en les peuplant d'êtres imaginaires les ténébreuses profondeurs des âges qui ne sont pas encore. Le présent est prosaïque, accompli, immuable, exclusif ; en lui l'imagination et la réalité ne font qu'un ; il ne laisse à la divinité aucune place ; en un mot, il est impie. Mais l'avenir est l'empire de la poésie, l'empire du hasard et d'innombrables possibilités ; il peut être tel que je le désire ou tel que je le crains ; il hésite entre l'être et le non-être ; bien au-dessus de la «commune et grossière réalité, » il appartient encore à un monde invisible mis en mouvement non par les lois de la pesanteur, mais par la puissance de nos nerfs sensibles.» Tel est le monde des dieux, et l'attribut essentiel de ces dieux c'est la bonté. Mais comment peuvent-ils être bons s'ils ne sont pas tout-puissants et si dans les cas décisifs ils ne se montrent pas maîtres de la nature, amis et bienfaiteurs de l'homme, en un mot, s'ils ne font pas de miracles. La divinité ou plutôt la nature a pourvu l'homme pour sa conservation de forces corporelles et spirituelles ; mais ces moyens naturels sont-ils toujours suffisants ? ne se présente-t-il pas souvent des cas où nous sommes perdus sans ressource si une main surnaturelle n'arrête pas le cours inexorable des choses ? Les miracles sont par conséquent *inséparables* de la Providence divine ; seuls ils nous révèlent et nous prouvent qu'il y a des dieux, c'est-à-dire des puissances, des êtres qui diffèrent de la nature et lui sont supérieurs. *Rejeter les miracles, c'est rejeter les dieux eux-mêmes.* En quoi diffèrent les hommes et les dieux ? en ce que ceux-ci possèdent à un degré infini ce que ceux-là ne possèdent que d'une manière limitée, en ce qu'ils s'ont toujours ce que les hommes ne sont que momentanément (1). De même que la vie future n'est pas autre chose que la vie terrestre continuée malgré la mort, de même l'être divin n'est que l'être de l'homme élevé à une puissance infinie malgré la nature et au-dessus d'elle. Et quelle différence y a-t-il entre les miracles et les effets de la nature? la même qu'entre les dieux et les hommes. Par le miracle, toutes les forces, toutes les propriétés des choses naturelles, pernicieuses dans certains cas, deviennent utiles et bienfaisantes. Grâce à lui, je ne me noie pas dans l'eau si j'ai le malheur d'y tomber; le feu ne me brûle pas, la pierre qui tombe sur ma tête ne me fait aucun mal; en un mot, la nature tantôt funeste, tantôt bienfaisante, tantôt amie, tantôt ennemie de l'homme, devient par son intermédiaire un être toujours bon. Les dieux et les miracles ne doivent leur origine qu'aux exceptions à la règle. La divinité est l'abolissement, la suppression de tout défaut, de toute limitation dans l'homme; le miracle est la suppression de toute défectuosité, de toute limite dans la nature. Les êtres surnaturels sont déterminés, circonscrits, et dans des circonstances exceptionnelles deviennent par cela même nuisibles et funestes à l'homme; mais aux yeux de la religion ce caractère exclusif des choses n'est rien de nécessaire; c'est un acte arbitraire de la volonté de Dieu, c'est un obstacle que Dieu peut dé-

---

(1) Cette mise de côté de toute limitation pour l'être divin entraîne bien aussi un changement, mais elle ne détruit pas l'identité.

truire dès que la nécessité, c'est-à-dire dès que le bien de l'homme l'exige. Rejeter les miracles sous prétexte qu'ils ne s'accordent pas avec la dignité et la sagesse du créateur, sagesse qui dès l'origine des temps a tout établi pour le mieux et pour l'éternité, c'est sacrifier l'homme à la nature, *la religion à la raison*, c'est au nom de Dieu prêcher l'athéisme. Un Dieu qui n'exauce que les vœux et les prières qui pourraient être exaucés sans lui, que les vœux dont l'accomplissement n'est pas au-dessus des limites et en dehors des conditions des causes naturelles, qui ne peut secourir qu'avec le secours de l'art et de la nature et dont les remèdes sont épuisés dès que la matière médicale est épuisée aussi, un tel Dieu n'est pas autre chose que la nécessité de la nature, déguisée et personnifiée sous le nom de Dieu.

XLV

« Dieu gouverne le monde; » oui, mais ce Dieu n'est pas autre chose que ce qui dans l'opinion des hommes passe pour Dieu, pour saint en général, pour juste, pour sacré; ce n'est que *l'opinion* dominante, consacrée, c'est-à-dire la *foi* d'une époque ou d'un peuple. Là où l'homme croit que sa vie dépend non d'une providence, mais d'une prédestination, d'un destin aveugle ou inévitable, que ce destin soit ou non pour lui un décret de la volonté divine, là sa vie n'est *en réalité* protégée par aucune *providence,* parce que jamais il n'interroge sa raison sur ce qu'il doit ou ne doit pas faire, parce qu'il ne prend *aucune mesure de prudence* et se jette aveuglément dans le danger. Lorsque, comme au seizième siècle, dans les châteaux des chevaliers, dans les palais des rois, dans les bibliothèques des savants, sur chaque feuille de la Bible, dans les églises, dans les chambres des juristes, dans les laboratoires des médecins et des naturalistes, dans la grange, l'écurie et l'étable, en tout et partout était le diable; lorsque le tonnerre, la grêle, l'incendie, la sécheresse la peste étaient attribués au diable et aux sorciers, alors le Dieu arbitre de l'univers et du destin de l'homme n'était en réalité que le — Diable, — *mais ce diable de l'humanité n'était pas autre chose que la croyance de la chrétienté au diable.* Là où, comme dans les temps de barbarie et aujourd'hui encore chez les peuples sauvages, la force est regardée comme un droit, l'homme à cause de sa supériorité physique comme maître absolu de la femme, la femme comme son esclave, sa bête de somme, comme une marchandise qu'il vend pour une bouteille d'huile de baleine, ainsi que l'habitant d'Oualasckka, ou qu'il offre à un moindre prix encore, même gratuitement, par pure complaisance comme une pipe de tabac à l'hôte qui vient le visiter, là aucun regard d'amour ne veille sur la femme pour la protéger, là son sort est décidé inexorablement par la puissance physique, par la force brutale. Et là où le meurtre des enfants est regardé comme un sacrifice religieux, ou du moins, sous quelque prétexte que ce soit, est devenu dans certains cas une coutume ; là où les nouveau-nés du sexe féminin sont enterrés vivants comme chez les Guanas dans le Paraguay, ou exposés à la faim et aux bêtes féroces, comme chez les Madécasses, quand ils sont nés dans des mois ou des jours réputés malheureux ; là où on leur brise bras et jambes dans le sein de leurs mères, comme chez les Kamtschadales et où, comme dans la Guyane, la naissance de jumeaux passe pour honteuse et contre nature, de sorte que l'un d'eux est toujours sacrifié; là, en un mot, où aucune intelligence humaine aucun cœur humain, aucune loi de l'homme ne protége les enfants, là ils ne sont pas protégés non plus par un père dans le ciel. *La seule providence de l'humanité, c'est la culture, c'est la civilisation.* Sagesse, bonté, justice ne règlent la vie de l'homme que là où l'homme est lui-même sage, bon est juste. « La providence, dit-on, est à chaque époque toujours d'accord avec le degré de mesure que l'humanité a jusqu'alors atteint. » Cela veut dire tout simplement : la limite de la civilisation est la limite de la providence : là où finit la première, la seconde finit aussi, là l'homme est livré sans armes aux puissances effrénées de la nature et des passions. Aussi n'est-ce que chez les peuples qui ont déjà une véritable culture historique que l'on trouve l'idée de providence ; chez ceux qui n'en ont pas, une idée si *flatteuse* pour l'homme n'a pas le moindre fondement et par conséquent ne peut être encore née.

XLVI

Croire en Dieu, c'est ou bien croire à la nature (l'être objectif) conçue comme un être subjectif, humain, ou bien croire à l'être de l'homme lui-même conçu comme essence, comme fondement de la nature. La première croyance est religion naturelle, polythéisme (1); la seconde est religion spirituelle, humaine, monothéisme. Le polythéiste se sacrifie à la nature, il lui donne un cœur et un œil humains ; le monothéiste sacrifie la nature à lui-même, il la subordonne à la puissance et à la domination de l'œil et du cœur de l'homme. Le premier dit : *Si la nature n'est pas, je ne suis pas non plus ;* le second dit au contraire : *Si je ne suis pas, le monde, la nature n'est rien*. Le premier principe de la religion est celui-ci : *Je ne suis rien à côté de la nature ; à côté de moi tout est Dieu,* tout m'inspire le sentiment de ma dépendance, tout peut, fût-ce même par hasard, — et dans l'origine l'homme ne fait aucune distinction entre ce qui est l'effet d'une cause et ce qui est l'effet du hasard, — tout peut m'apporter le bonheur ou le malheur, le salut ou la perdition. Tant que l'homme en est encore à ce degré de sentiment confus et sans critique de sa dépendance, tous les objets sont des objets religieux et l'on voit régner le fétichisme proprement dit, la base du polythéisme. La conclusion de la religion au contraire est celle-ci : *à côté de moi tout n'est rien ;* la splendeur des constellations, ces divinités suprêmes du polythéisme, s'évanouit devant la splendeur de l'âme humaine, la puissance du monde entier devant la puissance du cœur humain, la nécessité de la nature morte et inconsciente devant la nécessité de l'homme, de l'être conscient; *car tout n'est pour moi que moyen, que simple instrument*. Mais la nature ne serait pas faite pour moi si

---

(1) Cette détermination du polythéisme en général, comme simple religion naturelle, n'a de valeur que relativement, pour servir d'antithèse.

elle ne provenait pas de Dieu. Si elle existait par elle-même, si elle avait par conséquent en elle-même le principe de son existence, elle serait un être indépendant, original, sans rapport avec l'homme. L'idée que la nature n'est rien, sinon un instrument, a sa source dans l'idée de la création, et cette signification de la nature se révèle surtout dans les cas où l'homme entre en lutte avec elle, comme dans le besoin, dans un danger de mort et où elle est sacrifiée à son bien, à son intérêt, ce que l'on voit dans les miracles. *La création est la prémisse du miracle*, le miracle est la conclusion, *la conséquence, la vérité de la création*. Il y a entre la création et le miracle la même différence qu'entre le genre ou l'espèce et l'individu. *Le miracle est l'acte créateur dans un cas particulier, c'est-à-dire la création est la théorie, le miracle est la pratique, l'exécution*. Dieu est la cause, l'homme est le but de l'univers ; Dieu est le premier des êtres en théorie, l'homme le premier dans la pratique. La nature n'est rien pour Dieu, elle n'est qu'un jouet de sa toute-puissance, mais seulement pour que dans le besoin, pour qu'en général elle ne puisse rien contre l'homme. Dans le créateur l'homme fait disparaître les bornes de son être, « de son âme, » dans le miracle les bornes de son corps, de son existence ; là il fait de son être invisible, pensant et pensé, ici de son être visible, individuel le principe de l'univers, là il *légitime* le miracle, ici il *l'accomplit*. Le miracle remplit le but de la religion d'une manière populaire, sensible ; en lui la domination de l'homme sur la nature, sa divinité, deviennent une vérité palpable. Dieu fait des miracles, mais à la prière de l'homme et sinon à une prière expresse, du moins dans le sens de ses vœux les plus secrets, les plus intimes. Sara se mit à rire lorsque dans sa vieillesse le Seigneur lui promit un fils; mais même alors la naissance d'un fils était encore sa pensée suprême, son dernier vœu. L'homme est donc d'abord, à l'origine même des temps, le secret, le mystérieux thaumaturge; mais dans le cours du temps, — et le temps dévoile tous les secrets, — il devient et il doit devenir le thaumaturge réel, visible, manifeste à tous les regards. D'abord les miracles sont faits pour lui, à la fin il les fait lui-même; d'abord il est l'objet de Dieu, à la fin il est Dieu lui-même; il commence par être Dieu dans la pensée, dans le cœur, et il finit par être Dieu en chair et en os. Mais la pensée est pleine de pudeur et de réserve, les sens sont effrontés; la pensée est silencieuse et garde ses secrets, les sens parlent sans détours et ce qu'ils expriment est souvent en butte à la moquerie, parce que, lorsqu'ils contredisent la raison, la contradiction est chez eux palpable, indéniable. Voilà pourquoi les rationalistes rougissent de croire au Dieu de chair et aux miracles visibles, mais ne rougissent pas de croire au Dieu-esprit et aux miracles invisibles, déguisés. Le temps viendra cependant où sera accomplie la prophétie de Lichtemberg, où la croyance en un Dieu, même au Dieu rationaliste, passera pour superstition, comme aujourd'hui déjà la croyance au Dieu charnel, au Dieu chrétien et thaumaturge, et où à la place du cierge d'église de la foi et du crépuscule de la croyance rationnelle, la pure lumière de la raison éclairera et échauffera l'humanité.

XLVII

Quiconque n'a pas d'autres matériaux pour construire son Dieu que ceux que lui livrent les sciences naturelles, la philosophie, et en général la contemplation de la nature, quiconque ne voit en lui que la cause ou le principe des lois de la physique, de l'astronomie, de l'anthropologie, etc., devrait avoir assez de sincérité pour se passer du nom de Dieu, car un principe naturel est toujours un être naturel, et non ce qui constitue un dieu. De même qu'une église dont on ferait un cabinet d'histoire naturelle ne serait plus et ne pourrait plus être appelée une maison de Dieu, de même un être dont l'essence et les attributs ne se révéleraient que dans des œuvres astronomiques, géologiques ou anthropologiques, ne serait point et ne pourrait point être un dieu. Dieu est un mot, un objet, un être religieux, et non pas un être physique, astronomique, en un mot, cosmique. « Dieu et culte, dit Luther, sont choses relatives; l'un ne peut aller sans l'autre : car Dieu doit être Dieu d'un homme ou d'un peuple; il veut des êtres qui l'honorent et lui adressent leurs prières. » Dieu suppose donc l'homme : son idée ne dépend pas de la nature, mais de l'homme religieux; un objet de l'adoration n'existe pas sans un être capable d'adorer, c'est-à-dire Dieu est un objet dont l'existence n'est possible qu'avec l'existence de la religion, et qui ne contient rien de plus qu'elle. Faire de Dieu un objet de la physique ou de l'astronomie, c'est comme si l'on voulait faire du son un objet de la vue. De même que le son n'existe que dans et pour l'oreille, de même

Dieu n'existe que dans et pour la religion ; de même que le son, en tant qu'objet de l'ouïe, n'exprime que la nature de l'ouïe, de même Dieu, en tant qu'objet,—et il ne peut être objet que de la religion et de la foi, — n'exprime que la nature de la foi et de la religion. Mais qu'est-ce qui fait d'un objet un objet religieux ? Comme nous l'avons vu, c'est la fantaisie, c'est l'imagination, c'est le cœur de l'homme. Que tu adores Jéhovah ou le bœuf Apis, le tonnerre ou le Christ, ton ombre ou ton âme, le *flatus ventris* ou ton génie, c'est tout un ; la religion n'a pour objet que ce qui est objet de la fantaisie et du sentiment ; et, comme cet objet n'existe pas dans la réalité, et de plus est en contradiction avec elle, il est par cela même objet de la foi. Telle est, par exemple, l'immortalité, simple affaire de foi : car la réalité prouve justement son contraire, la mortalité de l'homme. Croire, c'est se figurer que ce qui n'est pas est. C'est se figurer, par exemple, que cette image est un être vivant, que ce pain est chair, que ce vin est sang, c'est-à-dire *qu'il est ce qu'il n'est pas*. C'est donc trahir la plus grande ignorance de la religion que de chercher Dieu avec le télescope dans le ciel de l'astronomie, avec la loupe dans un jardin botanique, ou avec le scalpel et le microscope dans les entrailles des animaux. On ne peut le trouver que dans la foi, dans l'imagination, dans le cœur de l'homme, parce qu'il n'est pas autre chose que l'essence de la fantaisie, que l'essence du cœur humain.

XLVIII

« Tel est ton cœur, tel est ton dieu. » Tels sont

tes désirs, tels sont tes dieux. Les Grecs avaient des dieux bornés dans leur nature, c'est-à-dire, ils avaient des désirs bornés. Les Grecs ne voulaient pas vivre éternellement; ils voulaient seulement ne pas vieillir, ne pas mourir, du moins ne pas mourir à la fleur des ans ou d'une mort violente et douloureuse; ils ne voulaient pas la félicité, mais le bonheur; ils ne se plaignaient pas comme les chrétiens d'être soumis à la nécessité de la nature et aux besoins du penchant sexuel, du sommeil, du boire et du manger; ils n'exaltaient pas leurs vœux au-dessus des limites de la nature humaine; ils ne faisaient pas de rien quelque chose; ils ne puisaient pas le contenu de la vie divine et heureuse dans l'imagination, mais dans les richesses du monde réel; enfin, pour eux, le ciel des dieux était élevé sur le fondement inébranlable de cette terre. Les Grecs ne faisaient pas de l'être divin, c'est-à-dire de l'être possible, le modèle, la mesure et le but de l'être réel, mais de l'être réel la mesure du possible. Même lorsqu'à l'aide de la philosophie ils eurent raffiné, spiritualisé leurs dieux, leurs désirs ne dépassaient pas cependant le domaine de la réalité, de la nature de l'homme. Ainsi les dieux d'Aristote sont d'éternels penseurs, parce que le dernier vœu du philosophe est de pouvoir penser sans interruption et sans obstacles. Pour lui la divinité consiste dans l'activité éternelle de la pensée; mais cette activité est réalisée déjà sur cette terre dans la nature humaine, quoique avec des interruptions nécessaires; c'est une activité réelle, et par cela même bornée, misérable aux yeux des chrétiens, et incapable de procurer la félicité. Les chrétiens n'ont point un Dieu borné, mais un Dieu infini, surhumain, transcendant, c'est-à-dire, ils ont des vœux transcendants, infinis, dépassant par leur portée l'homme et le monde, en un mot, absolument fantastiques. Les chrétiens veulent être infiniment plus heureux que les dieux de l'Olympe. Leur désir est un ciel dans lequel toute limite, toute nécessité de la nature disparaîtront; dans lequel il n'y aura plus ni besoins, ni souffrances, ni blessures, ni combats, ni passions, ni changements, ni alternatives de jour et de nuit, de lumière et d'ombre, de plaisir et de douleur, comme dans le ciel des Grecs (1). L'objet de leur foi n'est plus un dieu déterminé qui s'appelle Jupiter ou Neptune, mais le Dieu purement et simplement, le Dieu sans nom, parce que l'objet de leurs vœux n'est pas un bonheur terrestre qu'on puisse décrire, une jouissance déterminée comme celle de la liberté, de l'amour, de la pensée, mais une jouissance qui contient toutes les autres, infinie, indicible, indescriptible. Dieu et félicité sont une seule et même chose. La félicité, en tant qu'objet de la foi, de l'imagination, c'est Dieu; Dieu, en tant qu'objet de la volonté (2), des désirs, des aspirations du cœur, c'est la félicité. Dieu est un concept qui n'a que dans la félicité sa vérité et sa réalisation. Aussi loin que s'étend

---

(1) « Là où est Dieu, dit Luther, là doivent se trouver tous les biens, tout ce qu'on peut désirer. » Le Coran dit de même des habitants du paradis : « Tous leurs désirs seront comblés. » — Seulement ces désirs sont d'une autre espèce.

(2) La volonté, telle que l'entend le moraliste, n'appartient point à l'essence spéciale de la religion; car je n'ai pas besoin de l'assistance des dieux dans toutes les circonstances où la volonté me suffit pour l'accomplissement de mes desseins. On peut être moral sans croire à Dieu, mais heureux, heureux

ton désir de bonheur, aussi loin et pas plus loin s'étend ton idée de Dieu. Quiconque n'a pas de désirs surnaturels n'a pas non plus de dieux, d'êtres surnaturels.

XLIX

Ce n'est pas ta tête, dis-tu, mais ta conscience, qui t'empêche de saisir le drapeau de l'incrédulité, « de nier Dieu », c'est-à-dire de le reconnaître comme l'essence de la nature et de l'homme. Ah! ta conscience n'est pas autre chose que ta crainte de l'autorité, de l'opinion et de l'habitude. Quels battements de cœur, quelle angoisse durent d'abord ressentir les protestants lorsqu'ils osèrent attaquer le remplaçant de Dieu sur la terre, le pape et ses saints ! Sans remords, rien de nouveau ne peut se faire dans le monde, car l'habitude est la conscience des hommes d'habitude, dont le nombre est légion. C'est ainsi que les Carthaginois se faisaient autrefois un reproche d'avoir adouci le culte sanglant et insensé de leurs pères, en immolant des enfants étrangers à la place de leurs propres enfants. Ils se sentaient la conscience tourmentée pour être devenus un peu plus humains. O

---

dans le sens chrétien on ne peut l'être sans Dieu, parce que la félicité céleste dépasse la puissance de la nature et de l'humanité et suppose pour sa réalisation un être surnaturel qui peut ce qui est impossible à l'homme et à la nature. Kant, en faisant de la morale l'essence de la religion, était avec le Christianisme dans le même rapport qu'Aristote avec la religion grecque lorsqu'il faisait de la pensée l'essence même des dieux. Un Dieu qui n'est qu'intelligence pure n'est pas plus un Dieu qu'un être purement moral ou la loi morale personnifiée n'en est un.

conscience, peut-on dire ici, que de crimes tu as sur la conscience !

L

« C'est un besoin général de l'homme d'admettre et d'honorer des êtres supérieurs, surhumains. » C'est vrai ; mais c'est aussi un besoin général de l'homme de mettre tout au-dessous de lui-même, de tout soumettre à ses besoins. Et c'est justement ce que dans la théorie, c'est-à-dire dans l'imagination, il place au-dessus de lui, c'est justement cela qu'il se subordonne dans la pratique, c'est-à-dire dans la réalité. En théorie, les dieux sont les maîtres de l'homme, mais seulement pour en être, *en fait*, les serviteurs. L'homme entre les mains de Dieu est bien le commencement, mais Dieu entre les mains de l'homme est la fin, le but de la religion. « Les croyants, dit Luther, gouvernent à leur gré la divinité ; » et le Psalmiste : « Dieu fait ce que désirent ceux qui le craignent. » Or ce n'est que dans son but final que la religion manifeste son fondement et son principe. Les dieux ne sont les puissances *surhumaines* qu'en seconde instance ; mais la puissance *surhumaine* en première instance, celle devant qui l'homme se met à genoux pour la première fois, c'est la puissance du besoin, de laquelle dépendent la vie et la mort.

LI

Vivre, c'est se servir d'autres êtres comme d'instruments pour son propre bien, c'est se faire valoir en dépit d'eux, c'est être une personne absolue rapportant tout à soi. Vie est égoïsme. Quiconque ne veut pas d'égoïsme veut qu'il n'y ait aucune vie. Mais en quoi diffère l'égoïsme religieux de l'égoïsme naturel ? Ils ne diffèrent que de nom. Dans la religion, l'homme s'aime au nom de Dieu ; en dehors de la religion, il s'aime en son propre nom.

LII

Quelle différence y a-t-il entre le culte d'un peuple civilisé et celui d'un peuple sauvage et idolâtre ? La même qu'entre le festin d'un Athénien et le grossier repas d'un Esquimaux, d'un Samoiède ou d'un Ostiaque. Dès que l'homme s'élève à un certain degré de civilisation, il veut se satisfaire d'une manière complète, universelle ; il veut satisfaire les besoins non-seulement de son ventre et de son estomac, mais encore de sa tête, de tous ses sens en général. Alors l'objet du besoin doit être un objet de plaisir, — c'est-à-dire d'un besoin plus élevé : — le *nécessaire* doit être en même temps *beau et agréable*. Mais dès que l'esthétique devient un besoin, une nécessité pour l'homme, ses dieux deviennent naturellement des êtres esthétiques, objets d'un culte en rapport avec leur nature. Le nègre crache à la figure de ses dieux les aliments qu'il a mâchés et remâchés, l'Ostiaque les couvre de sang et de graisse et leur remplit le nez de tabac à priser. Combien hideuses, combien dégoûtantes sont ces offrandes à côté de celles des Grecs ! Mais quels étaient les dieux auxquels les Grecs, non pas en imagination mais en réalité, offraient préparés avec art les meilleurs morceaux de leurs victimes sacrifiées, en l'honneur desquels ils faisaient fumer l'encens avec tant de prodigalité? Ces dieux étaient les sens cultivés des Grecs. C'est lui-même, lui seulement que sert l'homme en servant la divinité. Ce n'est qu'à son amour de la magnificence, à son penchant pour la prodigalité, pour le luxe, qu'il immole des hécatombes.

LIII

Dès que l'homme n'attribue plus qu'une valeur secondaire à la jouissance et à la beauté physiques, à la richesse et à la puissance, dès que les biens moraux, la sagesse et la vertu sont considérés par lui comme le bien suprême de la vie, dès lors ses dieux deviennent des êtres moraux qui ne veulent plus être adorés ou implorés pour quelque bien extérieur spécial. Le profit et la récompense de l'adoration se trouvent dans l'adoration elle-même, car nous ne pouvons honorer un être que par ce qu'il honore lui-même, que par des sentiments et des actions d'accord avec sa nature, des êtres libres, bienveillants, sans passions, que par des intentions qui leur soient sympathiques. Les dieux accordent tout à celui qui pense comme les dieux; en effet, il ne leur demande rien qui ne soit déjà en lui-même, rien qui dépende des caprices du hasard et de la fortune.

LIV

Les idéalistes et les romantiques modernes ont fait de la religion une affaire de galanterie, de vaine sentimentalité, un kaléidoscope, « de pensées spéculatives. » Les athées et les déistes anciens, presque sans exception, soutenaient que l'homme n'avait adoré comme des êtres divins le soleil, l'eau, le feu, les arbres et les animaux qu'à cause de leur utilité, et ils avaient complétement raison. Cela seul qui a quelque utilité, quelque influence sur la vie peut devenir l'objet de l'adoration religieuse ou du moins d'un culte proprement dit. L'être *utile* est pour la religion un être *bienfaisant*. L'utile renvoie à quelque chose autre que lui ; l'être bienfaisant enchaîne le regard, fixe sur lui l'attention et s'élève ainsi au rang d'objet religieux. Mais les hommes n'ont-ils pas adressé des honneurs à des choses et à des êtres qui n'avaient manifestement en eux rien qui pût leur être utile ou nuisible ? Ne doit-on pas faire entrer en ligne de compte dans le culte des animaux de tout autres propriétés, telles que leur nature énigmatique, leurs formes bizarres, leurs mouvements, leurs couleurs étranges, leurs merveilleux penchants naturels et artistiques ? Sans aucun doute ; mais l'homme attribue superstitieusement, dans son imagination, des propriétés miraculeuses à tout ce qui frappe et éblouit sa vue. Quelles merveilleuses puissances, quels effets extraordinaires n'attribuait-on pas autrefois aux pierres précieuses ?

LV

« Les peuples même les plus grossiers ont foi en une divinité. » Oui, et c'est justement la preuve que l'homme admet d'autant plus facilement des êtres surhumains qu'il est lui-même plus profondément au-dessous de l'homme, qu'il s'élève plutôt jusqu'à Dieu que jusqu'à lui-même, jusqu'à « des esprits » que jusqu'à l'esprit, qu'il arrive plutôt à l'être imaginaire qu'à l'être réel, à la religion qu'à l'humanité.

LVI

Qu'est-ce que l'invisible pour les religions? C'est la cause des phénomènes sensibles encore insaisissable pour l'homme et hors de la portée de sa vue, en raison de son manque d'expérience et de son peu de connaissance de la nature. Qu'est-ce que le monde surnaturel? C'est le monde des sens transformé et éternisé par la fantaisie et l'imagination, suivant les caprices et les besoins impérieux du cœur. C'est pourquoi l'homme, du moins ordinairement, n'est divinisé et adoré que lorsque la mort d'être visible a fait de lui un être invisible, c'est-à-dire d'être réel un être imaginaire. Le tombeau de l'homme est le berceau des dieux.

LVII

Si on l'examine au point de vue politique et social, la religion n'a pour fondement que la méchanceté des hommes, que le mauvais état des choses et des rapports de la société humaine. Parce que la vertu n'est pas toujours heureuse et récompensée, parce qu'en général il y a dans la vie mille contradictions, mille maux, mille calamités, il doit y avoir un ciel, il doit y avoir un Dieu. Mais le plus grand malheur de l'homme vient de l'homme lui-même. C'est seulement sur le manque de justice, de sagesse et d'amour dans l'humanité que repose la nécessité de l'existence de Dieu. Dieu est ce que les hommes ne sont pas, — du moins pas tous, — du moins pas toujours, — mais ce qu'ils devraient être. Dieu prend sur lui les fautes des hommes, il est leur remplaçant, il les dispense du devoir d'être les uns par rapport aux autres ce qu'il est à leur place. S'il est en effet un être qui répare les maux que je fais aux autres, ou que je laisse subsister en raison de ma confiance en un dédommagement divin, pourquoi chercherais-je à les empêcher ou à les détruire par mes propres forces? Dieu est la consolation du malheur, de la pauvreté, mais aussi la sécurité de l'abondance et du superflu; l'aumône du mendiant, mais aussi l'hypothèque de l'usurier; le lieu de refuge des persécutés, mais aussi le rempart des persécuteurs, qu'ils le soient justement ou injustement, directement ou indirectement. Bien sûr la religion est consolante pour moi, mais très-peu pour les autres; car elle m'apprend à supporter avec une patience chrétienne non-seulement mes propres maux, mais encore ceux d'autrui, et surtout quand je crois, comme doit le croire un chrétien, que les malheurs de l'homme sont la volonté de Dieu, des épreuves qu'il nous envoie pour notre salut. Où serait mon droit à ne pas vouloir ce que Dieu veut? Le plus mauvais compliment qu'on puisse faire à la religion lui est donc fait par les politiques lorsqu'ils soutiennent que sans elle aucun État n'a jamais pu et ne pourra jamais subsister. En effet jusqu'ici, dans tout État conforme à l'idée que se font de l'État les politiques ordinaires qui prennent le *statu quo* pour le *non plus ultra* de la nature humaine, le droit s'est toujours appuyé sur l'iniquité, la liberté sur l'esclavage, la richesse sur la misère, la civilisation sur la barbarie, l'honneur du citoyen sur l'infamie de l'homme, l'insolence des rois sur l'abaissement religieux des peuples.

LVIII

« Vous reconnaissez la méchanceté de l'homme, et pourtant vous voulez trouver en lui de quoi vous satisfaire? Vous ne voulez pas avoir recours à un Dieu? » Non! car les vices de l'un sont compensés et réparés par les vertus de l'autre. Celui-ci dans son avidité me ravit ce que je possède, celui-là par bienveillance et libéralité m'offre ce qui lui appartient; tel par méchanceté cherche à m'ôter la vie, tel autre par amour me défend et me sauve au péril de la sienne. Ceux qui ont écrit cette sentence : *Homo homini lupus est*, l'homme est pour son semblable un être malveillant et funeste, les mêmes ont écrit celle-ci : *Homo homini deus est*, l'homme est pour l'homme un être bienfaisant, un être divin. Or, de ces deux sentences laquelle exprime l'exception, laquelle exprime la règle? Évidemment c'est la dernière : car comment une société quelconque serait-elle possible entre les hommes si la première était la plus générale? Mais en toute occasion nous devons juger d'après la règle, si nous ne voulons pas que notre jugement soit faux, anormal, contraire à la réalité.

LIX

Quel rapport y a-t-il entre la religion et le sacerdoce ? Le même et aussi nécessaire qu'entre la pensée et la parole, l'intention et l'action, l'être et le phénomène. L'objet de la religion est un être tout à fait dans le sens et dans l'intérêt de l'homme, un être qui doit entendre ses prières, et cependant ne les entend pas, qui existe dans la foi et n'existe pas dans la réalité. Comment faire disparaître cette insupportable contradiction ? Par un médiateur entre Dieu et l'homme, par le prêtre. Le prêtre remplit une lacune entre l'existence de Dieu dans l'imagination, dans la foi et sa non-existence dans le monde réel. Il est le remplaçant de la divinité ; bien que réellement homme, il ne représente pas l'homme mais Dieu ; il met sous nos yeux d'une manière palpable l'essence de la religion. De même que le contenu de la religion, bien que naturel et humain, paraît être surnaturel et divin, ou du moins est représenté comme tel, de même le prêtre semble être tout autre chose que ce qu'il est en vérité. Apparence, masque, telle est sa nature. Il est donc forcé, non-seulement par la prudence et la ruse, mais encore par la foi et la religion, de se distinguer des autres hommes, même par son extérieur, par ses vêtements, ses manières, son genre de vie, pour s'entourer d'une apparence sainte, pour avoir l'aspect d'un état particulier, extraordinaire. C'est en ne paraissant pas être ce qu'il est réellement, c'est par la négation ou du moins par le déguisement de sa vraie nature humaine que l'être qui n'est pas en lui paraît être cependant. La religion est une illusion pieuse, inconsciente, involontaire ; le sacerdoce est une illusion politique, consciente, raffinée, sinon dans le commencement, du moins dans le cours du développement religieux. La religion croit à des esprits, le prêtre ou le jongleur les conjure ; elle croit aux miracles, le prêtre ou le jongleur fait des miracles. Ce que l'homme croit une fois il veut le voir ; ce qui est une fois pour lui un être dans l'imagination doit se montrer à ses yeux comme un être réel.

LX

Qu'a de commun la religion avec la politique ? est-elle favorable à la liberté ou au despotisme ? La religion est un mot et une chose à plusieurs significations, sans rien de déterminé, fourmillant de contradictions ; car Dieu est le résumé chaotique de toutes les réalités, de toutes les propriétés essentielles de l'humanité et de la nature. Dieu est l'amour, le père, l'unité du genre humain. Comment le despotisme pourrait-il fleurir sous la protection d'un cœur de père embrassant tous les hommes d'un égal amour ? c'est impossible. Mais Dieu n'est pas seulement père, il est aussi maître, non-seulement amour, mais encore puissance. Toute puissance par conséquent, même politique, est une expression et un écoulement de la divinité, de la puissance suprême. Comment le maître céleste n'autoriserait-il pas les maîtres de la terre à des intentions dominatrices, à des mesures d'autorité ? Lors même qu'en pensant à Dieu nous penserions seulement au père et non au souverain, il possède néanmoins la puissance paternelle, *patria potestas*, à laquelle nous devons nous soumettre en enfants dociles. Pourquoi, sous le saint prétexte et la sainte protection de la puissance paternelle dans le ciel qui ne se fait pas sentir directement, pourquoi un père spirituel ne s'emparerait-il pas de mon intelligence et de ma volonté dans le but d'accomplir ses desseins? Puis-je être en même temps un enfant religieux et un homme politique? Et d'ailleurs tous les hommes sont-ils égaux? N'y en a-t-il pas de privilégiés par rapport aux autres? De ces privilèges naturels et politiques ne dois-je pas conclure qu'ils ont la faveur particulière, la prédilection du père céleste? Et pourquoi ce père céleste n'aurait-il pas confié à ses favoris sa puissance paternelle sur moi? Ne dois-je pas me soumettre en aveugle à ses projets et à ses vues? Le père n'a-t-il pas des yeux pour son enfant? Si j'ai une volonté, une intelligence et un œil qui veillent sur moi dans le ciel, c'est sans doute pour que je ne me serve ni de ma volonté, ni de mon intelligence, ni de mon œil ici-bas. Cette douce idée d'un père céleste ne devient-elle pas ainsi un moyen habile de désarmer l'homme et de le faire servir d'instrument au despotisme civil ou clérical? Le Saint-Père à Rome n'est-il pas une conséquence du père dans le ciel?

LXI

Chez les Israélites, le prêtre seul avait le droit de voir le Saint des saints. Cinquante mille soixante-dix Bethsénites périrent pour avoir par malheur vu et touché l'arche d'alliance (1). Chez les Grecs la plus

---

(1) Les exégèses ont du reste mis en doute ce nombre énorme. — Josèphe et d'autres avec lui parlent de 70 sur 50,000; — d'autres plus modernes ont accepté le nombre, laissant incertain s'il devait son énormité à une erreur ou à l'exagération orientale.

terrible malédiction et la peine de mort frappaient l'initié aux mystères qui en dévoilait quelque chose aux profanes. Chez les Germains le prêtre précipitait dans la mer les servants qui l'avaient aidé à laver ou purifier l'image sacrée de Dieu, afin qu'ils ne pussent rien dire de ce qu'ils avaient vu. C'est ainsi que la religion, — la religion, dis-je, et non le sacerdoce qui lui emprunte toute sa puissance, bien qu'il puisse s'en servir pour son propre intérêt, — c'est ainsi que la religion fait des choses visibles des choses invisibles en ne les laissant pas voir, de ce qu'il y a de plus commun un mystère en le tenant secret, du lieu profane un sanctuaire en le déclarant sacré, de ce qu'il y a de plus intelligible ou même de plus absurde, un dogme incompréhensible en le dérobant à la lumière de la raison investigatrice, en l'imposant à la conscience comme un article de foi indubitable et inattaquable. La religion agit comme la politique. La religion dit : Que cet objet te soit sacré, bien qu'il n'y ait en lui rien de saint; l'État dit : Que cela t'appartienne et ceci à moi, bien que les deux soient pareils et communs; la première dit : Ceci est pur, cela impur, ceci religieux, cela profane, bien qu'on ne voie aucune différence; le second dit : Ceci est permis, cela défendu, ceci juste, cela injuste, bien que la justice ou l'injustice n'aient rien à faire là-dedans. La religion sacrifie la raison naturelle à ses articles de foi absurdes, l'État, le droit naturel, le *jus gentium* au droit positif arbitraire ; la religion fait dépendre le salut éternel de pompeuses cérémonies, l'État le salut temporel de formalités juridiques ; la religion met les devoirs envers Dieu, et l'État les devoirs envers le prince, au-dessus des devoirs envers l'homme ; la religion justifie ses cruautés par les motifs insondables de la divine sagesse et l'État ses brutalités par des motifs impossibles de très-haute importance politique ; la religion punit celui qui d'un bois sacré, et l'État celui qui d'une forêt de l'État a emporté un rameau vert. La religion immole la vie de l'homme à ses crocodiles, à ses serpents et à ses taureaux divins ; l'État fait du bien de ses sujets la proie de ses lièvres, de ses daims et de ses sangliers. Sous le pieux Guillaume, duc de Bavière, les paysans devaient faire dans les buissons qui entouraient leurs champs des issues aux quatre points cardinaux pour que le gibier pût facilement trouver sa nourriture. « Contre les hommes, dit un jurisconsulte, à propos d'une loi de chasse qui n'a été abolie en Bavière qu'en 1806, il y a un droit de légitime défense ; mais contre les lièvres, les cerfs et les sangliers, il n'y en a point. Pour tout autre que le maître qui a seul droit de les chasser, ces animaux sont inviolables, — *sacrosancti*, — la moindre égratignure à leur peau est punie d'un châtiment terrible. »

LXII

Les criminalistes chrétiens ont mis Dieu en tête du Code pénal ; ils ont fait de l'offense à la Divinité le premier et le plus grand des crimes. Mais comme Dieu n'est pas un être sensible, un individu palpable, et qu'au contraire il n'existe que dans la foi, dans l'imagination ; comme il est impossible d'attenter à sa liberté, à sa propriété et à sa vie, il ne peut se commettre contre lui d'autre crime que l'injure, le blasphème. Les criminalistes modernes tout à fait humanisés ont soutenu de leur côté que Dieu ne pouvait pa même être offensé dans son honneur, qu'aucune injure n'était possible à son égard, et ils ont métamorphosé le blasphème contre Dieu en une injure contre ceux qui l'honorent. C'est ainsi que nous voyons confirmée par le droit criminel cette proposition : tout ce qui d'abord est placé en Dieu se déplace avec le temps pour se replacer dans l'homme. Mais même à l'époque où pour la conscience humaine le blasphème paraissait être une injure réelle faite à la Divinité, même alors il n'était regardé et puni comme un crime que parce que, sans le savoir, on en faisait une offense contre les adorateurs de Dieu ; car l'objet que nous honorons est pour nous une affaire d'honneur. Celui qui honore un objet honteux se couvre lui-même d'ignominie. Nous mettons l'être honoré au-dessus de nous-mêmes, parce que nous voyons en lui l'expression de notre nature, notre idéal et notre modèle. A mesure que grandit sa dignité nous sentons croître la nôtre. Celui qui honore Dieu comme un être élevé bien au-dessus du soleil, de la lune et des étoiles, celui-là s'élève lui-même à cette hauteur. Aussi les chrétiens reprochaient-ils aux païens d'abaisser et d'avilir l'homme en consacrant un culte à la nature, qui lui est inférieure et n'existe que pour son usage et son plaisir. « Moi, dit Clément d'Alexandrie, j'ai appris à fouler la terre aux pieds et non à l'adorer. » Ce que l'on accorde à Dieu, on se l'accorde à soi-même indirectement ; croire à un Dieu tout-puissant, c'est croire à une prière également toute-puissante ; avoir un Dieu éternel, c'est avoir une éternelle vie. Attaquer l'honneur de Dieu, lui attribuer ce qui ne lui convient pas ou lui refuser ce qui lui convient, c'est nous attaquer dans notre dignité propre, dans notre point d'honneur le plus haut. Le voleur ne me ravit qu'un bien étranger, le calomniateur que mon honneur de citoyen, le meurtrier que mon corps; mais le blasphémateur m'enlève mon Dieu, mon ciel et mon âme; — le blasphème est le plus horrible crime. Ainsi, de même que l'Église ne fait que réaliser l'être divin en tant qu'être secourable et bon, que réaliser le ciel et nous en ouvrir les portes, puisqu'elle a le pouvoir de faire grâce, de nous remettre nos péchés, de disposer des sources de la félicité, de même le droit criminel chrétien n'est que la réalisation de Dieu en tant qu'être irrité, implacable dans le ressentiment et la vengeance, que la réalisation de l'enfer. Si dans l'Église, du moins telle qu'elle devrait être d'après son idée première, c'est-à-dire une union de tous dans un même amour, l'homme se montre à l'homme un bienfaiteur, un Dieu, dans le droit pénal, au contraire, il se montre son ennemi, un vrai démon. Sous prétexte de ne pas laisser offenser en lui la dignité du Dieu dont il est l'image, il dispose arbitrairement de la vie et de la mort, il revendique le droit et le pouvoir de s'emparer du blasphémateur, réel ou prétendu, de le déchirer avec des tenailles brûlantes, de lui enlever des lanières de chair, le rouer, le rompre vif, de couper sa langue maudite en la tirant de la bouche autant que possible, et de réduire son corps encore vivant en cendre et en poussière. C'est ainsi que l'état chrétien nous démontre que le feu de l'enfer n'est pas une fantasmagorie, et que les peines éternelles ne sont pas une illusion : car tous ceux qui ont eu à subir les tortures infligées par le code inquisitorial ont dû trouver certainement qu'elles duraient une éternité.

LXIII

Dans le ciel de la théologie chrétienne, nous recouvrerons notre corps, mais il sera parfait. Il aura comme le corps terrestre tous ses organes, sans en excepter un seul, mais aucun d'eux n'accomplira ses fonctions physiologiques : ce sera un corps divin, sans besoins d'aucune espèce. Ce que fait ici la théologie, elle le fait en tout et pour tout. De même qu'elle préfère un corps fantastique à un corps réel, la perfection surnaturelle d'un corps imaginaire à la perfection réelle du corps terrestre, de même, en général, elle sacrifie la terre au ciel, l'humanité à la divinité, c'est-à-dire la vérité à l'imagination, la réalité à l'apparence. De même que le corps céleste est un corps sans rien de ce qui constitue un corps, de même l'être divin est un être personnel sans personnalité, réel sans réalité, vivant sans vitalité. De même que le corps céleste a tous les organes, mais sans but, sans fondement et sans besoin, de même l'être divin a toutes les qualités de l'homme, esprit, intelligence, volonté et amour, mais sans en avoir besoin aucunement, car l'esprit suppose la chair, la volonté l'absence de volonté, l'amour le manque, le désir de quelque chose. De même que le corps céleste est un pur article de luxe, de même l'être divin théologique est l'être le plus superflu du monde, un être qui ne peut satisfaire, par conséquent, que des besoins imaginaires, superflus. Des besoins réels ne peuvent être satisfaits que par un être plein de besoins lui-même. Si la femme n'avait pas besoin de l'homme, elle ne pourrait pas non plus le satisfaire. Si elle y réussit, c'est que dans cette satisfaction de l'homme elle trouve elle-même sa propre joie. Qui n'a pas de sentiment pour soi n'en a pas non plus pour autrui. L'amour rend heureux les êtres qu'il possède, parce que chacun d'eux a la conscience qu'en agissant dans l'intérêt de l'autre il agit aussi dans le sien, qu'en lui faisant du bien il se rend à lui-même le plus grand bienfait. Perfection n'est pas absence de besoins ; perfection est satisfaction des besoins. La perfection du monde n'a pas son fondement dans l'existence imaginaire d'un être en dehors et au-dessus de lui ; elle se fonde sur ceci, que tous les êtres réels qui habitent l'univers ont besoin les uns des autres et se complètent.

LXIV

Les Grecs, dit Apulée, honorent leurs dieux par des danses et des chants, les Égyptiens par des lamentations. Ces quelques mots en disent plus sur la religion des deux peuples que de gros ouvrages bien savants sur leurs mythologies. Le culte seul révèle l'essence d'une religion ou d'un dieu. Cela seul qui a la force de déborder à l'extérieur et de se manifester aux sens peut prétendre à la valeur d'un être réel et vrai ; ce qui ne se montre pas n'est qu'une vaine abstraction. Confiez-vous aux indications des sens, même dans un domaine d'où on a coutume de les bannir. Les sens sont d'infaillibles flambeaux, et ils projettent leur lumière dans les profondeurs les plus impénétrables de la religion et de la divinité. Ainsi, dans l'Église et le culte catholique, tous les sens de l'homme peuvent être satisfaits : l'œil par des images, l'oreille par des chants, l'odorat par des parfums, le sentiment par des cérémonies de significations diverses. Cette richesse sensuelle n'est-elle qu'apparence, forme, accident ? Bien s'en faut ; elle est l'expression manifeste de la divinité catholique et de l'Église, dont le pape est la tête. Le pape est le remplaçant du Christ sur la terre, c'est-à-dire le dieu terrestre, réel et présent ; il n'est pas un être abstrait, mais un être qu'on peut voir, toucher et entendre. Dans l'Église protestante, au contraire, on n'a besoin que d'un seul sens, le sens de l'ouïe, pour les actes essentiels du culte. Pourquoi cette pauvreté et cette limitation ? C'est que le dieu réel du protestantisme n'est que la sainte Écriture, la parole de Dieu. Ce que dit la Bible, ce que le prêtre dit au nom et dans l'esprit de la Bible, c'est Dieu qui le dit. Or, c'est par l'oreille seulement que la parole nous est communiquée. L'essence de la parole révèle l'essence du protestantisme. L'être révélé par la parole n'est plus l'être en chair et en os, c'est l'être *in abstracto*, l'être spirituel. Quiconque n'existe que dans ses paroles ou dans ses actes, quand ces actes ne sont connus que par tradition, et non tous les jours renouvelés comme ceux des saints catholiques, celui-là n'existe plus pour nous, et quoique autrefois être réel, il n'est plus qu'un esprit, objet de la foi, de la pensée et de l'imagination. L'action transmise par tradition est morte, n'a plus qu'une importance historique ; vivante, éternelle, immuable, est la parole écrite, la doctrine. La parole surpasse le miracle, la doctrine l'action. Mais il n'y a pas loin de la parole à l'intelligence de la parole, c'est-à-dire du protestantisme au rationalisme, au Dieu pur, spirituel, complétement abstrait. Or, un dieu qui ne manifeste plus son existence, pas même par le tonnerre du verbe, qui n'est perceptible pour aucun sens, pas même pour le plus spirituel de tous, l'ouïe, un tel dieu n'existe plus du tout. D'un être qui n'est plus qu'un *être de raison*, il n'y a pas loin jusqu'à la raison elle-même, c'est-à-dire jusqu'à la conclusion de toutes les théologies, y compris la théologie dite rationnelle.

MORT ET IMMORTALITÉ

Nota. — J'ai retranché une quarantaine de pages de cette première partie des considérations sur la mort et l'immortatalité. Ecrites au point de vue métaphysique elles laissaient un peu à désirer pour la clarté et la précision. Je pouvais d'autant mieux me le permettre que le même sujet a été traité supérieurement chez nous. On n'a qu'à lire l'admirable chapitre de Proudhon sur la mort au point de vue moral et intellectuel.

MORT ET IMMORTALITÉ

Iʳᵉ PARTIE

CONSIDÉRATIONS PRÉLIMINAIRES

Aussi vrai et aussi sûr que l'être infini est infini et éternel, aussi vrai et aussi sûr est-il que tout ce qui dans son être est déterminé et borné l'est aussi dans son existence, et que, par conséquent, une personne particulière ne vit qu'un temps borné et déterminé. Reconnais-tu que tu es un être borné, et non l'être en général, eh bien! tu dois reconnaître aussi que tu es *aujourd'hui*, et non en *tout temps.* Tu dis : *moi*, cet individu, je veux être immortel; mais tu n'es individu qu'en tant que différent des autres, et tu ne peux faire abstraction de cette différence. Elle est la borne de ton être, et elle ne peut être enlevée sans que tu cesses toi-même d'exister, pas plus qu'on ne peut enlever à un oiseau particulier la différence par laquelle il se distingue des autres, sans le détruire lui-même. Or toute détermination, toute distinction n'a son fondement que dans cette vie réelle, et n'est réelle et possible que dans les conditions d'ici-bas. Ce n'est donc que dans cette vie que tu es homme. — Cesse-t-elle tu cesses toi-même d'exister.

Tu n'es individu qu'aussi longtemps que tu es capable de sentir. La sensation seule donne à l'individu la certitude de son existence. La conscience est l'être de l'être; seule elle est l'être d'une certitude et d'une réalité absolues; mais la sensation n'est pas autre chose que la conscience individuelle identique à l'individu lui-même, elle n'accompagne pas l'être, elle est l'être même, et cette proposition : « Je suis un individu déterminé, » n'a son expression et son sens vrais que dans celle-ci : « Je suis un être qui sent. » — Or, le temps est inséparable de la sensation; si je sens, ce n'est que dans ce *maintenant* passager, dans ce moment fugitif. On ne se figure le temps que sous la dimension de la longueur, comme une ligne continue; mais on peut se représenter chaque instant exclusif comme une perle, comme une goutte d'eau qui, séparée du liquide continu, prend la forme d'une sphère. Je ne sens que lorsque, séparant du fleuve toujours égal et ininterrompu du temps cette perle de *l'instant*, je concentre, pour ainsi dire, mon être dans cet étroit espace. Je n'ai jamais que des sensations déterminées, circonscrites; mais dans ce sentiment déterminé est contenu mon individu, mon être tout entier, parce que chaque sentiment particulier est en même temps le sentiment de moi-même. De même que les rayons du soleil concentrés dans un même foyer produisent la flamme et brûlent, de même la concentration de tout mon être dans le foyer d'un instant allume en moi le feu de la sensation. Pourquoi n'y a-t-il aucune jouissance continuelle? Parce qu'une jouissance continuelle ne serait plus jouissance, parce que le sentiment n'est sentiment que s'il est passager. Là seulement où se trouvent des interruptions, des périodes, des époques, là seulement il y a sensation; elle disparaît dans l'uniformité; là où le temps cesse, elle cesse aussi, et avec elle l'individualité. Si donc, dans une autre vie où l'on fait abstraction du temps, tu promets à l'individu existence personnelle, sensation et surtout jouissance éternelle, tu n'obéis qu'à la fantaisie pour laquelle tout est possible, et non à la raison.

La personne déterminée n'est pas seulement inséparable du temps, elle existe nécessairement dans l'espace. La pensée, la raison sont en dehors du temps; mais ce ne sont point des individus; ceux-ci n'existent plus dès que le temps est aboli. Si par conséquent tu admets après la mort une vie dans laquelle tu seras le même être personnel que dans celle-ci, quelques efforts que tu fasses pour te la représenter aussi spirituelle que possible, tu seras obligé de la mettre dans un lieu quelconque. Maintenant où est ce lieu? — Mais qu'il soit où il voudra; quoique différent du lieu où se trouvent les vivants, il aura avec lui l'espace de commun, car évidemment il n'y a point d'espace en dehors de l'espace. Mais l'espace appartient essentiellement à cette vie; il est, pour ainsi dire, la propriété des vivants, et puisque les immortels vivent dans un lieu, et que ce lieu est dans l'espace, la vie qui suit la mort est la même que celle qui la précède. En effet, existent-ils dans l'espace, et il le faut aussi sûrement qu'il y a une raison et une vérité, alors ils existent aussi dans le temps, car le temps et l'espace ne peuvent être séparés, et non-seulement dans le temps, mais encore avec les mêmes attributs sensibles et dans les mêmes conditions que dans cette vie, car le temps et l'espace sont inséparables de ces attributs et de ces conditions. Les immortels doivent-ils néanmoins vivre dans l'espace et le temps sans être soumis aux pénibles conditions qui leur sont nécessairement liées, alors il ne reste plus qu'à se les représenter comme des figures mathématiques, comme des lignes ou des triangles ; — mais les lignes et les triangles se trouvent déjà dans la vie d'ici-bas.

Puisque la vie après la mort est la même que celle-ci, il était tout à fait naturel que dans les temps nouveaux, après qu'on se fut délivré de la croyance en un ciel imaginaire et des lugubres images d'un empire des ombres et des fantômes, d'un sombre séjour de morts dans ou sur la terre, on se décidât à transporter ce séjour dans les étoiles, localité qui a pour elle cet avantage que, par là, la vie qui précède la mort et celle qui la suit se trouvent au moins en apparence éloignées l'une de l'autre, et que les trépassés ne peuvent plus gêner les vivants comme c'était le cas dans leur demeure précédente. Cette manière d'envisager les étoiles vient chez les individus du principe général que ces corps innombrables existeraient en vain s'ils n'étaient pas peuplés, et qu'ainsi la sagesse du Créateur ou la prévoyance de la nature, qui ne font rien d'inutile, se trouveraient en flagrant délit de contradiction.

Tu as raison de regarder la vie comme le but d'un corps ; mais tu es dans l'erreur quand tu crois que tel ou tel astre, que tu fixes des yeux dans un certain point de l'espace, est tout à fait inutile s'il ne contient pas ce que tu vois sur la terre, et quand, dans cette fausse idée, tu peuples sans exception et sans distinction tous les mondes des ombres de ta luxuriante fantaisie. Ce qui te frappe et te trompe, c'est leur existence isolée, particulière, c'est l'espace immense qu'ils occupent. Mais je dois t'avouer que même ici, sur cette terre pleine d'esprit et de vie, je me heurte partout contre une existence superflue, inutile, sans but, et que si j'examine la nature avec les mêmes idées que toi les mondes, alors tout l'espace, toute la nature me paraissent inutiles, tout me semble vide et désert. Demandes-tu : Pourquoi y a-t-il des corps si la vie n'est pas en eux ? je te répondrai par cette autre question : Pourquoi y a-t-il en général de l'être, de l'espace, de la matière ? pourquoi la nature ? car ton Dieu aurait pu fondre et concentrer l'univers dans un atome. Tout ce qui dépasse la grandeur d'un atome est une existence superflue et inutile. Pourquoi y a-t-il tant d'hommes ? pourquoi pas un seul ? Autant d'hommes en dehors de moi, autant d'enlevé à mon propre être. Pourquoi un son unique n'est-il pas toute une symphonie ? pourquoi est-il unique ? Dans ce son isolé tu trouves déjà cet espace vide, cette existence inutile qui te saute aux yeux dans les étoiles, à cause de leur grandeur sensible. Ce son est tout à fait poreux, puisque les autres sons ne sont pas en lui. Pourquoi tout n'est-il pas inséparablement contenu dans un ? Le but de l'arbre, c'est le fruit ; pourquoi la feuille, la branche, le tronc, l'écorce ? Ne serait-ce pas mieux si le but était sans tant de façons immédiatement réalisé ? Si, voyant pour la première fois un embryon humain, tu le considérais au même point de vue, quelle mine ferais-tu si l'on te disait : Cet embryon est destiné à devenir homme ; cet être végétatif, muet, sans mouvement doit être un jour plus fort, plus parfait, capable d'agir. Ah! quelle triste organisation! Pourquoi ce pauvre être n'a-t-il pas son but déjà réalisé en lui? pourquoi ne doit-il l'atteindre qu'après une longue suite d'années, et par un grand nombre de degrés? Si tu ne t'étonnes pas de ce que cet embryon n'est pas un homme, pourquoi veux-tu t'étonner que tous les corps ne soient pas habités, que les comètes ne soient pas des planètes? Vraiment, si l'on étendait à tout tes idées téléologiques, on arriverait à cette conclusion, que toute vie sensible, matérielle est pure superfluité, dépense inutile, et que le mieux serait qu'il n'y eût rien, parce que dans le rien serait l'unité, et qu'ainsi toute inutilité, toute superfluité disparaîtraient.

La nature, me réponds-tu, est avide de vie; des espaces si immenses et point habités, comment cela peut-il s'accorder? Mais dans ton ivresse de vie, tu oublies de remarquer que le penchant créateur de la nature est en même temps un penchant destructeur, que la naissance d'un être est la mort d'un autre, et que la conservation repose sur la destruction. Tu ne vois pas quelle triste chose c'est que l'existence et la vie d'un seul être, puisqu'il ne peut exister sans entrer en lutte et en contradiction avec d'autres, combien la vie est bornée et à combien de conditions elle est soumise, puisqu'elle ne peut être que sous peine de contradiction, et que tout être vivant a son ennemi mortel. C'est dommage que la nature ne soit pas aussi avide de vie que toi, et qu'elle ne soit pas organisée selon ta manière de voir, d'après laquelle l'unité sensible, l'individu vivant est la chose dernière et absolue. Si elle était ce que tu te la représentes, elle aurait divisé, séparé la vie, donné un monde particulier à chaque espèce de plantes et d'animaux, et de même un monde comme propriété à chaque homme qui, même pris à part, a une existence plus libre, plus vaste, plus importante que celle de toute espèce animale ou végétale. Cette organisation serait sûrement plus conforme à son but que celle qui existe, et dans laquelle sont accumulées l'une sur l'autre des vies qui s'entre-dévorent. Un homme ainsi isolé, indépendant, habitant un monde particulier, ne mourrait jamais. Car l'homme ne meurt que par l'homme ; il n'existe en effet et ne vit que dans une séparation et une liaison essentielle avec d'autres, et la mort n'a lieu que là où se trouvent unité et différence. Si l'état, et par conséquent l'histoire du monde, — car l'origine de l'état est l'origine de l'histoire, — si le langage, et par conséquent la raison sont le produit de l'union et des rapports de tous, pourquoi la mort n'aurait-elle pas aussi son fondement dans le contrat social ? Même les animaux et les plantes ont fait ensemble cette convention qu'ils se feraient place réciproquement, et que l'entrée de l'un dans la vie serait amenée par la sortie d'un autre. Une espèce de plante particulière, transportée dans un monde à part, y trouverait une sphère infinie pour son existence, et dans cette unité et cette solitude absolues disparaîtraient tout fondement et toute nécessité de la mort. Par cette organisation, par ce partage de la vie, tous les mondes seraient habités, la paix régnerait sur la terre, une vie éternelle dans toute la nature, deux grands maux seraient abolis et deux mouches importunes seraient tuées du même coup... — La vie sur la terre seule te paraît donc trop bornée pour l'immense univers; c'est pourquoi tu développes cette vie jusqu'à l'infini et tu la transportes dans d'autres êtres, sur d'autres mondes, comme si les espaces célestes n'étaient ouverts à tes regards que pour te permettre d'y déposer, comme dans des cellules d'abeilles, le miel de tes fantaisies. Mais ici encore tu ne fais que heurter de la tête contre des masses de pure matière, et tandis que tu te figures, en remplissant les espaces, rendre la création complète et parfaite, emporté par la machine à vapeur de ton cerveau excentrique, tu ne vois pas sur la terre un manque énorme, une lacune immense, et cette lacune qui crie contre le ciel, ce manque le plus terrible de tous qui devrait t'effrayer plus que le désert dans l'immensité, cette grande blessure ouverte dans la création, c'est la fin, la négation de la vie elle-même, c'est la mort. Car la mort est le désert le plus triste, le vide le plus effroyable. Il est vrai qu'un nouvel être remplace toujours celui qui est mort; mais cet être qui est maintenant, qui bientôt ne sera plus, cet être déterminé ne reviendra jamais, il est à jamais perdu; ce lieu où il vivait sera toujours vide, et l'être qui viendra prendre sa place, par cela même qu'il est différent, ne la remplira pas; car il faudrait, pour qu'il la remplît, qu'il fût tout à fait le même. La terre entière est par conséquent aussi percée qu'un crible; aussi poreuse qu'une éponge; autant de morts, autant d'espaces vides, autant de places inoccupées; chaque mort est une blessure ouverte dans la nature vivante. Qu'est maintenant le vide de tes corps célestes, vide insignifiant et qui n'existe que dans ton imagination à côté de celui que produit la mort? O fou! qui, à force de voir des lacunes, ne vois pas la véritable ! Si tes idées sur la nature étaient réalisées, la vie ne serait interrompue ni par la mort ni dans l'espace, car les êtres qui vivent dans Saturne et dans Uranus ne réparent pas la perte de ceux qui meurent sur la terre. Toutes les vies devraient se continuer sans interruption les unes les autres. Cette plante qui vit sur la terre doit, d'après la sombre et mélancolique organisation de la nature ici-bas, voir bientôt finir sa vie ; eh bien ! cette vie devrait se continuer dans Uranus, au point où elle s'arrête ici, et comme ici elle se développe par des feuilles, des branches et des fleurs, les plantes célestes se continueraient en branches et en fleurs comme dans de fantastiques arabesques. La période dans Uranus une fois accomplie, elle recommencerait dans une autre étoile, et ainsi à l'infini. Mais les périodes célestes ne devraient contenir aucune forme différente des formes terrestres, car avec chaque changement il se ferait un vide, une lacune qu'il faudrait remplir. Ainsi le monde serait parfait s'il n'y avait aucun changement, parce qu'avec chaque changement quelque chose périt, et, comme toute vie repose sur le changement, ce n'est que dans le cas où il n'y aurait aucune vie que tu ne trouverais aucun manque, aucune négation de la vie.

Tout ce qui existe est borné et limité et ne peut pas être autrement. Existence, borne, limitation s'appellent l'une l'autre. Le néant seul est sans bornes. Chaque chose est une preuve de la vérité de cette assertion. Contre le néant il n'y a qu'une seule arme possible, et cette arme, c'est la limitation ; voilà pour chaque chose le soutien, le retranchement de son être. En effet, la limite n'est pas quelque chose d'extérieur comme une haie autour d'un champ; elle est le milieu propre, le centre d'un être. Tout dans la nature est ce qu'il est non par la matière dont il est composé, mais bien plutôt par la détermination de la matière indéfinie en soi, par les rapports, par le mode particulier d'agrégation des éléments, et c'est justement en cela que consiste la borne comme l'essence des choses. La manière dont sont disposées ces parties élémentaires change-t-elle, les choses changent elles-mêmes? L'essence, la vie des êtres, est par conséquent mesure, forme, espèce, loi. Cette mesure ne s'étend pas seulement à la matière chimique, elle pénètre partout. Le rapport, par exemple, des éléments matériels qui composent ce poisson n'est pas seulement pesé; mais son organisme, son corps tout entier a une forme qui le distingue des autres animaux, et qu'est cette forme sinon limitation et mesure? Ses rapports avec l'extérieur ne sont pas non plus illimités; il se meut, mais son mouvement est déterminé par sa forme; il vit dans un climat particulier, dans un élément particulier, dans l'eau et non pas dans toute eau, mais dans telle ou telle eau. Cette vérité, tu peux la vérifier en toi-même, bien qu'elle y subisse quelques modifications provenant de la nature de l'esprit. Tu es un être moral, libre; les autres hommes le sont également. La matière, l'élément qui te constitue comme être moral, c'est la volonté, la liberté. Comme élément la volonté est pareille chez tous les hommes; avec et dans la même volonté que tu veux veut aussi l'autre. Mais par ta manière de vouloir cet élément commun à tous est spécifié, borné, différencié, en un mot, devient caractère. Comme le poisson vit dans une eau particulière, de même tu vis dans une volonté déterminée et hors de là tu n'es rien. Cette détermination imposée par toi à la volonté partout égale à elle-même, c'est ta nature, ton être. Ton caractère ou la mesure particulière de la volonté en toi change-t-elle, tu changes aussi : tu n'es toi-même que dans cette mesure.

La vie humaine aussi a sa limite nécessaire sans laquelle elle ne peut exister, et le même lien qui en est la source et le séjour en est aussi la frontière. L'essence de la vie de l'homme est d'être seulement sur la terre, de n'être possible que dans les conditions imposées à la nature par la forme de la terre et par son organisation. Comme il est de la nature de la truite de ne pouvoir vivre que dans une eau particulière, de la nature de telle ou telle plante de ne pouvoir vivre que dans tel ou tel climat ; de même le caractère de la vie de l'homme est d'être terrestre, d'être bornée par les années terrestres, les saisons, etc. Il y a bien dans la vie sur la terre différentes mesures, différents degrés ; chaque espèce de plantes et d'animaux, chaque race d'hommes, chaque âge même a sa manière de vie propre ; mais toutes ces manières d'être sont contenues dans la mesure générale, dans les rapports suprêmes de la nature, en tant que nature terrestre. La terre est bien une mesure déterminée ; mais dans le sein de cette détermination elle est infinie, générale, inépuisable, parce qu'elle produit et conserve les espèces les plus diverses, les genres les plus variés et les plus contrastants. Si sa mesure de vie était bornée, si dans sa limitation elle n'était pas générale, infinie, alors seulement on serait en droit, on serait même obligé de la dépasser par la pensée et de chercher quelque chose en dehors d'elle. Mais comme elle contient des espèces et des différences infinies et que toutes sont contenues dans la mesure commune qui fonde sa nature propre, il s'ensuit que la nature terrestre, par cela même qu'elle embrasse tout, est la borne infranchissable de tout ce qui vit sur la terre et par conséquent de la vie de l'homme. Ainsi, là où les conditions indispensables à la vie humaine ne sont pas complètes, là aucune vie humaine n'est possible. Si, par exemple, l'expérience te démontre que dans un corps céleste il n'y a ni eau ni atmosphère, alors la raison, la nature même exigent de toi l'aveu qu'il n'y a là pour toi aucune place.

Si l'homme ne devait trouver l'accomplissement de sa destinée que sur Saturne, Uranus ou partout ailleurs, il n'y aurait ici-bas aucune philosophie et aucune science. Au lieu de vérités générales, abstraites, au lieu des principes des idées et des connaissances qui peuplent maintenant notre cerveau, ce seraient nos frères célestes, les êtres de Saturne et d'Uranus qui en seraient les habitants. Au lieu de mathématiques, de logique, de métaphysique, nous aurions toujours présents à notre esprit les portraits les plus exacts de ces êtres auxquels nous serions appelés à ressembler un jour. Ils se mettraient entre nous et les objets de la pensée, nous fermeraient la vue et produiraient comme une éclipse de soleil dans notre intelligence ; car ils nous seraient plus proches, plus parents que les pensées et les idées, n'étant pas comme elles des êtres abstraits, mais des êtres à la fois sensibles et spirituels qui n'exprimeraient que l'essence de l'imagination. Notre vie ne serait plus qu'un rêve, qu'une vision d'un plus bel avenir. Celui que la pesanteur de la raison empêche de nager à la surface de l'Océan sans bornes de la fantaisie reconnaîtra donc que, dans les profondeurs de notre esprit, comme dans un gaz irrespirable pour eux, les anges et les autres êtres semblables ne peuvent vivre et que les esprits supportent aussi peu la lumière de l'esprit que les spectres et les fantômes celle du jour. Tous les êtres individuels abstraits de l'humanité et placés au-dessus d'elle ne sont pas autre chose que des ornements, que des enroulements gothiques au temple de notre esprit, et comme les statues dans les palais des grands, ils ne forment que l'atrium, que le portique de notre intérieur. Car, du moment que nous pouvons nous élever, pour ainsi dire, au-dessus de nous-mêmes, au-dessus de notre existence et de notre vie sensibles, nous n'avons pas besoin de nous heurter en passant contre des êtres plus parfaits pour arriver dans l'esprit même à la conception de l'être infini. La puissance qui nous a été donnée de dépasser le monde des sens et de nous élever ainsi jusqu'à la raison, jusqu'à des pensées, c'est-à-dire jusqu'à des intelligibles purs, clairs, universels, est la preuve en fait que notre existence terrestre est notre existence dernière, notre manière d'être la plus parfaite, la plus sublime. Si la nature de la terre n'avait pas ici-bas son entier accomplissement, si elle ne développait pas toutes les formes possibles que peuvent revêtir les êtres qu'elle produit sans cesse, si en créant l'homme elle n'avait pas crié : « Jusqu'ici et pas plus loin ! » eh bien! l'homme ne penserait pas. La pensée est l'expression de la satiété, de la satisfaction, de la perfection complète; par elle le dernier sceau est mis à l'œuvre de vie ; c'est la frontière suprême, infranchissable des êtres qui pensent. Aussi la vie la plus sublime, c'est la vie dans la religion, dans la science et dans l'art. Voilà la vie au-dessus de la vie passagère, la vie au-dessus de la mort. La science, l'art et la religion, voilà les vrais génies, les anges de l'humanité. C'est en eux seulement et non dans Saturne ou dans Uranus que l'homme continue à exister même après la mort.

Cette idée qu'après la mort on voyage d'étoile en étoile et que déjà chacune d'elles est un séjour tout prêt et commode pour des êtres vivants est en contradiction avec la nature et l'esprit, vide et plate, surtout en ce qu'elle fait entrer la grande et sérieuse tragédie de l'univers dans le cercle commun de la vie civile, économique et bourgeoise, en ce qu'elle change les précipices immenses de la nature en simples petits ruisseaux au bord desquels les individus ne font que contempler leur image ou cueillir quelques aimables *Vergissmeinnicht* (1). Le monde est ainsi transformé en un palais ou en un hôtel garni dans lequel on se promène de chambre en chambre, et on oublie tout ce qu'il contient de sombre et de terriblement sérieux. Ce n'est pas comme financier ou économe que Dieu a créé le monde ; il s'est oublié lui-même quand il l'a produit ; c'est bien avec conscience et volonté, mais non par la puissance de la volonté et de la conscience qu'il l'a enfanté ; ce n'est pas comme architecte, comme père de famille calculant tout avec prudence, c'est

---

(1) *Vergissmeinnicht*, mot-à-mot : ne m'oubliez pas. Petite fleur, le myosotis.

comme un poëte transporté, hors de lui, qu'il a composé la grande tragédie de la nature.

Si on laisse valoir les anciens principes de la connaissance, on est en droit de soutenir que tout ce qui n'est pas le fondement suffisant de la connaissance d'une chose ne l'est pas non plus de son être et de son existence. Dieu conçu comme personnel, comme antipanthéistique, comme extrême contraste de la substance n'est point suffisant pour nous faire connaître la nature et l'expliquer; il n'est pas, par conséquent, le fondement de son existence et de son être. Cela seul a une histoire, qui, comme unité essentielle toujours présente, est le principe de ses propres changements et dont les changements sont en vertu de cette puissance intime intérieurs, immanents. La pierre qui passe des mains d'un mendiant à celles d'un roi, qui va d'Amérique en Europe et de là en Asie n'a pas pour cela une histoire, car elle n'est pas le principe de ces changements de lieu. La plante, au contraire, en a une, parce que toutes ses transformations ont leur principe en elle-même. Le changement n'est pas un accident passager, superficiel; c'est une détermination nouvelle et essentielle de l'idée dans les choses qui le subissent. Toutes les transformations d'un être sont les moments principaux de sa vie intime, forment sa vie elle-même. Ce qui, par conséquent, est histoire ou a une histoire, cela a sa vie non du dehors, mais du dedans, de soi et par soi-même. Histoire est vie, vie est histoire; une vie sans histoire est une vie sans vie. La vie est éternelle, ne peut avoir de commencement, ne peut être donnée. Tout ce qui vit a le fondement et le principe de son être en soi; mais le fondement d'une chose, c'est son être, son essence même, car où pourrait-il être ailleurs ? La vie n'est donc que là où l'origine et l'existence sont identiques, où le principe de l'être est l'être même. Une montre n'est une montre, n'est une œuvre mécanique, morte, que parce que son principe, le fondement de son existence est en dehors d'elle ; elle remplit son but en indiquant les heures par des mouvements qui ne viennent point d'elle ; l'esprit de l'horloger est son moteur. Or, la nature se présente à l'œil de l'observateur comme histoire, et l'histoire ne s'accorde pas avec une création, une construction. Une œuvre faite n'a point d'histoire. Elle est donc le principe de ses propres transformations et ne peut être connue et comprise que par elle-même. Tu peux te convaincre de la vérité de ces propositions par l'examen de ta propre personne. Ton père et ta mère t'ont engendré et en cela on peut dire qu'ils sont le principe de ton existence et que dans l'origine tu es un être médiat, dérivé. Mais du moment que tu entres dans la vie, c'est-à-dire que tu deviens indépendant — car l'indépendance est inséparable de la vie — dès lors le principe de ta vie n'est plus hors de toi ; il est en toi, un avec toi, tu n'es plus un enfant, un être subordonné — est subordonné tout ce qui séparé de son principe est en même temps lié nécessairement avec lui — tu deviens un être original, incomparable, immédiat ; tu gardes bien dans le sanctuaire de la piété filiale les reliques de ton origine ; mais dans la vie, dans la nature tous les liens sont rompus par le fier sentiment de ton originalité et de ta liberté. Tu deviens homme, c'est-à-dire tu acquiers le sentiment de ta primordialité, le sentiment du principe commun à tous les hommes, le sentiment de l'espèce, de l'humanité. Cela seul a son fondement ailleurs qu'en soi qui, comme un tissu, peut être défait et au moyen de fils rattaché à autre chose. La montre est un tel tissu. Mais il n'en est pas ainsi de la vie ; c'est l'unité indivisible, infinie en soi, commencement et principe de soi. Te figures-tu que la nature, que la vie a été créée, faite, alors tu défais la vie comme un bas de coton, tu la démontes comme une montre, en un mot, tu la tues.

Revenons à notre individu immortel; en temps que contenu dans le temps et dans l'espace, il vit avec un corps et il n'est individu qu'à cette condition. C'est ce dont il est si bien persuadé lui-même, qu'il regarde comme très-convenable d'en avoir un même dans la vie future, mais non pas aussi lourd, aussi grossier, aussi empirique que cet habit de tous les jours qu'il porte sur la terre; non ! un corps tissu d'une matière fine, légère, idéale, un corps tout à fait délicat et transparent. L'individu trouve aussi très-naturel que le même progrès ait lieu dans le monde de la matière que dans le monde de l'esprit ; c'est-à-dire que, de même que l'esprit suit de degré en degré une marche ascendante, de même le corps revête des formes de plus en plus parfaites. A cette idée d'une perfection croissante des corps jusqu'à l'infini rien ne s'oppose assurément, si ce n'est la raison. Si tu n'admets pas de limite, c'est-à-dire pas de raison, tu peux sans difficulté te représenter un corps qui consiste simplement en lumière ou en parfum de rose, ou même en une fantaisie ou une belle sonate de Mozart. Mais la raison, qui voit partout des bornes, une fin, un but, une mesure et des lois, la raison te montre ici la limite infranchissable.

Le dernier corps dans l'ordre des corps, c'est-à-dire le corps parfait, spirituel, éthéré, c'est déjà le corps humain. Un corps spirituel et céleste n'est pas autre chose qu'un corps vivant pénétré d'une âme. La terre, l'eau, la pierre, voilà des corps matériels, terrestres, esclaves de la pesanteur. Mais déjà dans la plante la matière commence à revêtir une forme idéale, à s'élever vers le ciel. À partir de ce moment, nous voyons dans la nature ce perfectionnement, cette résurrection successive des corps, qui, par une série de degrés à travers les formes les plus différentes du genre animal, vient enfin s'arrêter à la forme humaine. Cette forme, embrasée et éclairée par une âme, indépendante en elle-même, par elle-même déterminée, c'est-à-dire voulant et pensant, animée enfin par un esprit, est la forme absolument belle, la forme sensible.

Examine avec soin le corps vivant, organisé. Compare-le avec la pierre, la terre, l'eau, avec une œuvre mécanique, ou même avec l'idée que tu te fais de ce qui est corporel ou matériel. Ce corps est-il composé, composé de parties qui peuvent être séparées? Il n'est organique qu'en tant que vivant, et il n'est vivant que parce qu'il est un tout un, indivisible, absolu. Divise-le, dissèque-le, il a déjà cessé de vivre. Du moment qu'il meurt par la dissection, il prouve son indivisible unité; car, s'il était divisible, après la division il vivrait encore. Ses parties ne sont pas des parties, mais des membres; ces membres, séparés extérieurement, sont un d'après leur but, qui est la vie, et tous ensemble ne produisent qu'une activité, qu'un sentiment, la vie. C'est parce que ces parties sont des organes pour un but, c'est à cause de cette unité indivisible, essentielle, que le corps vivant est un corps incorporel, une matière immatérielle ; et, si tu t'élèves de la considération de la matière pure à la contemplation de ce corps, tu verras que c'est un corps raffiné, spirituel, extra-sensible. La nature aussi a son ciel, et ce ciel, dans lequel le corps ressuscite, est transfiguré, ce ciel c'est la vie, c'est l'âme. La résurrection et le perfectionnement des corps doivent donc être cherchés dans la nature même, et non en dehors.

Quand tu ne dis et ne sais rien du corps que ceci : « Il est matière », tu ne dis rien, tu ne sais absolument rien. Ce n'est point là une détermination intime, qui aille au fond des choses et puisse être le principe de leur connaissance. Au contraire, tu te perds dans une vide abstraction, dans l'idée de la matière pure qui n'existe nulle part, et tu laisses de côté tout ce qui constitue l'organisme. L'animal se distingue des plantes et encore davantage des autres êtres par la fonction du boire et du manger; l'homme aussi mange et boit ; mais le boire et le manger suffisent-ils pour déterminer la nature de l'homme ? Est-ce une définition de l'homme que celle-ci : L'homme est un être qui mange et boit ? Aussi stupide est cette définition, aussi stupide es-tu si tu ne comprends ton corps que sous l'idée de la matérialité pure et si tu ne lui donnes pas pour attribut l'immatérialité même. Ta seule connaissance de la vie consiste en ce que tu reconnais et avoues que tu n'en connais rien ; le plus haut degré où tu puisses arriver c'est à avoir conscience de ton manque complet d'idées, et, pour ce qui regarde le corps, à reconnaître qu'il est la négation de toutes tes imaginations sur la matière et sur l'âme, imaginations que, par contradiction avec toi-même, tu regardes comme nécessairement admissibles, comme absolues; à avouer, enfin, que la réalité est trop vaste et trop sublime pour se laisser embrasser par tes hallucinations et tes rêves.

Il en est de la pesanteur comme de la matière par rapport au corps organique. La pesanteur est-elle une détermination qui le caractérise? Si l'on dit du cerveau, par exemple, qu'il pèse deux ou trois livres, en dit-on quelque chose ou rien? Le métal est bien caractérisé par l'attribut de la pesanteur, comme la lumière par celui de l'impondérabilité; mais le corps est au-dessus de l'une et de l'autre de ces déterminations. Le métal est pesant : aussi ne peut-il changer de lieu; le corps a le principe de motion libre en lui-même; il peut changer de place, c'est-à-dire la pesanteur n'est en lui qu'une détermination à chaque instant détruite, tout à fait subordonnée, et ce n'est pas par elle qu'il est ce qu'il est. Il est vrai que le corps ne triomphe de l'espace, comme tout ce qui est dans l'espace, qu'au moyen du temps; tu ne peux pas te trouver en un lieu éloigné aussi vite avec ton corps qu'avec tes désirs; la pesanteur est ainsi une chaîne importune pour ton imagination, et, comme partout tu prends tes désirs pour mesure de ce qui doit être, tu peux te fonder sur ce désaccord entre l'idéal et le réel pour te prouver l'existence future d'un corps plus docile à tes vœux. Mais je ne vois pas du tout pourquoi tu n'attends ce corps désiré qu'à la mort du corps organique. Ce corps qui, avec ton désir, sera en même temps au lieu désiré, est un corps identique au désir lui-même. S'il était réel, ou si jamais il le devenait, sa réalité serait pour ton imagination un obstacle, une barrière. Comme réel, ce serait une contradiction qu'il fût en même temps imaginaire. Il ne serait plus sentimental comme un soupir, léger et libre comme un vœu, sans frein comme la fantaisie. Ce corps qui n'en est pas un, qui n'est que le soupir et le désir d'un corps, n'est lui-même qu'un désir ou une imagination pure. Pourquoi donc fais-tu des plaisanteries si drôlatiques, pourquoi es-tu assez bizarre et assez inconséquent pour ne dater son existence que de la mort du corps vivant et réel ?

Le délicat individu immortel s'inquiète d'ailleurs fort peu, pour ce qui regarde son corps futur et en général la vie et la mort, s'il est possible qu'une personne particulière puisse être encore la même après sa séparation d'avec le corps; il trouve même au-dessous de sa dignité de s'informer si l'âme peut ou non se séparer du corps et si à la mort elle le quitte réellement. Au contraire, c'est pour lui une vérité indubitable que, comme l'oiseau dans une cage, l'eau dans un vase, de même l'âme est enfermée dans le corps, s'y trouve retenue comme dans une prison, et qu'à la mort elle s'en échappe comme la fumée d'une cheminée. Mais l'âme n'est pas dans le corps, et on ne peut pas, par conséquent, l'en faire sortir. Elle n'est ni en lui ni en dehors de lui, car dans l'un ou l'autre de ces deux cas elle serait quelque chose de matériel. La non-matérialité de l'âme est sa seule manière d'être hors du corps. Elle n'est pas dans le corps d'une manière sensible, elle n'y est que d'une manière spirituelle, essentielle.

L'âme, quoique incorporelle, est aussi peu âme sans son corps que le maître n'est maître sans esclaves, le but sans moyens. Le rapport de l'âme au corps est, pour ainsi dire, celui du feu à la matière combustible.

Le corps est la mèche, la matière nutritive de l'âme. Là où il n'y a pas de matière, là il n'y a pas de feu. En ce sens, on peut dire que le feu est subordonné à la matière, qu'il en est l'instrument; mais lorsqu'il la dévore, alors il en est le maître, c'est une puissance. De même que le feu cesse dès qu'il ne reste plus rien du corps combustible, de même, quand l'âme a dévoré tout son corps, quand il est usé et détruit par un usage continu, quand il n'y a plus en lui d'éléments contre lesquels elle puisse montrer son activité, et par la destruction desquels elle est ce qu'elle est, âme, alors vient la mort. Le corps est objet de l'âme, elle n'est âme que dans la destruction et dans l'anéantissement continuel de cette proie. L'immatérialité n'est pas un attribut paisible, fixe, mort, qui lui appartienne comme à une chose une propriété quelconque; l'âme n'est immatérielle qu'en tant qu'elle nie et dévore la matière. Elle n'est pas une chose, un être fixe, en repos, qui soit dans le corps comme l'huître dans sa coquille; elle est vie pure, pure activité, feu sacré et incorruptible; elle n'est pas quelque chose de fini, d'accompli; elle *devient* toujours, elle *n'est* jamais. Mais cette activité pure, cette âme telle qu'elle est, identique à un corps particulier, finit avec ce corps.

Si, dégageant tout ce qui est matériel de ces idées et de ces expressions grossières : « L'âme est dans le corps, elle est en dehors ou s'en sépare, » on cherche à en exprimer le sens véritable en pesant la différence importante de l'âme et de l'esprit, de la pensée et de la raison, alors on arrive à les interpréter ainsi : — Cette proposition : « L'âme est dans le corps, » n'a pas d'autre sens que celui-ci : « Elle est sensation ; » et cette autre : « Elle est en dehors du corps, » signifie seulement : « L'âme n'est pas seulement âme, mais encore liberté, conscience, raison. » L'âme, en tant que sensation, est le fondement et l'origine de l'individualité ; dans la sensation elle est individu et en tant qu'individu unie avec le corps. Si l'on entend par âme le principe de la vie, on peut, du moment que la sensation constitue ce qu'on nomme vie, dire avec droit que l'âme est sensation ou simplement *sentir*. L'âme est dans le corps, cela veut dire : « Le corps est son objet, car l'esprit, l'âme, ne peut être dans une chose qu'en tant que cette chose lui est objet. » Mais déjà dans la sensation l'âme est en rapport avec elle-même : car comment pourrait-elle sentir, comment son propre corps pourrait-il lui être objet si elle n'était pas objet à elle-même, si elle-même ne se sentait pas ? Dans ce cas, il est vrai, c'est par un intermédiaire, c'est par le moyen du corps qu'elle a conscience de son sentiment. Lorsque, au contraire, elle est, comme on dit, en dehors du corps, c'est-à-dire lorsqu'elle est pensée, volonté, liberté, raison, alors elle n'est plus dirigée vers les choses qui tombent sous les sens, elle n'a affaire qu'à elle-même, et tous les rapports avec l'extérieur sont rompus.

De même que cette expression : « L'âme est hors du corps » n'a pas d'autre sens que celui-ci : « L'âme est en soi, n'a rapport qu'à soi, est par conséquent esprit, raison », de même cette image sensible : « L'âme sort du corps, s'en sépare », n'exprime que le développement, que la marche ascendante de l'âme vers l'esprit, que la naissance de la raison en elle. « L'âme se sépare du corps », cela veut dire non pas dans ton opinion, mais en vérité : « L'âme se distingue elle-même d'avec le corps ; elle laisse le monde sensible pour se retirer dans son monde intérieur, et dans cette abstraction, dans ce rapport libre avec elle-même, dans cette unité exclusive qui rejette loin de soi le corps vivant lui-même, comme pure matière, comme chose indifférente, elle devient esprit, conscience. » Penses-tu que cette séparation de l'âme signifie autre chose que la distinction qu'elle fait elle-même entre elle et le corps, distinction par laquelle elle devient raison, conscience? Eh bien! tu te représentes les rapports du corps et de l'âme comme ayant lieu dans l'espace, et l'âme elle-même comme quelque chose de matériel. Quand tu dis qu'à la mort l'âme se débarrasse du corps, devient libre, tu fais de cette séparation spirituelle, essentielle, intérieure, une séparation sensible, de l'activité la plus sublime un événement particulier qui a lieu dans le temps et dans l'espace et qui commence à la mort. Si certaines maladies mentales de l'homme consistent en ce que pour lui ses imaginations deviennent des phénomènes réels, en ce qu'il se voit double comme un autre Sosie, en ce que sa propre image lui apparaît comme un être extérieur, indépendant, eh bien, ta croyance à l'immortalité dans le sens qu'à la mort l'âme quitte le corps réellement est une folie théorique, une maladie mentale. Car, de même que le fou donne un corps à ses conceptions imaginaires, en fait une réalité sensible, de même, en séparant l'âme du corps, tu la matérialises, tu fais de sa délivrance et de sa liberté, de son développement vers la raison, de la liberté et de la conscience, de cette action spirituelle, intérieure, de l'esprit lui-même, un état particulier, une *passion*, un événement soumis aux conditions de l'espace et du temps. Ta croyance à l'immortalité, en ce sens qu'elle repose sur la nature de l'âme, se fonde par conséquent sur une manière de la concevoir aussi matérielle que possible; seulement ton matérialisme est d'une autre espèce que le matérialisme ainsi nommé ordinairement.

II

Ce en quoi l'infini n'habiterait pas ne pourrait pas mourir.—Désirer quelque chose après la mort est donc une erreur, une illusion. Si tu meurs, c'est parce qu'avant la mort se trouve tout ce que tu te figures devoir être après elle. La mort ne provient pas d'un manque, d'une pauvreté dans les choses, mais au contraire d'une trop grande abondance, et pour ainsi dire de leur satiété. C'est le poids de l'être infini qui fait éclater de toutes parts l'enveloppe de ton existence bornée.

Là où il n'y a aucun esprit, aucune liberté, aucun être intérieur, là il n'y a point de mort. La mort présuppose l'esprit. Tu meurs, parce que tu es un être libre et conscient. Conscience est scission; cela seul a conscience qui peut s'opposer à soi, distinguer son être de soi, se subsumer sous lui comme quelque chose de particulier, de circonscrit, et se prendre soi-même pour objet. *Est mort, tout ce qui n'est qu'objet.* De même que par la pensée tu te sépares intérieurement de ton être, de même tu dois en être un jour séparé extérieurement, dans ton existence, car tout ce qui est spirituel, intérieur, essentiel, doit se révéler, se manifester, se produire au dehors. La mort ne vient dans l'homme que de l'homme, elle ne fait qu'achever son action sur lui-même, qu'y mettre le dernier sceau. Tu meurs, parce que tu es à la fois sujet et objet, parce que la distinction que tu fais en toi doit devenir action extérieure, séparation dans la nature; dans la mort, cette distinction se manifeste d'une manière sensible, tu deviens objet purement et simplement. L'esprit, la liberté, la conscience, sont donc le fondement de ta mort comme ils sont le fondement de ta vie. Si les plantes et les animaux meurent comme toi, c'est pour la même raison ; c'est parce qu'en eux l'esprit commence à poindre, la liberté prend racine, et que dans leur nature il s'opère déjà une scission entre espèce ou généralité, et particularité ou existence, ou mieux entre subjectivité et objectivité. Au-dessous d'eux, il n'y a pas de mort; ce qui est homogène est éternel, c'est-à-dire sans esprit et sans vie.

C'est chose étrange que les hommes ne reculent d'effroi que devant les abîmes de l'avenir, et que regardant toujours en avant, jamais en arrière, ils ne s'inquiètent que du *rien* ou du *quelque chose* qui suivra la vie, sans songer au rien qui l'a précédée. Admettons, — car tu cherches par toutes sortes d'imaginations à écarter de toi la connaissance de la vérité, — admettons que déjà avant cette vie tu aies existé quelque part comme individu, avec cela tu n'auras rien gagné, car tu ne sais pas que tu as existé. L'existence de l'homme ne commence qu'avec la conscience qu'il en a ; la durée de la connaissance mesure la durée de l'existence : dès que l'une finit l'autre finit aussi. Exister sans que je sache que j'existe, pour moi, ce n'est point exister. « C'est vrai, nous ne pouvons savoir dans cette vie si avant elle nous avons déjà vécu ; mais cela nous sera révélé un jour. » Qu'importe ! quand même il te serait révélé qu'autrefois tu as vécu, tu ne ferais pas disparaître pour cela le néant qui est en arrière. Cette existence et cette vie d'autrefois ne seront jamais ta vie et ton existence. Mais qu'est-il besoin de sortir de la vie présente ? A son origine tu n'étais pas encore toi, cet être personnel, déterminé, qui par la connaissance de soi devient personne et a dans sa personnalité la mesure et la durée de son existence. Ce n'est pas par toi, c'est par les autres que tu sais que tu as été enfant, et que tu es encore le même qu'autrefois. Les autres sont tellement mêlés à ta vie la plus intime, tellement impliqués dans l'unité de ta conscience personnelle, que la connaissance que tu as de toi-même t'est procurée d'abord par eux et seulement par eux. Ce n'est que tard qu'en devenant indépendant à l'extérieur par ton corps tu deviens aussi indépendant à l'intérieur par l'esprit. La science des autres sur toi devient alors ta propre science, et tu te charges des fonctions qu'ils remplissaient à ta place. De même que d'abord tu étais enfermé dans le sein de ta mère, de même le sein maternel de ton être, c'est la conscience d'autrui dans laquelle tu étais connu avant de te connaître ; de même que ta première nourriture préparée dans le corps de ta mère a été le lait maternel, de même tu as sucé ton existence personnelle du sein de l'humanité. La mort n'est pas autre chose que l'action par laquelle tu rends aux autres la conscience que tu avais reçue d'eux. La connaissance de toi-même t'abandonne pour devenir, comme à l'origine, connaissance de toi dans autrui, et désormais elle porte le nom de mémoire, de souvenir. La conscience est une fonction que tu as remplie pendant la vie et que tu déposes à la mort. Tu n'existes plus désormais que dans la conscience des autres, de même qu'à l'origine tu n'existais que dans leur conscience.

La conscience est l'atmosphère générale, universelle d'esprit et de vie par l'aspiration de laquelle tu vis et tu es conscient, par l'expiration de laquelle tu perds la conscience et la vie. La conscience est formée par la connaissance que tous les hommes ont les uns des autres, par leur manière de voir réciproque, par le savoir de tous en tant qu'ils forment un ensemble un et indivisible. L'individu n'existe que par la connaissance, ou mieux par la faculté de distinguer. Tu n'es qu'autant que tu te distingues toi-même. Mais pour que cela soit possible, il faut qu'il y ait d'autres personnes en dehors de toi, et tu ne peux te connaître que dans ta différence d'avec elles. Cette nécessité pour l'individu d'exister avec d'autres, pour ta conscience d'être en même temps la conscience des autres, pour toi de ne pouvoir te connaître qu'en eux et par eux, est la manifestation de cette vérité que la conscience est l'unité absolue de tous les hommes ou de toutes les personnes. Reconnais et contemple en elle le grand secret du tout, le grand secret de l'unité. Comme la nature sensible, la conscience est un monde dans lequel chaque individu fait son entrée. Comme l'épi mûrit au soleil, ainsi tu mûris et tu deviens une personne à la lumière du soleil de la conscience éternellement jeune, éternellement créatrice, éternellement en voie de développement au sein de l'humanité. Quand tu meurs, tu retombes fatigué de la chaleur brûlante de ce soleil des esprits qui travaille et dévore les individus particuliers dans le sommeil éternel, dans l'inconscient repos du néant. Comment peux-tu te plaindre d'être mortel si tu ne te plains pas d'avoir été enfant, de n'avoir point existé autrefois? Comment peux-tu trembler devant la mort, lorsque tu l'as déjà supportée, traversée, lorsque tu as déjà été un jour ce que tu dois devenir de nouveau? Jette au moins un regard dans ta vie et tu trouveras en elle ce que tu n'appréhendes qu'à son terme. Ton existence se borne toujours à l'instant présent; le passé, quoique vivant dans ton souvenir, n'existe déjà plus; tu n'es réellement que dans cet instant qui passe et s'évanouit. Pendant ta vie entière, tout passe en toi avec toi-même sans interruption, et tout devient en disparaissant un objet du souvenir, *un objet de l'esprit*. Le torrent du temps, voilà l'Achéron qui transporte les vivants dans l'empire des ombres, dans *l'empire de la pensée;* le temps seul forme la transition entre l'existence et l'être, seul il apporte dans le monde l'intelligence et la réflexion. Pour devenir un objet de la pensée, de la connaissance, les choses doivent être passées; tant qu'elles sont quelque chose, elles ne sont l'objet que de la passion, que d'un amour aveugle ou d'une aveugle haine. Ta vie, en devenant à chaque instant souvenir, se spiritualise incessamment; car le souvenir métamorphose ton existence corporelle en existence idéale, et par là cette existence peut être exprimée, communiquée. Tant qu'elle est existence pure, immédiate, identique à ta personne, bornée au présent, elle n'appartient qu'à toi seul ; une fois passée, une fois devenue objet de la mémoire, elle est objet de l'esprit et en même temps objet des autres hommes. Puisque ta vie entière se transforme ainsi sans cesse en souvenir, et par là se spiritualise, peux-tu regarder la mort comme le terme de cette transformation? Ne dois-tu pas la reconnaître, au contraire, comme sa révélation et son entier accomplissement? Tu n'existes déjà dans la vie, pour ce qui regarde la partie de tes jours déjà écoulée, que comme une personne dont tu te souviens et dont on se souvient; ta vie entière doit se terminer, par conséquent, lorsque tout ton être est devenu enfin un être idéal, lorsque ta personne est devenue une personne objet de l'imagination pure, lorsque tu n'es plus qu'une chose qui se communique et peut se communiquer, un mot, un nom. — Tu ne vis qu'aussi longtemps que tu as quelque chose dont tu puisses faire part aux autres. As-tu tout donné? Ne reste-t-il plus rien en toi que la dernière et sèche enveloppe de ta personnalité? Alors tu te donnes toi-même. Cet abandon complet de toi, c'est la mort. La mort est ton dernier mot, dans lequel tu t'exprimes tout entier, par lequel tu te communiques aux autres pour la dernière fois.

De même que la vie de chaque personne particulière, l'histoire de l'humanité n'est pas autre chose qu'une transformation ininterrompue du présent en souvenir, dans laquelle l'esprit métamorphose en sa propre substance les existences indépendantes et fait des individus ce qu'en eux-mêmes ils sont déjà, des objets de sa conscience. Sans mort il n'y a pas d'histoire, et réciproquement. L'individu meurt parce qu'il n'est qu'un moment successif dans la marche de transformation de l'esprit. L'humanité n'est pas un tout, une unité pareille à celle d'un troupeau de moutons, dont chaque mouton en particulier existe uniquement pour lui-même, satisfait à part ses besoins, et n'a à souffrir, par cela même qu'il fait partie d'un troupeau, aucune espèce de dommage. Comme son principe est un esprit, elle forme un tout qui a sa réalité dans chacun de ses membres ; elle est une unité vivante qui pénètre les individus, les dévore et les dissout en elle. L'histoire est la manifestation de cette unité dans le temps ; elle confirme la négation que les individus ont à souffrir par l'unité de l'être dans leur existence extérieure. Le temps n'est que l'esprit ardent et colère, plein d'une fureur divine qui, dans l'emportement de son enthousiasme, entraîne le monde avec lui. Que ceux qui, du banquet de l'histoire, n'emportent qu'une espèce d'indigestion morale, impuissants à recevoir en eux le feu sacré de l'enthousiasme et à le nourrir, attendent une autre vie pour s'y guérir avec les sels d'ici-bas, — car les remèdes de l'avenir sont les mêmes que ceux du présent, — qu'ils errent sur les hauteurs sublimes de l'histoire en y cherchant les plantes dont ils prépareront les sucs pour leur vie future, — au soleil de la conscience leur avenir fond comme du beurre. L'éternité, c'est-à-dire l'unité du passé, du présent et de l'avenir dans la conscience, voilà le terrain, le fondement intime de l'histoire. Comme le corps organique, l'humanité est dans un mouvement perpétuel ; elle crée, renouvelle et métamorphose sans cesse ses membres, les individus, mais elle-même comme tout, comme conscience est au-dessus du temps, qui n'est que le rapport du tout aux membres, de l'unité aux individus. La conscience est un présent immuable au milieu des changements historiques. Depuis les temps les plus éloignés dans lesquels peut à peine pénétrer le regard de l'observateur, et où l'histoire elle-même se perd dans les ténèbres d'une vie inconsciente d'elle-même, depuis ces temps jusqu'à nos jours la conscience n'a jamais été brisée, interrompue. Si la conscience, en effet, pouvait être interrompue par le temps, non-seulement l'histoire mais encore l'existence de toute époque déterminée serait impossible, comme il te serait impossible à toi-même d'avoir une histoire, si ta conscience tombait dans le temps, et si, par lui, elle était brisée, séparée comme le sont les sensations et les événements de ta vie. Au-dessus du changement des temps et des individus, au-dessus des vagues des choses qui viennent et disparaissent, plane la conscience toujours égale, une et indivisible, et c'est dans le sein de cette unité qui lie, embrasse et éclaire les individus, les temps et les peuples, que l'humanité se meut, agit et se développe sans interruption.

L'histoire, révélation de l'esprit par lui-même, n'est pas un simple cours, comme, par exemple, le cours de l'eau. Loin d'être uniforme, elle est variée, différenciée, et suit une marche rationnelle qui a un but précis. L'existence historique de l'individu est une existence déterminée par un but, et s'il meurt, ce n'est pas seulement par cette cause indéfinie qu'il est membre d'un tout; c'est précisément parce qu'il est un membre déterminé. Chaque homme a une vocation qui se manifeste en lui comme penchant, talent, inclination. Cette vocation est ce qu'il y a de sacré, d'inviolable dans son être, c'est l'âme de son âme, le principe de sa vie, le génie providentiel de son existence. « Tu dois, tu es obligé, » lui dit-elle ; mais ce devoir et cette obligation sont quelque chose de doux, d'affable ; il n'y a dans leur ordre aucune violence, aucune contrainte. Cet ordre est d'accord avec l'inclination de l'homme, c'est son être même ; il n'y a rien en lui qui provienne d'une nécessité extérieure. L'homme vit aussi longtemps que sa vocation est encore en lui, une avec lui. S'est-elle une fois séparée de son individualité, c'est-à-dire est-elle devenue objet, s'est-elle réalisée dans le monde réel, alors son âme, son être même est devenu objet, et par là, lui le sujet, n'a plus de raison d'exister et meurt. La puissance, le talent d'un individu pour une chose, voilà le fonds sur lequel il vit ; cette puissance une fois épuisée, la vie s'épuise aussi. La limite et la mesure intérieures de l'homme sont aussi sa limite et sa mesure extérieures ; la vocation de sa vie en est le principe et la conclusion. C'est donc une folie que de lui attribuer une existence démesurée et de chercher la vraie vie dans une vie future, c'est-à-dire dans une vie sans but et sans détermination, car une existence sans bornes est une existence indéfinie et sans signification aucune. Le but concentre les forces, porte à la réflexion, impose une limite, et la conséquence de cette concentration et de cette limitation, c'est la mort. Cette autre vie où les individus vivent éternellement, vie sans détermination, sans but et sans mesure, — car, si elle en avait dans sa nature, elle en aurait aussi dans sa durée, — cette vie est sans concentration, sans sérieux et sans raison ; elle n'est qu'un jeu, qu'une apparence vaine. Ce n'est donc que là où la personnalité nue, dépouillée de toute importance historique, sans signification et sans caractère, c'est-à-dire le *rien*, est *regardée comme quelque chose*, tandis que l'histoire, la vie réelle est regardée comme rien, ce n'est que là qu'il n'y a rien après la mort, si même après la mort le rien n'est pas encore quelque chose.

De la grandeur et de l'importance de la vocation de l'individu dépendent l'importance et la grandeur de la place qu'il obtient après sa mort, comme être idéal, dans l'empire des ombres ou des esprits, dans l'empire de la mémoire. Cette vocation était-elle bornée, étroit le cercle des actions qui l'ont réalisée ; alors le cercle du souvenir est aussi étroit et s'évanouit bientôt. Était-elle au contraire grande, générale, et l'action qui l'a réalisée d'une importance et d'un intérêt universels ; alors le souvenir qui en reste est aussi universel, est un souvenir historique. La qualité de ce souvenir dépend de la qualité morale des actions : punition et malédiction pour le crime, récompense et reconnaissance pour la vertu. L'enfer et le ciel n'ont leur fondement et leur existence que dans l'histoire ; ils ne doivent leur origine qu'à la vie historique des anciens peuples qui, conservant dans un rapport intime le présent et le passé, regardaient l'histoire comme une vie réelle, et non comme une sèche narration des faits accomplis. Considérant le passé comme le fondement essentiel du présent, ils ne se séparaient pas, comme les individus du monde moderne, de la vie commune, réelle, historique, pour se renfermer dans une personnalité stérile et abstraite. Pour eux, la vie suprême consistait à continuer de vivre dans le cœur reconnaissant de la postérité, et le châtiment le plus terrible était d'être condamné et maudit par cette même postérité. Les chantres des peuples représentaient, et les peuples eux-mêmes regardaient le souvenir comme un empire véritable, réel, et il était impossible qu'il en fût autrement, parce que le souvenir, en tant que général, universel et immuable, forme un monde où toute action est réellement payée selon son mérite. Même après la dissolution des sociétés antiques, lorsque l'idée de l'humanité eut détruit les différences entre les peuples, même dans le christianisme, dans l'ancien il est vrai, la croyance au ciel et à l'enfer ne se sépara pas, ne fit pas abstraction de la vie commune et historique ; le ciel n'était destiné qu'à ceux qui vivaient en unité avec l'Église, le peuple et l'état de Dieu ; tous les dissidents étaient rejetés dans l'enfer. Dans le monde moderne il en est autrement. Aux individus qui font de leurs sensations et de leur conscience personnelle la mesure du réel, la rémunération de l'histoire ne suffit pas. S'ils ne sentent pas, s'il ne voient pas ce qui est après la mort, pour eux, après la mort, il n'y a rien. S'ils ne reçoivent pas eux-mêmes des récompenses pour leurs bonnes actions, ils s'écrient qu'il n'y a aucune compensation et aucune justice ; ils ne s'inquiètent que d'eux-mêmes, que de leur propre distinction ; ils ne mettent d'importance que dans ce qui les sépare des autres. Ne leur parlez pas du bien en lui-même et pour lui-même : pas un mot de la vérité, de la justice, de l'amour qui unit tous les êtres et fait disparaître leurs différences ; faire le bien pour le bien, aimer la vérité pour la vérité même, jusque-là ne va point leur désintéressement.

III

Si tu dis d'un être quelconque qu'il est mort, c'est seulement parce que tu le compares avec ce qu'il était auparavant et avec ce que tu es toi-même. La fin d'un individu n'a de réalité que pour toi ; pour lui-même elle n'est qu'un pressentiment, et tant qu'il ne fait que la pressentir, elle n'est pas encore là. *Dès qu'elle est, il n'est plus.* La mort ne serait mort pour lui que si dans la mort il vivait encore : car pour l'individu il n'y a de réel que ce qui peut être l'objet de ses sensations et de sa conscience. Quand il n'est plus, ce n'est pas pour lui-même qu'il n'est plus, c'est seulement pour les autres. La mort n'est quelque chose que pour les vivants ; elle n'est rien de positif et d'absolu, elle n'existe que dans ton imagination. C'est un être si fantastique *qu'il n'est quelque chose que quand il n'est pas encore et qu'il n'est plus rien dès qu'il est.* Tu compares l'être mort avec l'être autrefois vivant et par cette comparaison tu fais de la mort quelque chose de réel ; tu te la représentes avec effroi comme un anéantissement cruel de la vie, anéantissement sensible au mort lui-même. Mais la mort n'est point une destruction positive : elle est *la mort de la mort même ;* en détruisant la vie elle se détruit elle-même, elle meurt de son propre vide, de son manque absolu de réalité. Une destruction véritable n'a lieu qu'au sein du monde réel ; elle n'est que partielle et non totale, elle n'enlève aux choses qu'une partie de leurs qualités, de leurs attributs et ne fait pas disparaître la sphère de la réalité tout entière. Tels sont, par exemple, la douleur, le mal et l'infortune. Quand par la vicissitude des choses je passe de l'abondance et du superflu de tous les biens à une extrême misère, cette destruction de mon bonheur passé est quelque chose de réel, ma pauvreté présente est un état complétement opposé à mon état d'autrefois. Mais ce qui détruit l'existence, se détruit et se nie en même temps, nie et détruit ce en quoi, pour quoi et par quoi son existence serait possible. La mort prouve donc son propre néant par l'anéantissement de tout ce qui est réel; elle est l'affirmation la plus complète de la réalité absolue de l'existence et de la vie.

La vie serait limitée? la mort la preuve de cette limitation? Une chose n'est limitée que par une autre. Tout être a dans ce qui le limite une révélation de sa vraie nature. Ainsi l'enfant cesse d'être enfant dès que l'homme commence en lui. L'homme accompli, parfait, telle est la limite de sa nature d'enfant; mais quand il cesse d'être enfant pour devenir homme il ne change pas pour cela de nature. Les choses ne sont limitées que parce que ce qui fait leur limite est par rapport à elles infini, contient la réalité à un degré beaucoup plus élevé. Si la mort était une limite positive de la vie, elle devrait être par conséquent plus que la vie même; mais comme elle n'est rien et que la vie par cette prétendue limitation cesse d'être, devient rien, il s'ensuit que l'on peut dire de la vie qu'elle est infinie, de même que l'on dit d'une chose qu'elle est une et indivisible lorsque par la division elle cesse d'exister. Bien que la vie n'ait sa manifestation, son expression la plus élevée que dans la sensation et la conscience, elle révèle néanmoins son infinie réalité dans ses degrés inférieurs. Cette plante que tu vois ici et qui charme tes yeux par sa beauté doit bientôt se flétrir et mourir; mais peux-tu faire de cet évanouissement de l'existence en elle une marque de sa limitation? dis-tu quelque chose d'une plante quand tu dis qu'elle est passagère? cet état transitif, est-ce pour elle un attribut? La plante est ce qu'elle est par les conditions et les qualités déterminées de son organisme; si tu dis d'elle qu'elle passe, tu fais disparaître toutes ses qualités, toute sa vie si pleine et si riche dans cet attribut insipide, incolore et inodore de la transition. Cette fin de la plante n'est pas pour elle une scission, une rupture, une limite; elle meurt parce que sa vie est *mesure*. Mais cette mesure est son être et sa vie mêmes : il est dans sa nature de n'exister pas plus longtemps qu'elle n'existe. Dans sa mort elle ne se heurte contre rien d'étranger, elle n'arrive à aucune frontière, pour ainsi dire, elle est ce qu'elle était à son origine : son être même est sa fin comme son commencement.

Si la mort n'est qu'une négation qui se nie elle-même, de même l'immortalité, dans le sens ordinaire, comme simple contre-partie de cette négation, n'est qu'une stérile affirmation de l'individu, de l'existence et de la vie. Quand je dis de toi que tu es un être vivant, capable de sentir, d'aimer, de vouloir et de connaître, je dis de toi quelque chose de bien plus réel, plus caractéritisque et plus profond que si je dis : Tu es un être immortel. Dans chaque action, dans chaque sensation, dans chaque connaissance il y a infiniment plus que dans l'immortalité. L'essence et la réalité des choses consistent dans leurs qualités qui, prises ensemble, forment leur contenu, leur valeur et leur importance.

Mais ce contenu est au-dessus et en dehors du temps, il a en lui-même sa détermination et la mesure de sa réalité ; la mort ne lui ôte rien, l'immortalité ne lui donne rien non plus. De même que la mort n'est qu'une négation apparente, de même l'immortalité n'est qu'une apparente affirmation. Les seuls véritables sages sont ceux qui soutiennent qu'il ne s'agit pas de savoir si tu vis longtemps, mais *comment* tu vis. La durée et par conséquent l'immortalité ne déterminent rien : on ne sait quelque chose que par le *comment*. Tu es un être immortel ; cela veut dire en vérité : tu es un être qui a de la valeur et de l'importance. Le seul être réellement mortel et passager, c'est l'être indifférent dont il importe peu qu'il soit ou ne soit pas. Mais l'intérêt de l'être consiste dans ses qualités, dans son contenu. Être immortel, c'est être quelque chose ; car, dès que tu es quelque chose, tu cesses d'être indifférent, sans importance et sans valeur ; sois donc quelque chose, et tu es immortel.

La vie immortelle est la vie qui a sa vocation, son but et sa valeur en elle-même ; c'est une vie *bien remplie*. Mais déjà notre vie terrestre a en elle-même sa valeur et son but. Chaque instant est une existence pleine et entière, d'une importance infinie, satisfaite en soi, affirmation illimitée de sa propre réalité. A chaque instant tu vides jusqu'au fond le calice de l'immortalité qui, comme la coupe merveilleuse d'Obéron, se remplit de lui-même incessamment. Les fous disent que la vie n'est qu'un son stérile et vide, qu'elle passe comme un souffle, qu'elle fuit comme le vent. Non ! la vie est musique, chaque instant est une mélodie, ou bien c'est un ton parfait plein d'âme et de sentiment.

Le ton est bien passager; mais comme ton il a une signification et une valeur et devant cette valeur intime, devant cette âme mélodieuse disparaît comme un rien le peu de durée de son existence. Une vie passagère et temporaire est celle dans laquelle le passé, le présent et l'avenir ne se distinguent pas l'un de l'autre, car dans le temps comme tel il n'y a point de différence.

La qualité seule de chaque moment déterminé met dans le temps la différence et la distinction. Chaque moment particulier, chaque qualité, chaque borne dans le temps est la négation du temps, est en dehors et au-dessus du temps. L'éternité est par conséquent force, énergie, action et victoire. Victorieux et triomphant est celui-là seul qui s'élève au-dessus du malheur, qui nie et dompte le malheur dans le malheur même et non celui qui sommeille loin de lui dans le sein de la fortune. Les tons musicaux, quoique dans le temps, sont cependant, par leur signification, en dehors et au-dessus de lui. La sonate qu'ils composent est aussi de courte durée; on ne la joue pas éternellement; mais n'est-elle que longue ou courte? Que dirais-tu, je te le demande, de celui qui pendant qu'on la joue n'écouterait pas, mais compterait, prendrait sa durée pour base de son jugement, et quand les autres auditeurs chercheraient à exprimer leur admiration par des paroles précises, ne trouverait pour la caractériser que ces mots : Elle a duré un quart d'heure? Sans doute, le nom de fou te paraîtrait encore trop faible pour un tel homme. Comment faut-il donc nommer ceux qui croient juger la vie en disant qu'elle est passagère et limitée ? Ce avec quoi l'on ne dit rien, l'on ne pense rien, l'on ne détermine rien, est-ce autre chose que rien? Comment faut-il les nommer ceux qui font du rien quelque chose et qui en retour réduisent à rien la réalité de la vie? Ils se donnent eux-mêmes le nom de chrétiens, d'hommes pieux, de rationalistes, de philosophes même; toi, nomme-les fous, insensés et affirme encore à ton dernier souffle la réalité et la vérité de cette vie.

MORT ET IMMORTALITÉ

IIe PARTIE

L'IMMORTALITÉ AU POINT DE VUE DE L'ANTHROPOLOGIE

« La croyance à l'immortalité est, comme la croyance en Dieu, une croyance générale de l'humanité : ce que tous les hommes, ou du moins presque tous les hommes croient (car il y a ici, comme partout, de tristes exceptions), cela a son origine et son fondement dans la nature humaine, cela est nécessaire et vrai, et tout homme, par conséquent, qui n'a pas cette croyance ou qui la combat, est un homme défectueux : car il lui manque une partie essentielle de la conscience humaine. » — Cette preuve tirée du consentement universel des hommes et des peuples, quoique regardée en théorie comme la plus faible de toutes et présentée ordinairement après les autres avec une certaine honte et un certain embarras, est dans la pratique, c'est-à-dire en vérité la preuve la plus puissante, même pour ceux qui, pleins de confiance dans les obscurs principes rationnels de leur foi, la jugent à peine digne d'être mentionnée.

Elle mérite donc d'être examinée et jugée la première.

C'est vrai, presque chez tous les peuples on trouve la croyance à l'immortalité; mais ici, comme pour la croyance en Dieu, il s'agit de savoir ce que cette croyance exprime réellement. Tous les hommes croient à l'immortalité, cela veut dire : ils ne regardent pas la mort d'un homme comme le terme de son existence, par cette simple raison qu'en cessant d'exister réellement, visiblement, l'homme ne cesse pas d'exister spirituellement, c'est-à-dire dans le cœur, dans le souvenir de ceux qui lui survivent. Le mort n'est pas devenu *rien* pour les vivants, il n'est pas complétement anéanti, il n'a fait que changer de forme d'existence: d'être corporel il est devenu être spirituel, idéal, de réel imaginaire. Le mort ne fait plus d'impressions matérielles; mais sa personnalité se soutient et en impose encore dans le souvenir. L'homme peu cultivé ne fait pas de distinction entre l'idée et l'objet, entre l'imagination et la réalité; il ne réfléchit pas sur lui-même, ce qu'il fait lui semble venir d'ailleurs ; l'actif est pour lui un passif, le rêve une réalité, la sensation une qualité des choses senties, l'idée d'un objet l'apparition de l'objet lui-même. Le mort est, par conséquent, pour lui un être qui existe réellement, comme l'empire du souvenir est pour lui un empire véritable. La croyance à l'immortalité, comme expression nécessaire de la nature humaine, n'exprime donc que cette vérité et ce fait reconnus même par les incrédules, à savoir, que l'homme ne perd pas avec son existence sensible son existence dans l'esprit, dans le cœur et dans la mémoire.

Donnons quelques exemples pour prouver que « l'âme immortelle » n'est originairement que l'image des morts. Lorsque Patrocle est apparu en songe à Achille, celui-ci s'écrie : « O dieux! il est donc vrai que l'âme habite comme une ombre dans le séjour des morts, tout à fait privée de sentiment. Cette nuit, j'ai vu près de moi l'âme affligée et gémissante de l'infortuné Patrocle; elle m'a donné maint ordre et *elle avait avec lui une ressemblance étonnante.* » Lorsqu'Ulysse voit dans les enfers l'âme de sa mère, il s'élance vers elle pour la saisir dans ses bras; mais c'est en vain : « Trois fois elle échappe à ses embrassements comme une ombre vaine ou un rêve. » Et sa mère lui dit : « Tel est le destin des mortels quand ils sont une fois flétris, car les muscles ne relient plus la chair et les os : ils ont été détruits par la flamme puissante, et l'âme seule s'enfuit et vole comme un rêve. »

Qu'est donc cette âme sinon l'image du mort conçue par l'imagination comme un être indépendant et qui, à la différence du corps autrefois visible, continue à exister dans la fantaisie? Les Grecs et les Romains nommaient l'âme image, *imago*, εἴδωλον, et même l'ombre du corps, *umbra*, et son nom physiologique emprunté à la vie était chez eux le souffle, la respiration, parce qu'ils croyaient la recevoir avec le dernier souffle du mourant. Ce nom d'ombre, d'image se trouve chez un grand nombre de peuples sauvages. Les anciens Hébreux ne croyaient même pas qu'ils fussent immortels. « Tourne-toi vers moi, Seigneur, et sauve mon âme, car dans la mort on ne pense pas à toi; qui

dans l'enfer (dans le tombeau) pourra te remercier ? »
(Ps. vi, 6.) — « Cesse d'appesantir ta main sur moi,
afin que je puisse me relever et me réjouir avant que
je ne parte et que je ne sois plus ici (d'après les théologiens : avant que je ne sois plus). » (Ps. xxxix, 14.)—
« Qui louera le Très-Haut dans l'enfer ? car les vivants
seuls peuvent louer : les morts ne le peuvent point
parce qu'ils ne sont plus. » (Sirach, xvii, 25, 27.)—Ils
avaient néanmoins un empire des âmes, un empire
peuplé d'ombres, sans force et sans activité, ce qui
prouve que l'idée d'une existence de l'homme après la
mort, — comme ombre ou comme image, — n'a rien
de commun avec la croyance à l'immortalité. On ne
peut attribuer aux Chinois aucune croyance réelle à
la vie future. « Ce qu'ils espèrent de mieux après la
mort, c'est d'être honorés par le souvenir reconnaissant
de la postérité, et cependant ils célèbrent la mémoire
de leurs aïeux par des cérémonies telles que l'on croirait ces aïeux vivants. » Les habitants de Madagascar
croient qu'après la mort les hommes deviennent des
esprits méchants, qui leur apparaissent en songe et
viennent s'entretenir avec eux ; ils regardent donc leurs
rêves comme quelque chose de réel, ajoute ici l'écrivain rationaliste (1), sans remarquer les conséquences
véritables qu'il devrait en tirer ; « ils croient fermement
que ce sont les morts eux-mêmes qui reviennent et qui
leur parlent ; » et cela peut se dire également de tous
les autres peuples. Les habitants de Guayra, dans le
Paraguay, se figurent que l'âme, en se séparant du

---

(1) Bastholm, *Historische Nachrichten zur Kenntniss des menschen in seinem wilden und rohen Zustande.*

corps, ne s'éloigne pas de lui, mais reste dans le tombeau pour lui tenir compagnie ; aussi lui laissent-ils toujours un petit espace vide, afin qu'elle puisse s'y loger. Les premiers Indiens qui embrassèrent le christianisme ne purent qu'avec beaucoup de peine être détachés de cette coutume. On prit même sur le fait quelques femmes chrétiennes qui se rendaient secrètement au lieu où leurs enfants et leurs époux avaient été ensevelis, et là passaient au crible la terre qui les couvrait pour donner plus de liberté à leurs âmes qui, sans cette précaution, disaient-elles, auraient été par trop gênées. « On voit par là, dit l'écrivain déjà cité, que ces Indiens croient non-seulement que l'âme est un être différent du corps, mais encore qu'elle continue d'exister après la mort de ce corps. » Quelle fausse conclusion ! De là, comme d'une infinité d'usages et de superstitions des peuples, que les écrivains déistes interprètent toujours dans le sens de leurs croyances, de là ressort que ces peuples regardent le cadavre de l'homme comme l'homme lui-même, à cause de sa ressemblance avec l'être vivant dont ils conservent encore l'image dans leur souvenir, image qu'ils personnifient et qu'ils pensent unie avec ce cadavre tant qu'il subsiste encore. C'est pourquoi les Caraïbes croient que les morts doivent être nourris tant qu'il reste en eux de la chair, et qu'ils ne vont au pays des âmes que lorsqu'ils sont tout à fait décharnés (1). « Les Hottentots ont nécessairement foi en une vie future, puisqu'ils craignent que les morts ne reviennent les inquiéter ; aussi,

---

(1) Baumgarten, *Histoire générale des peuples de l'Amérique*, 1ᵉʳ vol., p. 484 ; — et Meiners, *Histoire critique des religions*.

dès que quelqu'un est mort parmi eux, les habitants d'un village vont bâtir leur demeure ailleurs, parce qu'ils croient que les trépassés font leur séjour du lieu même où ils sont morts. » Absurdité! Nous n'avons, dans cette prétendue croyance des Hottentots et de bien d'autres peuples à l'immortalité, qu'un exemple psychologique des effets de la peur provoquée par la vue et l'image des morts. Rien plus que la peur ne métamorphose les conceptions de l'imagination en êtres réels. Les Hottentots croient que les trépassés habitent préférablement le lieu où ils sont morts, cela veut dire : L'image des morts et la crainte qu'elle inspire s'attachent principalement aux lieux où ils ont été ensevelis ; de là l'effroi sacré qu'éprouvent les peuples devant les tombeaux, ces demeures de ceux qui ne sont plus.

La différence qui existe entre l'incrédulité des peuples civilisés et la prétendue foi des peuples barbares que la corruption n'a pas encore atteints, est la même que celle qui sépare l'homme cultivé ou l'homme arrivé à l'âge mûr, de l'homme sauvage ou encore enfant. Le premier sait que l'image du mort n'est qu'une image, le second se la représente comme un être réel ; l'un fait une différence entre une personne et une chose, entre ce qui est vivant et ce qui ne l'est pas ; l'autre personnifie l'impersonnel et anime ce qui ne peut vivre. Il n'y a, par conséquent, rien de plus absurde que de détacher les idées des peuples sur la mort de l'ensemble de leurs autres conceptions, et de les donner dans cet isolement comme des preuves de l'immortalité ! Si nous devons croire à la vie future parce que tous les peuples y croient, alors nous devons croire aussi qu'il y a des spectres et des fantômes et que des statues et des peintures peuvent parler, sentir, manger et boire aussi bien que leurs originaux vivants. Car pour le peuple l'image semble être l'original aussi nécessairement que le mort lui semble vivre encore. Mais cette vie que le peuple donne aux morts n'a, du moins à l'origine, aucune signification positive ; les morts vivent, mais ils ne vivent que comme morts, c'est-à-dire ils vivent et ne vivent pas; il manque à leur vie la vérité de la vie; elle n'est qu'une allégorie de la mort. Aussi la croyance à l'immortalité dans le sens propre n'est rien moins que l'expression immédiate de la nature humaine; elle est le produit de la réflexion et ne repose que sur un malentendu. L'opinion véritable des hommes sur ce sujet est suffisamment exprimée par le deuil profond qui se fait autour des morts et par les honneurs qu'on leur rend chez tous les peuples presque sans exception. Si l'on fait entendre partout sur leur sort des plaintes et des lamentations, c'est parce qu'ils sont dépouillés du bien suprême de la vie et arrachés aux objets de leur joie et de leur amour. Comment l'homme pourrait-il plaindre les morts, surtout aussi profondément que le faisaient les anciens peuples, et aujourd'hui encore beaucoup de peuples sauvages, s'il était convaincu qu'ils vivent encore, et de plus une meilleure vie ? Quelle ignoble hypocrisie serait donc échue en partage à la nature humaine si, croyant réellement dans son cœur et dans son être que les morts continuent leur vie ailleurs, elle les plaignait pourtant pour la perte de la vie! Si cette croyance était réelle, des cris de joie et non des cris de douleur se feraient entendre au départ de chaque homme pour un autre monde ; ou, si l'on s'attristait, ce serait tout au plus comme on s'attriste au départ d'un ami pour un voyage lointain.

Et qu'expriment les honneurs religieux rendus aux morts? Rien, si ce n'est que les morts sont encore des êtres d'imagination, des êtres pour les vivants, mais non plus pour eux-mêmes. Sacré est leur souvenir, précisément parce qu'ils ne sont plus et que le souvenir est le seul lieu où ils puissent exister. Le vivant n'a pas besoin d'être protégé par la religion, il se soutient lui-même, c'est son propre intérêt d'exister. Mais le mort, sans volonté et sans conscience, doit être déclaré inviolable et sacré, parce que c'est là le seul moyen d'assurer sa durée. Moins le mort fait pour son existence, plus le vivant met en œuvre tous les moyens qui sont à sa disposition pour la lui conserver; aussi partout il agit à sa place. Le mort ne peut couvrir sa nudité, le vivant le fait pour lui; il ne prend plus ni boisson ni nourriture, le vivant les lui présente et les lui met même dans la bouche. Mais la seule chose qu'en fin de compte il veuille prouver au mort, même par l'offrande de la boisson et de la nourriture, c'est qu'il honore et sanctifie son souvenir et en fait même l'objet de l'adoration religieuse. Par la jouissance de l'honneur le plus grand, l'homme cherche à dédommager le mort de la perte de la vie, le plus grand des biens : Moins tu es pour toi-même, semble-t-il lui dire, plus je veux que tu sois pour moi; la lumière de ta vie est éteinte, mais avec d'autant plus de splendeur brillera éternellement dans ma mémoire ton image chérie; tu es mort corporellement, mais, par compensation, la gloire de ton nom sera immortelle; tu n'es plus un homme, eh bien, tu seras pour moi un Dieu.

Puisque l'être immortel de l'homme, dans la croyance générale des peuples, n'est pas autre chose que l'image qui reste de lui après la mort, et que, d'un autre côté, les hommes dans la vie sont loin de se ressembler, il est naturel que l'imagination se représente les morts, — puisqu'ils vivent encore pour elle, — comme distincts encore les uns des autres, dans des lieux divers et dans des conditions différentes. Il y a donc parmi les âmes immortelles, comme parmi les hommes mortels, des riches et des pauvres, des nobles et des roturiers, des forts et des faibles, des courageux et des lâches, etc., et, par une conséquence nécessaire, des bons et des méchants, des heureux et des malheureux. C'est ce qui explique pourquoi, chez tous les peuples qui métamorphosent leurs conceptions en réalités, le mort emporte avec lui dans le tombeau ou livre à la flamme du bûcher tout ce qu'il possédait pendant la vie, l'homme sa femme, le maître ses esclaves, l'enfant ses joujoux, le guerrier ses armes, le chasseur son arc, ses flèches et ses chiens. Tout ce qu'ils aiment, tout ce dont ils ne peuvent se passer pendant la vie, dit César des Gaulois, ils veulent qu'à la mort ce soit brûlé avec eux. Et avec raison. Qu'est l'homme sans les choses qu'il aime, sans les occupations auxquelles il se livre? Qui peut enlever à l'enfant ses joujoux, au guerrier ses armes, sans leur enlever en même temps l'âme et la vie? Si par conséquent, dans la croyance à l'immortalité telle qu'elle se trouve chez tous les peuples, tu trouves la preuve de l'immortalité de l'homme, tu dois y trouver aussi la preuve de l'immortalité des animaux, des habits, des souliers, des armes et de tous les objets qui suivent les morts dans l'autre vie. Si je veux conserver vivant

15

dans mon souvenir un être chéri, je suis obligé de me le représenter avec les mêmes occupations et la même manière de vivre qui le distinguaient des autres. Même le fantasque spiritualiste chrétien ne peut se figurer la durée d'une âme ou d'un esprit que sous la forme individuelle qui lui appartenait pendant la vie. Si tu ne t'étonnes pas que les hommes puissent croire que les morts vivent encore, même quand ils les ont vus mourir devant leurs yeux, et lorsqu'ils ne donnent plus aucun signe d'existence, pourquoi veux-tu t'étonner de ce qu'ils regardent comme existant encore tous les objets que les morts aimaient, même lorsqu'ils les ont vus devenir la proie des flammes? Pour les peuples qui regardent comme réels les êtres enfantés par leur imagination, ces deux croyances sont nécessaires et inséparables (1).

La prétendue croyance des peuples à une autre vie n'est pas autre chose que la croyance *à cette vie*. De même que cet homme-ci est le même après la mort qu'auparavant, de même la vie future est et doit être la même que la vie présente. L'homme est en général

---

(1) La plupart des peuples croient aussi réellement à l'immortalité des animaux. Les Lapons doutaient même de leur propre résurrection mais non de celle de l'ours. Plusieurs défenseurs de l'âme immortelle ont reconnu que les arguments physiologiques et psychologiques qui parlent pour l'immortalité de l'homme parlent aussi pour celle des animaux. Pour ce qui regarde l'immortalité des vêtements je rappellerai la croyance des anciens Germains d'après laquelle tout mort non vêtu était exposé dans le Wallhall à une éternelle nudité et à d'éternelles moqueries. — Ainsi là-haut comme ici est excellent le proverbe qui dit: L'habit fait l'homme.

— du moins dans son être, sinon en imagination, — complétement satisfait de ce monde, malgré les maux qu'il contient. Il aime la vie, et même à tel point, qu'il ne peut pas se figurer un état contraire, ni lui imaginer une fin. Cependant la mort vient, contre toute attente, détruire ses illusions; mais il ne la comprend pas; il est trop épris de la vie pour pouvoir reconnaître les droits de cette *altera pars;* il la regarde comme une « erreur énorme, » comme un coup de tête d'un mauvais génie, et après elle il continue tranquillement de vivre, comme le théologien répète sans cesse ses arguments en faveur de l'existence de Dieu, après qu'on lui a donné les preuves les plus palpables de sa non-existence. La vie future étant le produit de l'imagination de l'homme, la réflexion et la fantaisie lui donnent, en l'habillant à leur manière, l'apparence d'une autre vie; mais, de quelque manière qu'on la retourne, elle n'a en réalité que les qualités et le contenu de celle-ci.

Voici comment on s'explique ordinairement les idées des peuples sur l'avenir : « Tous, ou du moins presque tous les hommes s'accordent dans la croyance à une vie future ; mais ils se la représentent tous d'une manière différente, d'après les diversités de leurs caractères, de leurs pays et de leurs occupations. L'homme est plein de curiosité; il prend partout le connu pour mesure de l'inconnu; il veut embrasser l'infini dans le cercle de ses idées bornées, et c'est pourquoi il remplit le monde futur des formes et des choses qu'il voit dans celui-ci. Il en est de l'idée de Dieu comme de l'idée de l'immortalité, car ces deux idées sont au fond identiques; tous les hommes croient en Dieu, ils diffèrent seulement dans leurs manières de le concevoir. » Mais les déistes font preuve d'arbitraire et de fausseté dans leur interprétation des conceptions humaines, lorsqu'ils donnent ainsi leur manière de voir comme celle de tous les peuples, et lorsqu'ils font de Dieu tel qu'ils le comprennent l'objet commun auquel tous les hommes croient, seulement d'une façon diverse. Les dieux sont aussi différents que les noms qu'ils portent. Celui qui ôte au Grec son Jupiter, au Germain son Odin, au Slave son Swantouit, au Juif son Jéhovah, au chrétien son Christ, leur ôte Dieu en général. Dieu n'est point à l'origine un nom propre, mais un nom commun; un être, mais une qualité; un substantif, mais un adjectif : terrible, puissant, grand, extraordinaire, bon, bienveillant, magnifique. Le sujet est donné par la nature, et l'attribut par l'homme. L'attribut n'est pas autre chose qu'une expression que l'homme emploie pour caractériser l'objet de la nature qui a produit sur ses sens, son cœur ou sa fantaisie, l'impression la plus puissante, la plus bienfaisante ou la plus terrible. Les dieux sont, par conséquent, aussi divers que les impressions de la nature sur l'homme, et la différence de ces impressions provient elle-même de la différence des hommes. Celui qui ôte à un homme particulier la détermination caractéristique de son dieu ne lui ôte pas seulement quelque chose, mais tout; non-seulement un attribut, mais l'être lui-même : car ce n'est pas la divinité comme telle, mais sa qualité, son attribut, qui est pour lui le dieu véritable, et il en est de même pour l'immortalité. Chaque homme veut, après la mort, la même vie qu'ici-bas; il n'en connaît et n'en veut point connaître d'autre; il ne peut même s'en faire aucune idée. Le Germain ne veut continuer à vivre que dans le Wallhall, l'Arabe que dans le paradis de Mahomet : dans le paradis chrétien, il serait loin de trouver son compte.

Les anciens Germains croyaient qu'après la mort le fiancé retrouverait sa fiancée et l'époux son épouse. Ne serait-il pas ridicule de donner pour fondement à ce paradis si plein de vie, et qui reconnaît si franchement les droits de la sensualité, la trompeuse idée théologique du paradis vide et inconnu du christianisme moderne? Aussi nécessairement le Germain croyait à une autre vie, aussi nécessairement croyait-il y continuer ses opérations de guerre et d'amour. La mort nous prend cette vie, mais la fantaisie la rétablit; elle rend à l'époux son épouse, au fiancé sa fiancée, à l'ami celui qu'il aime. L'autre monde n'est pas autre chose que le monde des sens, que l'univers réel devenu monde de la fantaisie, et c'est la mort seulement qui en ouvre les portes. L'homme n'apprend à connaître et à estimer la puissance de l'imagination que lorsqu'un objet chéri est disparu à ses regards. La douleur causée par la séparation éternelle ou temporelle d'avec les choses qu'ils aiment élève jusqu'à la poésie les peuples même les plus sauvages. La fantaisie (imagination, souvenir, comme on voudra), voilà le monde étranger aux sens, où l'homme retrouve, à sa grande surprise, et avec le plus grand ravissement, tout ce qu'il a perdu dans le monde réel. L'imagination compense et remplit pour lui le vide de sa perception externe. La perception par les sens lui donne l'être, la vérité, la réalité, mais à cause de cela même elle est bornée par l'espace et par le temps; elle est positive, matérielle, fidèle aux choses, avare de paroles, et ses œuvres ne lui réussissent que sous certaines conditions; mais telle est précisément la cause pour laquelle elle ne peut répondre aux exigences outrées de l'homme ni satisfaire ses désirs *impossibles*. La fantaisie, au contraire, est illimitée ; elle peut tout sans distinction, en tout temps et en tout lieu; elle peut écrire des volumes sur des choses dont elle ne sait rien ; elle est toute-puissante, omnisciente, présente partout et capable, par conséquent, d'exaucer tous les vœux de l'homme. Mais, au lieu d'argent comptant, elle ne lui donne que des lettres de change sur l'avenir, que des ombres et des images qui, malgré tout, ont pour lui plus de valeur que la réalité, dans laquelle ne se trouvent plus les objets qui lui étaient chers. L'imagination n'est pas autre chose que la vue par l'esprit ; au souvenir des choses perdues, à ce *revoir spirituel*, se lient nécessairement la volonté et l'espérance d'un *revoir réel*. Le monde extrasensible ne peut, par conséquent, rien contenir de plus que le monde des sens, et pour chaque homme en particulier rien de plus que sa patrie. Si donc, ô chrétiens et déistes! vous regardez comme inhumain de ravir à l'homme la vie future, soyez d'abord assez humains pour ne pas ravir au païen son Elysée, au Germain son Wallhall, à l'Indien le pays de ses ancêtres. Ils ne veulent pas d'autre vie après la mort que la leur propre, que celle que vous voulez leur refuser ; ils préfèrent la mort à l'immortalité chrétienne.

Les conceptions sensuelles « du bonheur de la vie future », c'est-à-dire en français du bonheur infini de la vie terrestre, du bonheur, par exemple, et des plaisirs que procurent la musique, la danse, l'amour, l'amitié, les arts, les noces et les festins, ces conceptions imaginaires ont été si puissantes sur beaucoup de peu-

ples qu'ils sacrifiaient volontairement les joies réelles d'ici-bas aux joies d'outre-tombe, c'est-à-dire aux joies d'ici-bas continuées après la mort par leur fantaisie. « Dans l'espoir de cette vie meilleure, les Ger-
« mains se perçaient de leur épée et jetaient leurs
« femmes dans les flammes du bûcher. Les Kamtscha-
« dales se faisaient déchirer vivants par leurs chiens
« ou se tuaient eux-mêmes quand ils étaient accablés
« par une trop grande douleur. » Et l'écrivain ajoute
« ici : « Immense est chez l'homme le désir de soulever
« le voile qui couvre pour lui l'avenir... Si ce désir
« était satisfait, s'il nous était permis de voir par delà
« le tombeau, ce monde ne nous intéresserait-il pas
« moins ? nos joies présentes ne nous seraient-elles pas
« odieuses, nos occupations ne nous paraîtraient-elles
« pas ridicules et stériles ? C'est par conséquent une
« divine sagesse qui a mis un voile impénétrable entre
« les secrets de l'avenir et les regards des mortels. »
— Oui, vraiment, c'est sagesse qu'il en soit ainsi ; mais cette sagesse que vous admirez comme divine n'est pas autre chose que votre sagesse propre ou plutôt votre prudence qui vous empêche de sacrifier la réalité à la fantaisie, la vérité à l'imagination, ou, comme dit le proverbe, le moineau que vous tenez dans les mains pour les dix moineaux qui sont sur le toit. Certainement, si nous avions en perspective une vie meilleure, notre vie présente serait pour nous un rien comme elle l'est pour l'homme chez qui la croyance à l'immortalité est une vérité pratique. Mais, chose étrange ! puisque c'est sur la brièveté, la vanité et le néant de cette vie que vous fondez l'existence de l'autre, pourquoi défendez-vous donc les occupations et les joies, c'est-

à-dire les misères et les vanités de la vie présente contre les prétentions de la vie future ? Vous ne savez pas, dites-vous, quelle sera là-haut votre condition d'existence ; mais vous savez, à n'en pas douter, qu'elle sera éternelle et qu'elle ne mettra aucune limite, aucune fin à votre *moi chéri;* vous savez le principal, *ce que vous voulez;* l'accessoire, vous ne le savez pas, parce qu'il vous est indifférent. Eh bien, cette certitude d'une vie éternelle, quoique ses conditions soient inconnues selon vous, est déjà suffisante pour rendre celle-ci amère. Pourquoi d'ailleurs cette vie s'il y en a une autre ? Pourquoi une vie bornée s'il y en a une infinie ? Pourquoi suis-je un mendiant sur la terre si je dois être un Rothschild dans le ciel, si j'y dois recevoir des millions, quand même je ne saurais pas en quelle sorte de monnaie ils me seront payés ? Si cette autre vie nous attend réellement, pourquoi n'est-elle pas l'unique objet de nos pensées, de nos désirs et de nos aspirations ? Si elle a son fondement dans notre nature, si elle est la conséquence nécessaire et le développement de notre être, comment se fait-il que nous ne puissions la connaître ? Mon avenir sur la terre est incertain pour moi parce que mille et mille événements fortuits viennent renverser mes prévisions, parce que ma vie en général n'est rien de calculé d'avance ni de calculable. Mais l'avenir céleste est d'une certitude mathématique (beaucoup l'ont soutenu expressément), on peut en faire un objet de la connaissance et prédire d'avance son développement fondé sur la vie présente, comme le naturaliste montre à nos yeux le développement de la chenille et sa métamorphose en papillon. Et vous-mêmes, ne donnez-vous pas le papillon comme preuve de la vie future ? Pourquoi protestez-vous donc contre les prétentions que cette vie future a de droit sur cette vie ? Pourquoi cherchez-vous par mille faux-fuyants à échapper à ses conséquences nécessaires? Pourquoi ne vous laissez-vous pas troubler par elle dans les jouissances et les occupations d'ici-bas? Pourquoi? Ah ! parce que ce que vous regardez dans votre conscience comme une vérité n'est réellement, sans que vous le sachiez, qu'imagination pure, que pure illusion.

NÉCESSITÉ SUBJECTIVE DE LA CROYANCE A L'IMMORTALITÉ

La signification essentielle de la vie après la mort, c'est d'être purement et simplement la continuation ininterrompue de celle-ci. Le fondement de la croyance à l'immortalité n'est pas la tendance de l'homme à un perfectionnement continuel, c'est seulement l'instinct de sa propre conservation. L'homme ne veut pas laisser échapper de ses mains ce qu'il possède, il veut toujours rester ce qu'il est, faire toujours ce qu'il fait. Nous ne pouvons, dit Fichte, aimer aucun objet si nous ne le regardons pas comme éternel. C'est vrai ; mais nous ne pouvons en général rien entreprendre sans y attacher l'idée de durée. Il est possible que la maison que je fais bâtir aujourd'hui s'écroule demain ou devienne la proie des flammes ; si je regarde cette simple possibilité comme devant se réaliser, je perds toute envie de bâtir. Si je pense que j'enverrai un jour au diable l'art auquel je me livre maintenant, la science que j'étudie, je suis un fou de ne pas les y envoyer tout de suite ; car il me sera impossible de les cultiver avec zèle et succès, si je n'ai pas la conviction que je ne lui serai jamais infidèle. Ainsi l'homme attache à tout ce qu'il fait l'idée de l'éternité ; mais cette éternité n'exprime que l'indéfini. Je pense quelque chose comme éternel, cela veut dire : je ne puis prévoir l'époque de sa fin. Ce n'est que par une méprise de la réflexion ou de l'abstraction qui ne recherchent ni ne connaissent l'origine des conceptions humaines que cette idée négative qui n'exprime que la passion a été métamorphosée en idée rationnelle ; car c'est dans la passion seulement, dans la haine, dans la jalousie, dans l'amour que l'homme regarde comme éternelles les choses passagères. C'est là une illusion, mais elle est nécessaire. Si je crois que ce qui aujourd'hui m'est sacré demain ne sera rien pour moi, cette pensée m'est aussi insupportable et aussi terrible que la pensée de ma mort dans la plénitude et la force de ma vie. Il me faut donc détruire l'idée de la fin préconçue dans l'imagination par l'idée opposée, par l'idée de l'éternité. Cependant il vient un moment dans la vie où cette éternité se montre chose transitoire et où il devient évident que son idée n'était nécessaire que là où l'idée contraire était prématurée. En effet, toutes les conséquences funestes que notre imagination attachait à la fin préconçue d'une chose, d'une passion, d'une croyance et auxquelles nous cherchions à échapper par l'idée de l'éternité, toutes ces conséquences s'évanouissent comme un rien quand arrive la fin réelle. Nous pensions ne pouvoir survivre à cette fin, nous identifions tellement l'objet avec nous-mêmes que nous nous imaginions ne pas pouvoir vivre sans lui, et pourtant nous sortons de là sans y laisser la peau. C'est ainsi que la fin véritable est tout autre que la fin imaginaire. Celle-ci est en contradiction avec notre manière de voir d'alors, elle est un ton faux à écorcher les oreilles au milieu de l'harmonie dans laquelle nous vivions avec ce qui nous entourait; celle-là vient après avoir été préparée d'avance; elle a un fondement organique, elle ne brise pas en deux l'objet de nos affections; elle ne vient y mettre un terme que lorsqu'il n'a plus de raison d'exister, que lorsqu'il est tout à fait épuisé pour nous et qu'il n'a plus, par conséquent, ni valeur ni importance. La fin dans l'imagination est contre nature, la fin dans la réalité est naturelle, successive et par cela même à peine sensible. Les monades leibnitziennes peuvent bien être créées et anéanties tout d'un coup; mais les choses sensibles, à cause de leur composition, ne peuvent croître et dépérir que peu à peu. La mort de l'homme, du moins la mort naturelle, ne vient ainsi que pas à pas, quand le feu de la vie est éteint, quand la vie n'a plus que la valeur et le charme d'une ancienne habitude; elle n'est que la conclusion d'une vie accomplie. L'immortalité n'est une occupation que pour des rêveurs et des paresseux. L'homme actif sans cesse occupé des choses de la vie humaine n'a pas le temps de penser à la mort et par conséquent n'a pas besoin d'une vie future. S'il y pense, il ne voit en elle qu'un avertissement de bien placer le capital de vie qu'il a amassé, de ne pas dépenser un temps précieux à des futilités, mais de ne l'employer au contraire qu'à l'accomplissement de la tâche qu'il s'est imposée. Celui qui est sans cesse obsédé de l'idée de la mort et qui dans cette inutile méditation oublie et perd l'existence réelle, celui-là est bien obligé, soit comme fou spéculatif, soit comme imbécile croyant, de passer sa vie entière à se donner des preuves d'une autre vie.

Nulle part le christianisme ne se montre plus funeste que dans cette doctrine par laquelle il fait de l'immortalité, sujet de doute pour les philosophes de l'antiquité, quelque chose de certain, même ce qu'il y a de plus certain. La pensée d'une vie meilleure est devenue par là l'occupation la plus sérieuse de l'humanité. Si l'homme ne doit pas penser à sa fin quand cette pensée lui rend la vie amère, que peut-il y avoir de plus dangereux pour lui que la promesse d'une vie meilleure après la mort; « car le *mieux* est le plus grand ennemi du *bien*. » Jouissez de tous les biens de la vie et employez toutes vos forces à diminuer les maux qu'elle contient! Croyez que les choses peuvent aller mieux sur la terre, et bientôt l'amélioration se fera sentir. N'attendez rien de la mort mais tout de vous-mêmes; chassez, faites disparaître du monde non pas la mort, non! le mal, le mal qui peut être détruit, le mal qui n'a sa source que dans la paresse, la méchanceté et l'ignorance des hommes, et c'est là le mal le plus terrible. La mort naturelle, la mort qui est le résultat du développement complet de la vie, cette mort n'est point un mal; celle qui est un mal, c'est celle qui provient du vice, du crime, du besoin, de la misère, de l'ignorance, de la barbarie. Voilà ce que dit la raison; le christianisme parle autrement. Pour détruire des maux imaginaires, il a laissé subsister sans jamais les attaquer les maux réels de ce monde; pour satisfaire les désirs surnaturels, fantastiques, les désirs de luxe de l'humanité, il l'a rendue indifférente à la satisfaction de ses désirs et de ses besoins les plus proches, les plus naturels et les plus nécessaires. Il a voulu donner à l'homme plus qu'il ne demande en réalité, et en se donnant pour but la réalisation de ses vœux irréalisables, il n'a réalisé aucun de ceux qui pouvaient l'être. Le christianisme est si peu l'expression classique, complète de la nature humaine, qu'il n'est fondé, au contraire, que sur la contradiction de la conscience de l'homme avec sa nature et son essence réelles. L'immortalité n'est qu'un désir de l'imagination ; elle est de la part du christianisme une *flatterie* à laquelle en fait et en vérité personne ne croit, — à part quelques hommes chez lesquels la puissance de l'imagination étouffe la voix de la nature ; — et ce qui le prouve, c'est que les croyants meurent aussi peu volontiers que les incrédules, et emploient tous leurs efforts à se conserver cette vie aussi longtemps que possible. Il est des désirs dont le désir secret est de n'être jamais exaucés, jamais accomplis, parce que leur accomplissement les compromettrait, les démasquerait, ferait voir qu'ils ne reposent que sur une illusion. Tel est le désir d'une vie éternelle : il n'a de valeur que dans la fantaisie ; s'il se réalisait, l'homme s'apercevrait bientôt qu'il est en contradiction avec sa vraie nature, car il se rassasierait à la fin de cette vie éternelle comme de celle-ci, quand même elle serait bien différente.

Ce n'est que par rapport au temps, comme contraste avec la brièveté de cette vie, que l'idée d'une vie éternelle est un besoin pour l'homme. Mais ici encore l'homme se met en contradiction avec la vérité et la réalité des choses. La vie est longue, mais dans l'imagination elle nous paraît courte. Pourquoi? Parce que nous ne regardons plus le passé comme notre propriété, et que l'existence écoulée vaut pour nous autant que rien. Nous faisons du temps de notre vie ce que l'avare fait de son trésor : lorsque ses coffres sont remplis d'or et d'argent, il croit n'avoir rien encore. Je puis toujours avoir en imagination beaucoup plus que je n'ai réellement; la réalité reste toujours bien loin en arrière. Nous pouvons nous figurer une vie illimitée, et dans cette conception du possible nous oublions ce qui est déjà entre nos mains. Aussi, quand même l'homme vivrait des milliers d'années, il ne gagnerait rien pour cela. Ces mille ans s'évanouiraient pour lui dans le souvenir en heures, en minutes et en secondes; le passé serait toujours comme perdu pour lui, et il se paraîtrait toujours à lui-même comme auparavant, un éphémère, une créature d'un jour. De même que, par la nature de l'abstraction intellectuelle, nous abrégeons et nous généralisons tout, en concentrant dans une seule image, dans une seule idée, le monde réel, en laissant de côté ses particularités et ses diversités infinies, de même par l'imagination nous concentrons dans un seul instant fugitif notre vie entière avec ses immenses richesses, sa longue durée, et souvent son insupportable ennui, et par là nous sommes obligés d'agrandir cette brièveté imaginaire au moyen d'une durée imaginaire aussi.

Jetons un regard sur notre passé, et nous verrons combien sont grossiers et superficiels ceux qui se représentent la mort comme une destruction violente et despotique. Aussi peu violente est notre destruction successive et par parties dans le temps, aussi peu l'est notre complet anéantissement. Quand je meurs, — et je parle ici de la mort normale, car la croyance à l'immortalité ne s'inquiète pas du genre de mort de l'individu, — je ne meurs ni comme jeune homme, ni comme homme, mais comme vieillard. La mort n'entre pas chez moi en brisant la porte ; elle a ses raisons pour entrer ; elle se fait annoncer et introduire. Entre elle et moi il y a un médiateur qui émousse par avance son aiguillon homicide, et ce médiateur c'est la vie. Chaque nouveau degré de vie est la mort de celui qui l'a précédé. Où est l'âme de mon enfance, de ma jeunesse? Chez Dieu, dans le ciel, ou dans une étoile? Elle n'existe pas plus que quand j'aurai cessé de vivre. La mort n'est pas plus destruction à mon égard que ma virilité à l'égard de ma jeunesse, que ma jeunesse à l'égard de mon enfance. L'enfant ne regarde comme vie véritable que sa manière de vivre à lui, de même le jeune homme. Prends à l'enfant ses joujoux, et cette destruction de sa manière d'être actuelle sera aussi terrible pour lui que la mort pour toi. Cependant il vient un moment où le jeune homme nie son enfance et l'homme sa jeunesse. Ce qui était *tout* pour eux maintenant n'est plus *rien*. Si nous trouvons naturel que l'enfance et la jeunesse passent, pourquoi nous effrayer de ce que nous devons enfin mourir ? S'il nous est indifférent de n'être plus ce qu'autrefois nous étions, et *nota benè!* ce qu'avec le feu de la jeunesse nous voulions toujours être, pourquoi nous révolter contre cette idée qu'un jour nous ne serons plus? C'est notre égoïsme qui nous empêche d'admettre ces conséquences, comme il nous empêche de profiter pour le temps présent des leçons de l'histoire. Nous reconnaissons volontiers une vérité dans le passé; mais, quand il s'agit de l'appliquer aux affaires du jour, nous avons recours à mille subterfuges, pour éviter cette application qui nous touche au vif. C'est pour cela que nous ne trouvons rien à redire à ce que le cœur du jeune homme, à ce que le cœur de l'enfant s'abîme et s'évanouisse avec les illusions et les rêves d'immortalité; mais qu'il en doive arriver ainsi à notre vieux cœur de *Philistin* insensible et glacé, c'est ce que nous ne voulons pas admettre, c'est un tout autre cas. Là où commence notre égoïsme, là les lois de la logique perdent toute leur valeur.

Les idées produites par l'imagination chrétienne ont depuis des siècles tellement déshabitué les hommes de l'usage de leurs cinq sens, que, quand on les réveille de leurs rêves et qu'on leur ouvre les yeux, comme des aveugles à qui on rendrait tout à coup la vue, ils ne voient *rien* dans la lumière du monde réel, et leur retour au milieu des richesses infinies de la réalité leur paraît pauvreté et néant. Ainsi la négation de la vie future leur semble une doctrine dangereuse et funeste pour la jeunesse, une doctrine qui arrête l'homme dans son essor et l'empêche de s'élever au-dessus des bornes du présent. Ils ne voient pas, les insensés, que la vie future doit s'accomplir ici-bas, et que pour s'élever au-dessus du temps actuel ils n'ont besoin que de jeter un regard sur leur propre avenir, sur l'avenir de l'humanité. La pensée de l'avenir historique est infiniment plus capable d'inspirer à l'homme de grands sentiments et de grandes actions que le rêve de l'éternité théologique. Il n'est pas même nécessaire de sortir du cercle de la vie de l'individu. La vie d'un seul et même homme est déjà si riche, que son avenir dépasse de beaucoup la portée de son présent et en est, pour ainsi dire, la négation. Ce qu'un homme doit devenir un jour dans le cours de sa vie est tout aussi bien un objet de l'imagination, du pressentiment et de la poésie, est aussi bien et même encore plus en dehors de sa conscience et de son point de vue actuel, que l'avenir céleste.

La vie après la mort, d'après sa genèse psychologique et sa nécessité intime, n'est pas autre chose que l'idée de notre propre avenir, que l'homme transforme en un état plus parfait, de même qu'il transforme en un être spirituel différent de la nature les lois de la raison empruntées à la nature même, après les avoir débarrassées de leurs rapports avec la matière. Voilà pourquoi l'homme se représente cet avenir comme bien plus beau que la réalité. Je sens profondément les maux du présent, mais non ceux du futur. Le futur dépend tout à fait de mes vœux; il est en la puissance de ma fantaisie, il ne lui oppose aucune résistance; en lui tout est possible : le mendiant est millionnaire, le caporal empereur, l'homme dieu. « Mais quoi ! dans ce fait seul que l'homme a l'idée de l'immortalité, n'y a-t-il pas la preuve qu'elle est nécessaire et qu'elle existe réellement? » Oui assurément pour quiconque fait de son imagination la mesure de ce qui est et de ce qui doit être. Pour celui qui fait provenir le monde d'une pensée, d'une parole, d'un esprit, pour celui-là il n'y a pas la moindre difficulté à construire les mondes futurs sur un simple concept de l'intelligence. Mais pour celui qui ne trouve ni dans la foi ni dans la spéculation la puissance de faire des miracles, pour celui-là l'idée de l'immortalité ne fait que prouver et exprimer l'activité de l'imagination. Je puis, sans rencontrer aucun obstacle, étendre ma vie dans tous les temps; mais ce manque de limitation prouve précisément que c'est une vie imaginaire. D'ailleurs, c'est justement lorsque l'homme n'a plus d'avenir devant lui, lorsqu'il approche de la fin de sa vie, lorsque par conséquent l'idée de l'immortalité lui est le plus nécessaire, c'est justement alors qu'il en sent le moins le besoin (1). En effet, c'est par des douleurs et des maladies que l'homme arrive ordinairement au terme de son existence, et dans les douleurs s'évanouissent pour lui toutes les idées poétiques, ou plutôt poétiques en apparence, qu'il pourrait se faire sur l'avenir; il n'a plus d'autre désir que celui d'être délivré de ses maux, dût-il acheter sa délivrance au prix du néant. On n'a donc recours qu'à un vain prétexte lorsqu'on repousse les attaques contre le dogme de l'immortalité au nom des pauvres, des malheureux et de tous ceux qui souffrent. Le malheureux ne veut que la fin de son malheur, et, comme la mort

---

(1) Il y a, comme on sait, des maladies où l'espoir d'un avenir meilleur, c'est-à-dire dans ce cas, de la guérison, est le symptôme d'une mort prochaine. C'est là un phénomène que les superstitieux psychologues donnent avec d'autres semblables comme un argument pour leur cause, mais que la physiologie explique d'une manière fort simple. — Il n'est point en contradiction avec un autre phénomène psychologique que j'ai éprouvé par moi-même et que j'ai traduit dans cet aphorisme : « Plus l'homme est près de la mort, plus il la croit encore éloignée; plus il en est loin comme dans la jeunesse, plus il la regarde comme prochaine. » Cela vient de ce que la jeunesse s'occupe volontiers de rêves et de possibilités, tandis que l'âge mûr ne vit que pour le présent.

est la fin de tous les maux, elle est par cela même le vœu du besoin et de la misère, l'immortalité celui de l'opulence et du luxe. Le besoin est matérialiste, le luxe est idéaliste; le besoin demande un secours prompt, matériel, et, s'il ne lui est pas accordé, son désir n'est pas le luxueux désir de voluptés célestes, c'est le désir négatif et modeste de n'être plus, de cesser d'exister. Le malheureux ne sent que ses maux, et il voit dans la mort un bienfaiteur, parce qu'en lui enlevant la conscience de lui-même elle ne lui enlève que la conscience de son malheur et de sa souffrance.

L'autre monde n'est pas seulement dans le temps, mais encore dans l'espace, et il est l'objet d'une croyance naturelle, nécessaire et universelle, en ce sens qu'il fait disparaître les bornes auxquelles se trouve arrêtée toute existence humaine par son point de vue local. Il n'a d'abord qu'une signification géographique. Quand les peuples sauvages mettent leur avenir dans le soleil, la lune ou les étoiles, ils ne quittent pas pour cela la terre; car ils ne connaissent pas leur véritable éloignement; pour eux les astres appartiennent au même espace que le lieu qu'ils habitent, ils en diffèrent seulement en ce qu'ils ne sont pas comme lui à la portée des mains. Si l'homme arrive à la conception d'un autre monde, c'est tout simplement parce qu'en dehors des lieux où il se trouve il y en a encore; mais comme il ne peut être avec son corps là où il est cependant avec la vue, le lieu qu'il ne peut atteindre que de ses regards devient pour lui un pur objet de l'imagination et de la fantaisie, et par cela même lui semble bien plus beau que le séjour de son existence réelle. De même que le rationaliste chrétien ne fait pas cette réflexion que, si les étoiles sont des corps capables de contenir la vie, elles doivent être déjà habitées par des êtres d'accord avec leur nature propre, et que, par conséquent, il n'y a pas de place sur elles pour des hôtes étrangers, de même l'homme peu cultivé n'a pas même l'idée que ces mondes éloignés peuvent avoir leurs propres habitants de chair et d'os comme lui, et qui peut-être placent leur vie dans le lieu même où il passe si tristement la sienne. C'est ainsi que l'homme fait du lointain le rendez-vous de ses désirs et de ses vœux. Tout ce qui est en dehors de son plus proche entourage et des désagréments qui lui sont inhérents, — et quel lieu, quel climat n'a pas les siens! — il le regarde comme quelque chose de meilleur; mais, remarquons-le bien, seulement dans son imagination : car, dès que l'homme est éloigné de sa patrie, il est ordinairement saisi de nostalgie; cette patrie qui de près lui paraissait si sombre, il n'en voit à une certaine distance que les côtés lumineux.

Mais comment l'homme en vient-il à placer dans ce lointain ses morts et son avenir? Comme nous l'avons déjà dit, l'homme ne peut d'abord trouver à la mort aucune raison d'être, il n'en voit pas la nécessité. Il ne peut pas s'expliquer pourquoi le vivant quitte ce monde, puisqu'il y possède tout ce qu'il désire. Aussi pour lui les morts n'ont fait que s'éloigner, que partir pour un voyage. Mais où pourraient-ils être allés, sinon là-bas au delà des montagnes et des mers, ou là haut dans les étoiles? Le lieu qui exprime le plus sensiblement l'ignorance humaine est aussi le lieu le mieux approprié aux êtres que la mort a transportés du domaine de la réalité dans le domaine de l'inconnu. L'homme plus encore que la nature a l'horreur du vide ; il remplit le vide de son ignorance avec les formes de sa fantaisie, et quels sont pour lui les premiers êtres de fantaisie ? Les morts. Phénomène de la nature le plus incompréhensible et en même temps le plus terrible, la mort est le berceau de la fantaisie, et par suite de la religion ; car la religion n'est pas autre chose que la divinisation de l'ignorance humaine par la puissance de l'imagination. Là où cesse l'être réel, là l'être imaginaire commence. De même que Dieu n'est pas autre chose que la cause inconnue des phénomènes naturels divinisée par l'imagination, de même l'autre monde n'est que le lointain inconnu de l'espace dont l'imagination fait un séjour surnaturel et divin.

Cette signification et cette origine de l'autre monde se manifestent même dans cette conception des Grecs et des Romains, d'après laquelle les morts étaient incorporés dans les astres du ciel. Quand l'homme ne s'est pas encore élevé à une contemplation expérimentale et scientifique de la nature, les étoiles sont pour lui des êtres spirituels et divins, parce que la lumière seule les révèle à ses regards et qu'ils sont hors de la portée de ses autres sens. Il croit que les objets sont en eux-mêmes, c'est-à-dire en réalité, ce qu'ils lui apparaissent (1). Les étoiles lui paraissant des êtres in-

(1) Il est aussi impossible aux hommes dans l'enfance de l'humanité de ne pas regarder le soleil, la lune et les étoiles comme des êtres célestes, qu'il leur est impossible au point de vue de l'égoïsme chrétien qui par rapport à la nature est le matérialisme le plus grossier et fait du monde entier une dépendance de l'homme, qu'il leur est impossible, dis-je, de ne pas imaginer un créateur personnel de l'univers. — La pensée spé-

corporels sont pour lui des êtres célestes, c'est-à-dire d'imagination pure, de pure illusion, sensibles et spirituels à la fois, et comme tels les plus propres à servir de séjour aux morts qui sont de même nature qu'eux. En effet les morts, débarrassés de leurs éléments matériels et hors de la portée des sens, ne font plus que planer dans l'éther de la fantaisie, visibles seulement aux regards de l'esprit.

Mais ce sens religieux et céleste des étoiles ne peut leur appartenir que tant qu'elles sont des objets de l'imagination. On voit par là combien insensé, superficiel et en contradiction avec lui-même est le rationalisme chrétien moderne, quand il prend encore aujourd'hui les astres pour base de sa fantastique vie future, après qu'ils sont tombés du rang d'êtres immatériels et purement optiques à celui d'êtres corporels, terrestres et empiriques. On peut dire que c'est prendre l'incrédulité pour fondement de la foi, le doute pour ancre de l'espérance, la vérité de la mort, c'est-à-dire la non-vérité de l'immortalité pour preuve de l'immortalité même ; car le même point de vue qui me garantit la

---

culative, abstraite, abandonnée à elle-même ne peut s'empêcher également de donner la pensée ou la logique comme fondement de la nature. Rien n'est donc plus absurde que de conclure de la nécessité de la pensée à la nécessité de l'existence. Si Dieu existe parce que l'homme à un certain point de vue le regarde comme nécessaire, alors l'orbite des planètes est un cercle et non une ellipse, car la raison humaine avant d'être instruite par l'expérience regarde nécessairement le mouvement circulaire comme le plus parfait de tous et le plus conforme à la nature. — (Voyez sur ce sujet ce que dit Lichtemberg dans son *Nicolas Copernic*.)

vérité de l'astronomie moderne, et qui dépouille les étoiles de leur nature céleste, dépouille en même temps l'homme de son essence et de sa vie immortelles.

L'idée de l'avenir céleste, dans le sens que nous venons de développer, et qui est le seul vrai, n'est à sa place véritable, n'est nécessaire et justifiée, que là où l'homme est borné et se sent borné par un étroit espace et par un temps déterminé. Dès que le cercle embrassé par ses regards est devenu plus vaste, il met à la place de la vie future la vie même d'ici-bas avec le souvenir du passé et l'espérance de l'avenir historique, et à la place de l'autre monde le reste du monde réel inconnu jusqu'alors pour lui. L'autre monde n'est vraiment réalisé que par la civilisation. La civilisation fait disparaître les limites imposées par le temps et l'espace, nous élève au-dessus du présent, nous transporte dans les temps les plus éloignés, nous rend capables de vivre en arrière les milliers d'années qui étaient pour nous l'absence de toute action, de tout savoir et de toute existence, et nous permet de connaître d'avance par analogie les siècles futurs dans lesquels nous ne vivrons plus; de même elle met la lumière, non-seulement dans notre esprit mais encore sur nos têtes, dans l'azur du ciel, en diminuant la formation des pluies par la destruction des marais et des forêts; en un mot, elle anéantit tout défaut, toute limitation de notre séjour ici-bas, limitation qui appelait en nous le désir d'un séjour meilleur, et elle réalise ainsi les vœux et les fantaisies d'une existence différente et plus belle. Il est vrai que l'homme peut toujours désirer plus qu'il ne possède, et se figurer les choses bien plus belles qu'elles ne sont; aussi rêve-t-il encore aujourd'hui d'une autre vie dans un autre monde; mais si sa croyance était d'abord fondée sur le besoin, la misère et la limitation des choses, elle est désormais sans fondement et sans nécessité ; elle n'est qu'une croyance de luxe. L'homme conserve en général, même dans le développement de la civilisation, les restes de sa barbarie première et se fait même un scrupule de conscience de les détruire entièrement. Ces restes sacrés, ce fidéi-commis de grossièretés et de superstitions originelles qui passe comme un héritage d'une génération à l'autre, c'est là la religion qui, comme l'histoire le prouve, n'est pas autre chose chez tous les peuples civilisés que l'idolâtrie du passé, que la piété envers les idées et les usages d'autrefois. Le progrès, pour la religion comme pour tout le reste, a toujours consisté, du moins jusqu'ici, en ce que l'on a épuré et accommodé à la civilisation les idées et les coutumes en les débarrassant des superstitions par trop grossières qui pouvaient blesser les esprits cultivés ; mais la chose principale, le fondement, l'être même de la religion est resté inattaqué. Ainsi le christianisme a aboli les sacrifices sanglants, mais il a mis à leur place le sacrifice humain psychologique. Le chrétien ne fait plus à son Dieu le sacrifice de son corps, du moins d'une manière violente, mais en revanche, il lui sacrifie son âme, ses inclinations, ses sentiments et son intelligence. Les chrétiens modernes refusent depuis longtemps à leur Dieu tous les effets de puissance dits immédiats, tels que les miracles, c'est-à-dire tous les signes et toutes les preuves de son existence qui blessent la raison; néanmoins ils n'attaquent pas son existence réelle, ils se contentent de la faire reculer aussi loin que possible, à l'origine de l'univers, à l'ori-

gine de la civilisation, dans le domaine des ténèbres et
de l'ignorance. De même, depuis les progrès de l'astronomie, ils ont rejeté toutes les conditions imposées à
l'autre monde par l'imagination religieuse; mais ils
n'en soutiennent pas moins l'existence de la vie et du
monde futurs. Ce n'est plus qu'une idée sans fondement,
puisque la civilisation lui a enlevé toute raison d'être ;
ce royaume céleste n'existe plus que dans les vapeurs
azurées de la fantaisie, comme autrefois le royaume
des morts chez les Grecs, après qu'il eut perdu son existence terrestre par suite du progrès des connaissances
géographiques; mais il est encore sacré et inviolable
comme une relique du bon vieux temps. Il est des
hommes qui gardent précieusement jusque dans un âge
avancé les vêtements et les objets des jeux de leur enfance, et qui ne peuvent se séparer de ce qui autrefois a
eu quelque valeur pour eux, bien que ce leur soit devenu désormais inutile. Ainsi fait l'humanité avec les
idées et les coutumes de la religion. La culture ne pénètre pas en général au delà de la surface, chez les classes
de la société dites cultivées ; elles ne lui accordent que
juste ce qu'il faut pour laisser encore assez de place à l'ignorance et à la grossièreté, plus d'accord avec leur
égoïsme et leurs intérêts personnels; aussi l'écartent-
elles le plus possible de leurs idées religieuses; car ces
idées ont le privilége de dorer leur égoïsme, de le couvrir d'un manteau sacré, et de diviniser sous le nom de
crainte de Dieu leur crainte de perdre la vie et leur
chère personnalité. C'est même lorsqu'une croyance
n'a plus ni fondement ni nécessité, lorsqu'elle n'est
plus qu'une affaire d'imagination, que l'expression d'une
fantaisie *rococo*, c'est alors qu'elle se réfugie derrière

un nuage de sainteté et d'inviolabilité, qu'elle passe dans l'opinion pour le palladium de l'humanité et que ses défenseurs se montrent les plus exaltés et les plus intolérants. C'est ainsi que les hommes sont souvent bien plus affectés et bien plus irrités quand on leur refuse des talents et des mérites imaginaires que quand on nie ou quand on rabaisse leurs talents et leurs mérites réels.

Lorsque la croyance à l'immortalité devient une croyance de l'abstraction et de la réflexion, alors l'homme distingue en lui deux parties, l'une mortelle et l'autre immortelle; d'un côté il reconnaît la mort, de l'autre il la nie. Mais cette séparation de l'homme en deux parties différentes est en contradiction avec le sentiment immédiat de l'unité, et c'est seulement dans cette unité que l'homme a le sentiment de lui-même. L'eau n'est eau qu'aussi longtemps que dure la combinaison de l'oxygène et de l'hydrogène; les deux gaz existent bien encore après leur séparation, mais l'eau n'existe plus. De même, les parties, les éléments de l'homme peuvent bien être immortels, l'un si l'on veut, « l'âme; » mais cette immortalité n'entraîne pas la sienne. « L'âme est active même dans le sommeil. » Malgré cela, nous ne comptons pas les heures passées à dormir ou à rêver parmi les heures que nous avons vécu. Je n'ai le sentiment de moi-même, c'est-à-dire la conscience d'après laquelle seulement je compte et j'estime la durée de mon existence, que lorsque tous mes sens sont ouverts et éveillés, que lorsque je suis debout et que je soutiens et représente par cette position la dignité de la nature humaine. Les éléments de ma vie spirituelle, sociale et historique, ce sont mes pensées ; car que suis-je, une fois séparé d'elles ? Elles sont mon âme, mon esprit. Que cet esprit existe encore après ma mort, qu'importe ! pour moi, je n'existe que tant que je réunis dans ma tête ces éléments divers. Je ne sens les aliments que lorsqu'ils sont l'objet du goût, lorsqu'ils ne sont pas encore séparés en leurs parties élémentaires ; cette séparation a lieu dans un monde situé en dehors de mes sensations et de ma conscience, et là où cesse la conscience, là cesse pour moi l'existence. De même qu'un homme qui se plaindrait du peu de durée de la sensation du goût et en désirerait la continuation ne verrait pas le moins du monde son désir réalisé si on lui prouvait par la physiologie que l'acte de l'assimilation dure encore plusieurs heures après son repas, dure par conséquent une éternité, en comparaison de l'acte fugitif de la jouissance, de même je ne me trouve nullement satisfait quand on me prouve par la psychologie ou par toutes sortes de phénomènes obscurs et douteux que l'âme, cet être étranger au sentiment de moi-même et dépouillé de toutes les qualités qui seules me donnent la certitude de mon existence, continue à exister même après ma mort.

D'ailleurs tous les arguments en faveur de l'immortalité puisés dans la nature de l'âme ou de l'esprit (et le besoin de preuves est la preuve même de l'incertitude de la question), tous ces arguments prouvent trop et par cela même ne prouvent *pas* ce qu'ils doivent et veulent prouver. Les mêmes raisons que l'on donne pour démontrer que l'âme *ne doit jamais cesser d'être* démontrent en même temps *qu'elle n'a jamais commencé*, et c'est là une conséquence garantie par l'histoire. En effet, il est à remarquer que la première preuve spéculative de l'immortalité de l'âme humaine donnée par Platon, et qui est restée le fondement de toutes celles que l'on a données dans la suite, a tout d'abord proclamé que l'âme n'avait pas de commencement, et qu'elle existait, par conséquent, avant cette vie. Mais l'homme, évidemment, n'a pas toujours existé, ou, s'il a eu une autre vie avant celle-ci, cette autre vie lui est complétement indifférente, parce qu'elle est en dehors de sa conscience et de son expérience; de même, s'il existe après la mort comme il a existé avant la vie présente, cette existence d'outre-tombe est pour lui d'une indifférence absolue, ne peut pas se distinguer du néant. Les rationalistes chrétiens ont eu, à part quelques-uns, assez d'habileté et de prudence pour faire disparaître de leurs preuves de l'immortalité de l'âme la preuve de sa préexistence, parce que cette préexistence n'est évidemment qu'un fantôme. Et pourquoi n'est-ce qu'un fantôme ? Parce que le passé, en général, ne nous touche guère, tandis que l'avenir est l'objet de nos soucis, de nos inquiétudes et de nos espérances. La preuve de notre existence future est vraie, inattaquable, parce qu'elle s'appuie sur notre égoïsme; la preuve de notre existence passée, bien qu'elle ait en théorie la même valeur, est insoutenable, fantastique, parce qu'elle n'a dans notre égoïsme aucun soutien. Les théologiens et les philosophes chrétiens ont fait de l'immortalité, question théorique et douteuse pour les philosophes païens, une affaire de religion, c'est-à-dire une affaire d'intérêt pour l'homme, une affaire de salut; c'est pourquoi ils ont coupé en deux la preuve de cette doctrine et concentré toute leur intelligence, tout leur temps et toutes leurs forces sur la partie qui intéresse l'égoïsme de l'homme. Mais c'est un honneur pour Platon d'avoir, avec cette noble sincérité que le paganisme en général mettait à dévoiler ses vices et ses faiblesses, d'avoir, dis-je, donné sa preuve de l'existence future de l'âme sans chercher à la protéger au moyen des exceptions et des faux-fuyants de la rouerie pratique chrétienne.

L'IMMORTALITÉ AU POINT DE VUE DES RATIONALISTES OU DES CROYANTS INCRÉDULES

Le rationalisme a le même principe que le christianisme, mais seulement dans la théorie, non dans la pratique, en général mais non dans les cas particuliers, en imagination mais non en fait et en vérité. Le rationaliste croit aussi bien en Dieu que le chrétien : l'athéisme est pour lui une erreur, une folie grosse de mille conséquences funestes; mais dans la pratique il est athée, là il s'explique tout sans Dieu. Son dieu n'est que l'expression de son ignorance; là où il ne peut pas se rendre compte de quelque chose, là où l'intelligence lui fait défaut, comme au commencement du monde ou à l'origine de la vie organique, là il place Dieu, c'est-à-dire il s'explique l'inexplicable par un être inexplicable lui-même; il agrandit et personnifie le manque de tout principe positif dans un être indéfini, sans fondement, et par cela même infini et tout-puissant. Mais cet être reste au dernier sommet de l'univers : dans le cours ordinaire des choses, tout va bel et bien naturellement. Dieu est pour lui le roi du monde, mais seulement de nom. Il le détermine et il l'honore comme un esprit, comme un être sans passions, sans sensualité aucune ; mais il ne se laisse pas troubler le moins du monde par cet esprit dans les jouissances de la chair comme les premiers chrétiens. Il ne fait pas dériver de cet esprit la nécessité de la mortification et de l'ascétisme, il ne voit pas en lui l'architecte des cloîtres et des églises, l'auteur de la sainte Écriture, de la cité de Dieu de Thomas a Kempis, le créateur du clergé, des moines et des nonnes; non pas ! il voit en lui l'auteur de l'*Ars amandi*, le Lucrèce *De rerum naturâ*, l'Apicius *De obsoniis et condimentis*; il ne voit en lui que le créateur de la nature, de la chair et de la sensualité. L'esprit pur nous a créés sensuels; il nous a donné le sens du goût : qui serait assez stupide pour ne pas goûter les bons morceaux de sa création ? Quiconque agit contre les penchants de la chair agit contre la volonté du Créateur. C'est ainsi que le rationaliste subordonne la théologie à la physique, le supra-naturalisme au naturalisme, l'esprit sacré de la mortification à l'épicuréisme. Il affirme le principe, mais il nie les conséquences qui seules font du principe une vérité, naturellement les conséquences importunes, désagréables : car pour celles qui sont d'accord avec son égoïsme et son bon plaisir, il les accepte volontiers.

Tel est son dieu, telle est sa vie future, qui n'est pas autre chose que la réalisation de ce dieu. Le rationaliste croit à l'immortalité aussi fermement que le chrétien. La nier, c'est-à-dire la nier d'une manière ouverte, décidée, sincère, virile, c'est pour lui une aberration funeste. Mais qu'on ne croie pas que le ciel soit pour lui une fête éternelle, ni que les tourments et les luttes de la terre, ainsi que le flux et le reflux des choses toujours changeantes ici-bas, y arrivent à leur terme. Oh non ! L'incrédulité a déjà rejeté le ciel et avec lui l'immortalité, parce que son éternel repos et son uniformité éternelle ne lui inspiraient que du dégoût, et que la paix sans combat, la jouissance sans besoin, lui paraissaient une chimère. Mais le rationalisme sait faire la part en même temps à la foi et à l'incrédulité; une assemblée de naturalistes a pour lui autant et même bien plus d'autorité qu'un concile au nom de la Sainte Trinité; les idées religieuses, ces révélations de la fantaisie et de l'ignorance humaines, il les juge en les regardant à travers le verre objectif des sciences naturelles; le ciel religieux et imaginaire du christianisme devient pour lui le ciel profane et sensuel de l'astronomie moderne, le sabbat sacré du paradis une semaine de travail ordinaire. Là-haut nous ne sommes pas en vacances et en fêtes, Dieu nous en garde ! Nous recommençons tout de nouveau, mais à un degré plus élevé ; nous redevenons écoliers, étudiants, jusqu'à ce que nous ayons atteint chacun dans notre sphère les plus hautes dignités, et puis nous reprenons encore notre *curriculum vitæ*, — toujours à un degré supérieur. Des progrès, des progrès sans but et sans fin, voilà ce qui nous attend. Réjouissez-vous de la vie ! ce n'est pas le *prince de la paix*, c'est le maréchal *En-Avant* (1) qui est notre modèle. Voilà comme le rationaliste, pour éviter la chimère du ciel, tombe dans une autre chimère; à la place de l'éternelle uniformité d'un repos immuable, il met l'éternelle uniformité d'un progrès

---

(1) Surnom de Blücher (*Vorwærts*).

perpétuel, et il détruit ainsi la vraie signification religieuse de l'autre vie, dans laquelle l'homme doit arriver enfin à son but et se reposer des fatigues et des efforts continuels de la vie terrestre. Il fait du présent la mesure de l'avenir en accommodant le second au premier. L'homme est un être actif, progressant avec le temps ; il en sera de même là-haut, mais sans fin aucune. Il se rend l'avenir croyable en le modelant sur le présent, car qui peut douter du présent? Mais il montre ainsi qu'il n'y croit que parce qu'il se trompe lui-même sans le savoir. Il ne peut pas plus faire accorder l'existence de l'homme avec l'idée du bonheur et de la perfection qu'il ne peut se figurer réunies l'humanité et la divinité dans le Christ. C'est pourquoi il sacrifie pour exister la félicité céleste ; il veut vivre *à tout prix;* plutôt être malheureux que n'être plus, car l'idée du *n'être plus* est une idée impie et athéiste. Le croyant religieux croit à la vie future, parce que, d'après sa manière de voir, elle sera différente de celle-ci; le rationaliste n'y croit que parce qu'elle sera la même, c'est-à-dire il ne croit qu'à la vérité de cette vie. Et en effet cette vie future qui sera une vie d'action, d'efforts, de travail et de progrès, qui par cela même sera pleine de luttes et d'aspirations, et contiendra nécessairement des alternatives de joie et de douleur, ne sera en réalité que la vie d'ici-bas.

Pour excuser et présenter sous un beau côté son désir d'une existence éternelle, le rationaliste prétexte une idée religieuse; il prétend que son but est de devenir de plus en plus semblable à Dieu. Ce n'est pas par amour de lui-même qu'il croit à l'immortalité, non ; c'est pour l'honneur de Dieu, pour l'honneur de la vertu, parce que sans cette immortalité il ne pourrait pas devenir meilleur, de plus en plus parfait, de plus en plus semblable à la divinité. Mais ce but il le fait reculer jusqu'à l'infini; il reste toujours, comme ici, un être imparfait, toujours éloigné de la fin à laquelle il aspire : car cet éloignement est la seule garantie de la continuation de son existence. Ce perfectionnement n'est qu'une perpétuelle négation, qu'une abstraction poussée toujours plus loin. Dans la vie future, les désirs et les penchants de la chair sont abolis; le rationaliste est, comme nous le savons, ennemi de la chair en théorie, un ascète consommé; là-haut il ne mange plus, ne boit plus, n'a plus de passions sensuelles; il est débarrassé de son corps terrestre et à la place il en reçoit un plus fin, — probablement, car il n'en sait rien, — mais pas encore le plus fin de tous. Son modèle, son idéal, est un être qui n'a ni chair ni sang, un esprit pur, c'est-à-dire un pur *ens rationis*, et son but véritable est par conséquent le *rien*, car *le rien est ce qu'il y a de plus immatériel;* quiconque n'est rien n'a ni désirs, ni penchants, ni défauts. Le rationaliste se donne ainsi pour but de sa vie la dissolution en Dieu ou dans le néant; mais cette dissolution il ne la réalise jamais d'une manière complète, elle n'est pas pour lui une *vérité pratique.* Son but est le même que celui du fantasque nihiliste de l'Orient, — la religion est orientalisme par sa nature et son origine, — mais il n'est pas, comme lui, plein d'ardeur et de sincérité; il est égoïste, flegmatique, prosaïque, prudent, en un mot, rationaliste. Aussi ce perfectionnement continu qu'il donne comme le fondement d'une vie future n'est qu'un prétexte de son égoïsme. Ce qui ne peut être atteint dans l'éternité n'est qu'un but imaginaire. L'idée de but contient l'idée de réalisation. Si dans la vie future je dois être imparfait comme dans celle-ci, à quoi sert-elle? Elle n'a de raison d'être que si elle est la négation, que si elle est le contraire de la vie d'ici-bas. La récompense de la mort doit être nécessairement la perfection, le bonheur, la divinité. La mort est par elle-même la destruction complète de tout ce qui est terrestre, de tout ce qui est imparfait, de tout ce qui est sensuel; sur son lit de mort, l'homme se dépouille de toutes ses vanités, de toutes ses fautes, de toutes ses passions : cette sombre tragédie ne peut être suivie que d'un bonheur éternel ou d'une fin éternelle, que par une existence divine ou par le néant, et non par cette comédie de l'avenir rationaliste, ce pitoyable milieu entre quelque chose et rien, entre perfection et impertion. Je te remercie donc de grand cœur, mon cher rationaliste, pour le présent de ta vaine immortalité. Je veux, ou bien avec mon ancienne foi être en Dieu au terme de tous mes progrès, ou bien n'être plus rien du tout. Là où l'on fait encore des pas, là on peut faire encore des pas en arrière et des faux pas, et je suis complétement rassasié de ceux que j'ai faits dans la vie, et surtout au dernier combat de la mort. Combien sages étaient donc les « aveugles » païens, qui se contentaient de souhaiter à leurs morts un « *molliter ossa cubent*, doucement reposent tes os », tandis que les rationalistes font retentir aux oreilles des leurs cet agréable cri : « *Vivas et crescas in infinitum*, vis et progresse à l'infini! » O christianisme! tu es la folie sous la forme de la raison, l'ironie la plus terrible à l'égard du genre humain sous la forme de la plus douce flatterie!

Le rationalisme fonde sa principale preuve d'une autre vie sur la supposition que l'homme sur la terre n'atteint pas sa destination. « On ne peut nier, dit un des rationalistes modernes les plus estimés, que la destination de chaque créature ne soit exprimée par ses forces et par ses dispositions ou tendances. Les plantes, les animaux et le corps humain, qui est au même degré qu'eux, n'ont que des dispositions qui peuvent se développer et se développent réellement sur cette terre et dans cette vie... Il en est autrement des forces et des tendances de l'esprit ; ces tendances sont susceptibles d'un tel développement, *qu'aucune vie humaine n'est assez longue* pour l'accomplir, que l'homme le plus cultivé quand il meurt dans *l'âge le plus avancé*, doit reconnaître qu'il n'est encore qu'au commencement de son éducation, et qu'il pourrait faire des *progrès infinis* s'il vivait plus longtemps et si son esprit était mis avec les choses dans un rapport plus intime et plus parfait... La puissance de connaître paraît être aussi illimitée que la matière même de la connaissance. Nous pourrions nous rendre maîtres, non-seulement d'une science mais encore de toutes, si notre vie n'était pas si courte et si de plus nous n'étions pas obligés d'en sacrifier un quart au sommeil et deux autres quarts au travail nécessaire à notre condition et à la satisfaction de nos besoins. De même la force d'action de l'homme n'est développée dans la vie terrestre que d'une manière tout à fait défectueuse; l'éducation morale surtout, dont la loi de perfectionnement doit faire la règle principale pour notre vie, reste toujours incomplète. Tout ce qui y met obstacle, nos besoins, nos habitudes, nos penchants sensuels, *lucta carnis cum spiritu*, tout cela ne disparaît qu'avec la mort, de sorte que personne ne devient *aussi parfait qu'il devrait le devenir* et qu'il pourrait le devenir dans des circonstances plus favorables. Nous devons en dire autant de notre disposition pour le beau ; nous ne pouvons nous occuper ordinairement que d'un seul art; peu d'hommes ont assez de loisirs pour s'occuper à la fois de plusieurs, personne ne peut s'adonner à tous. L'homme est donc le *seul être* sur la terre qui ait reçu des forces et des tendances que *la vie ne peut développer, qui sont calculées évidemment pour une continuation de l'existence et qui, par conséquent, ont besoin d'un autre monde*. Les animaux et les plantes qui voient la marche de leur développement interrompue par une mort prématurée, auraient pu, si rien ne les en avait empêchés, se développer complétement; mais l'homme, et c'est là justement le point capital! ne pourrait satisfaire aucune de ses tendances, ne pourrait développer entièrement aucune de ses facultés quand même il atteindrait l'âge le plus avancé. » Très-bien! mais cette assertion que l'homme, avec la plus longue vie et dans les circonstances les plus favorables ne peut atteindre sur la terre le but auquel il est destiné, provient uniquement de ce que l'on invente pour l'homme, *a priori*, une destination surnaturelle et fantastique.

De même que la plante et l'animal, l'homme est un être purement naturel. Qui peut le nier, si ce n'est le fantasque chrétien qui met son honneur à ignorer les vérités les plus évidentes ou à les sacrifier à sa foi : qui peut arracher l'homme à ses rapports avec les plantes et les animaux? Qui peut séparer l'histoire de la civilisation de l'humanité de l'histoire de la culture des animaux et des plantes? Qui peut méconnaître qu'ils changent et se perfectionnent avec l'homme, et réciproquement l'homme avec eux? Qui ne voit pas, en jetant un seul regard sur les mythologies et les religions des peuples, que les peuples sont toujours en compagnie de dieux et d'hommes, de plantes et d'animaux? Qui peut se figurer l'Egyptien sans le bœuf Apis, le Bédouin sans son dromadaire ou son cheval, dont la généalogie l'intéresse plus que la sienne propre, le Lapon sans le renne, le Péruvien sans le lama? L'Indien, cet amant enthousiaste des fleurs, qui peut le séparer de la fleur du lotus, dont la beauté le remplit d'admiration et le fait tomber à genoux? Qui peut en général enlever les plantes et les fleurs au botaniste, à l'homme qui aime les plantes, sans lui arracher en même temps les yeux de la tête et l'âme du corps? Et que déclare l'homme par ce fait, — et les explications puisées dans les faits sont seules décisives, — que déclare-t-il par ce culte des animaux et des plantes qui constitue la religion des peuples anciens et des peuples sauvages? Il déclare qu'il est en rapport avec la nature non-seulement par le corps, mais encore par l'esprit, l'âme, le cœur, et que par conséquent il ne peut être séparé de la terre et transporté dans le ciel ou dans un autre monde inconnu et fantastique que par la toute-puissance divine, c'est-à-dire par la toute-puissance surnaturelle et inintelligible de l'égoïsme chrétien.

L'homme comme être naturel n'a pas plus une destination particulière, c'est-à-dire surhumaine, que les plantes et les animaux n'ont une destination au-dessus de leur nature. Chaque être est destiné à être seulement ce qu'il est, l'animal à être animal, la plante à être plante, l'homme à être homme. Chaque être a atteint sa destination en atteignant l'existence. Existence est perfection, destination accomplie. L'être capable de sentir est arrivé à son but dès qu'il sent, l'être capable de connaître dès qu'il a conscience. Que vois-tu rayonner dans les yeux de l'enfant au berceau? la joie d'avoir rempli la tâche que l'homme à ce degré de vie peut remplir et par conséquent doit remplir, — car le devoir se mesure sur le pouvoir ; — la joie de sa propre perfection, la joie d'être là, d'être vivant, de voir, de goûter et de sentir. Pourquoi est-il donc fait? sa destination est-elle en dehors de son état d'enfance? Non! car pourquoi serait-il enfant? *La nature est accomplie, parfaite, à son but, à chaque pas qu'elle fait : car à chaque instant elle est autant qu'elle peut être, et par conséquent autant qu'elle doit et veut être.* Quelle est la destination du jeune homme? d'être jeune homme et de se réjouir de sa jeunesse (1). Tout ce qui vit doit vivre, doit se réjouir de sa vie. L'homme n'est pas le but de la nature, — il ne l'est que pour l'intelligence humaine ; — il est seulement son œuvre de vie la plus haute, de même que le fruit n'est pas le but mais la plus brillante production de la plante. Ce n'est pas dans une sagesse téléologique, visant à l'économie que la génération et la reproduction des choses ont leur fondement : c'est dans le besoin infini, dans la tendance irrésistible de la vie à se répandre partout. Voilà pourquoi la nature est illimitée dans ses

---

(1) De même que le christianisme par la promesse d'une vie future fait perdre à l'homme la vie réelle, de même notre pédagogique chrétienne, par une tendre inquiétude pour leur avenir, fait perdre aux enfants les joies de l'enfance et aux jeunes gens le bonheur de la jeunesse.

productions. Pourquoi ces nuages et ces pluies de poussière que répandent les forêts au temps de la fécondation? Pourquoi ces œufs innombrables d'où ne sort cependant qu'un nombre proportionnellement très-faible d'êtres vivants? Question insensée ? Tu vois là devant tes yeux l'ardeur de vie immense, sans bornes et sans but qui se manifeste dans la nature. Pourquoi tant d'animaux inutiles ou nuisibles à l'homme? afin qu'une chose n'empiète pas trop sur l'autre, comme disent les théologiens? Non! c'est faire d'une conséquence un principe. Ce qui est nuisible pour toi est utile pour d'autres êtres. Partout où il y a matière à jouissance, là il y a aussi penchant, tendance à la jouissance et à la vie, là il y a nécessairement un être qui vit et jouit. Une chose est la condition d'une autre, l'appelle à la vie, mais en même temps lui impose des bornes pour se faire place à elle-même, et c'est là le fondement de l'harmonie dans l'ensemble des êtres. L'origine de la vie, c'est-à-dire de la vie individuelle, capable de sentiment, n'est incompréhensible que lorsqu'on sépare la vie de ce qui en est la condition. Réunit-on ces deux choses dans la pensée, alors la formation de la terre, de l'eau, de l'air, de la température, et la formation des animaux et des plantes ne font qu'un seul acte, et la production de la vie est aussi inexplicable, ou si l'on veut au contraire, aussi peu étonnante que celle de ses conditions pour l'explication desquelles des philosophes déistes du siècle dernier ne trouvaient pas nécessaire l'hypothèse d'un *Deus ex machina*. La vie n'est pas le produit d'une force naturelle particulière, comme le veulent les métaphysiciens matérialistes ; elle est un résultat de la nature entière.

Demandes-tu pourquoi est l'homme? Eh bien, je te demanderai pourquoi est le Nègre, l'Ostiaque, l'Esquimaux, le Kamtschadale, l'Indien? Si l'Indien ne peut atteindre sa destination en tant qu'Indien, pourquoi donc est-il Indien? Si par son enfance, par sa jeunesse, — car c'est dans la jeunesse que nous travaillons le moins dans la vigne du Seigneur, — si par le sommeil et le temps qu'il emploie à manger et à boire, l'homme est retenu loin du but auquel il est destiné, pourquoi donc est-il enfant, jeune homme? pourquoi mange-t-il et boit-il? Pourquoi ne vient-il pas au monde chrétien tout fait, rationaliste, ou plutôt ange? Pourquoi s'égare-t-il jusqu'à devenir homme? La vie ne perd-elle pas tout but, toute signification, précisément par cette autre vie dans laquelle elle doit trouver enfin son véritable sens? Les actes que le chrétien donne comme preuves d'une autre vie n'en sont-ils pas au contraire la réfutation? Ne prouvent-ils pas que cette destination qu'ils empêchent de réaliser, justement parce qu'ils empêchent de la réaliser, n'est pas la destination de l'homme? N'est-ce pas une folie, de ce que l'homme dort, de conclure qu'un jour il sera nécessairement un être qui ne dormira plus, qui aura toujours les yeux ouverts? Est-ce que le sommeil, le boire, le manger, — du divin besoin de l'amour, je n'en veux rien dire par égard pour les théologiens, dont l'idéal est l'ange sans sexe, — est-ce que tous ces actes ne sont pas comme la jeunesse, l'enfance, comme tout dans la nature, des jouissances, des bienfaits véritables, la réalisation d'un but qui leur est propre lorsque leur moment est venu? Ne nous rassasions-nous pas même du bonheur de la plus haute activité de l'esprit? Le chrétien peut-il toujours prier? Une prière éternelle serait-elle une prière? Celui qui penserait toujours ne ressemblerait-il pas à celui qui ne pense pas du tout? Et que perdons-nous donc par le sommeil, le boire et le manger? Le temps; mais ce que nous perdons en temps, nous le gagnons en forces. Les yeux qui se sont reposés pendant la nuit voient plus clair le matin. Chaque jour nouveau est pour l'homme une fête de renaissance et de résurrection. Faut-il donc que l'homme mange, boive et dorme à contre-cœur, avec un dégoût hypocrite, — ce qui est une conséquence du vrai christianisme? — Non! il doit faire tout cela avec plaisir, volontiers; mais il doit aussi veiller, penser, travailler avec plaisir. Il ne doit pas se rendre la jouissance amère par la pensée du travail, ni pendant le travail penser à la jouissance; il doit trouver son plaisir dans le travail même. Il doit faire en général tout ce qui appartient à l'homme de la manière la plus conforme à la nature, dans le temps convenable, c'est-à-dire avec joie, avec satisfaction, avec la conscience qu'il remplit ainsi la tâche à laquelle il a été destiné. Il doit, au lieu de prouver l'unité de Dieu, prouver l'unité de l'homme, rejeter ce dualisme funeste de l'esprit et de la chair, cette séparation de l'être humain en deux parties, dont l'une appartient au ciel, l'autre à la terre, dont l'une a pour créateur un Dieu, tandis que l'autre est un livre apocryphe qui a pour auteur un être inconnu ou plutôt que, par prudence chrétienne, on ne nomme pas par son vrai nom, mais qui en français s'appelle le Diable, — car le christianisme n'est pas autre chose qu'un manichéisme diplomatique, qu'un parsisme déguisé, modifié et tempéré par l'esprit de l'Occident. — L'homme doit par conséquent *rejeter le christianisme*, et alors il remplira sa destination, alors il sera homme : car le chrétien n'est pas homme, il est *moitié ange, moitié animal*. Quand l'homme sera partout homme et se saura tel, quand il cessera de vouloir être plus qu'il n'est, ne peut et ne doit être, quand il ne se posera plus un but contradictoire à sa nature, c'est-à-dire irréalisable, fantastique, le but de devenir un dieu, un être abstrait, sans corps, sans chair ni sang, sans passions et sans besoins, alors seulement il sera un homme accompli, parfait ; alors il n'y aura plus en lui de lacune où l'avenir céleste puisse se nicher ; mais cette perfection ne peut se réaliser sans la *mort*, car la mort est aussi dans la destination, ou, ce qui revient au même, dans la nature de l'homme. Mourir humainement, mourir avec la conscience qu'en mourant tu remplis ta dernière destination humaine, c'est-à-dire mourir en paix avec la mort, que ce soit là ton dernier vœu, ton but suprême. C'est ainsi que dans la mort même tu triompheras du rêve luxueux de l'immortalité chrétienne, et que tu atteindras infiniment plus que tu ne voulais atteindre dans le ciel, et qu'en réalité tu n'aurais jamais atteint.

Ce n'est que comme être moral, c'est-à-dire comme être politique et social, que l'homme a *une destination particulière* qui le met en opposition avec lui-même et le remplit d'inquiétude, parce que souvent il ne sait s'il pourra ou non la réaliser. Mais cette destination, c'est lui-même qui se l'impose d'après sa nature, ses penchants et ses facultés. Qui ne se destine à rien n'est par cela même destiné à rien ; quiconque dit qu'il ne sait pas à quoi l'homme est destiné ne fait qu'attribuer aux autres son propre manque de destination.

Mais ici encore se montre la fantaisie dualiste des rationalistes chrétiens dans leur manière de concevoir l'homme ; car, dans la question de l'immortalité, ils ne mettent en avant que les penchants scientifiques et artistiques, comme si les savants, les moralistes, les artistes et les beaux esprits pouvaient seuls prétendre à l'avenir céleste, et non les artisans, les fabricants, les cultivateurs; comme si le penchant de l'homme à perfectionner les métiers, à organiser de mieux en mieux l'agriculture, à porter l'industrie à un degré toujours plus élevé, n'était pas un penchant essentiel et honorable. Combien d'artisans ont dû se casser la tête à propos du perfectionnement de leur métier? Combien même ont dû mourir du chagrin de ne pouvoir réussir! Combien de jeunes hommes, pleins de goût pour un certain genre de travail, mais ne possédant pas l'habileté technique qu'il exige, ont dû souffrir de ce désaccord entre leurs désirs et les moyens de les réaliser! Ces pauvres gens n'avaient jamais senti en eux la moindre inclination à devenir savants, artistes ou prédicateurs de la loi morale; ils ne portaient pas leurs vues si loin, et cependant leurs vœux n'ont pas été accomplis. N'ont-ils pas le droit de l'être dans l'avenir? Combien d'autres, qui ne se sont point trompés dans leur choix, restent toute leur vie, par exemple, garçons tailleurs! Ils n'aspirent qu'à une seule chose, à devenir maîtres. Ce désir est-il immoral, matériel, inhumain? Pourquoi ne deviendraient-ils pas là-haut ce qu'ils n'ont pu devenir ici-bas, malgré tous leurs efforts? Serait-ce parce que leur métier n'est fondé que sur les besoins de la vie terrestre? Mais il n'est pas vrai qu'il soit pratiqué seulement pour avoir du pain. Combien regardent leur métier comme un art véritable, et ont réellement besoin du sens esthétique, c'est-à-dire du goût? Où est en général la frontière, la borne qui sépare l'art du métier! L'art n'est-il pas lié aux besoins ordinaires de la vie? Que fait-il autre chose qu'ennoblir ce qui est commun et nécessaire? Lorsqu'on n'a pas besoin de maisons on ne bâtit point de palais; lorsqu'on ne boit et n'estime pas le vin, on ne l'honore pas non plus par des coupes splendides; lorsqu'on ne pleure plus les morts, on n'élève pas en leur honneur de magnifiques mausolées, et là où tes oreilles étourdies par les *alleluias* du ciel chrétien ne sont pas offensées par la hache du coupeur de bois, par la scie du menuisier, là elles ne sont pas charmées par les sons de la flûte ou de la lyre. Si donc l'artiste a des droits à l'immortalité, l'artisan en a aussi, et de même l'homme en général, depuis les pieds jusqu'à la tête, car le plus haut objet de l'art, c'est l'homme. Les Grecs honoraient une Vénus Callipyge, — conséquence nécessaire du développement du sens du beau dans leurs esprits, — cette Vénus ne peut-elle pas prétendre au ciel? Chose étrange! les premiers chrétiens dans leur fanatisme religieux ont détruit les plus belles œuvres de l'art antique, ont proscrit l'art en général, l'art indépendant qui ne se dégradait pas jusqu'à n'être qu'un instrument de la religion, car ils savaient par expérience que l'art est mondain et impie, et que celui qui voit avec plaisir de belles femmes en images les voit aussi volontiers *in naturâ*, et c'est précisément sur le sens de l'art sensuel, sur la Vénus Callipyge, que les rationalistes chrétiens modernes fondent leur espoir d'une vie immortelle!

Et quelle vanité! quelle folie de donner pour preuve

de la nécessité d'une autre vie cette circonstance qu'un grand nombre d'hommes ne peuvent parvenir ici-bas à développer et satisfaire leurs penchants artistiques, lorsque des milliers d'autres ne peuvent pas même satisfaire leur faim, au moins d'une manière digne de l'homme! Et n'est-il pas plus nécessaire de satisfaire sa faim que son goût pour l'art? Peut-on avoir des sentiments moraux ou esthétiques lorsqu'on est affamé, ou quand on n'a dans le corps que des aliments que l'estomac de l'homme peut à peine digérer? Ne devons-nous pas, par conséquent, exiger une autre vie dans laquelle ceux qui ont faim ici-bas seront enfin rassasiés? dans laquelle ceux qui sur la terre ne vivent que des miettes de la table des gourmands physiques et esthétiques arriveront enfin à une jouissance supérieure, à la jouissance d'un rôti? Puisque le rationaliste est un ami du progrès raisonable, modéré, c'est-à-dire qui n'arrive jamais à son but, puisqu'il rejette toute interruption violente et n'élève l'homme que tout doucement, degré par degré, quoi de plus juste, de plus naturel, de plus nécessaire que les nombreux affamés de ce monde obtiennent enfin là-haut une nourriture humaine, tandis que ceux à qui les plaisirs des tables terrestres auront fait perdre tout appétit pour les mets du ciel y satisferont leurs goûts artistiques dans les musées, les concerts, les ballets et les opéras! Mais encore un exemple de la misère humaine : combien de femmes manquent ici leur destination sans qu'il y ait de leur faute! La destination de la femme est évidemment d'être épouse et mère; c'est dans cette sphère seulement qu'elle peut développer toutes ses facultés; l'éternelle virginité estropie et corrompt non-seulement le corps mais encore l'esprit, et il n'y a que des circonstances tout à fait favorables, — exceptions à la règle, — qui puissent garantir la femme contre les conséquences funestes de cet état contraire à la nature. Pourquoi ne demandez-vous donc pas un autre monde où le penchant le plus profond, le plus intime de la femme trouve enfin ses droits reconnus, puisqu'ici-bas il ne peut être satisfait ordinairement que d'une manière opposée à la nature et à la morale? N'est-il pas ridicule, insensé de penser à remplir les lacunes imaginaires de la nature de l'homme, et de laisser de côté sans les voir les lacunes véritables de la vie humaine! N'est-il pas ridicule de procurer à l'homme une seconde existence avant de songer à lui prêter secours dans l'existence actuelle? C'est ainsi que les chrétiens modernes, d'ailleurs si mondains et frivoles, nous font voir, par leurs preuves de l'existence future, la vraie origine des maux de l'existence présente; ils sacrifient la destination réelle de l'homme à une destination imaginaire, les besoins réels à des besoins fantastiques que l'on décore du nom de besoins religieux.

Le rationaliste ne se contente pas d'être entièrement aveugle sur les maux véritables de la vie humaine, non! avec ses désirs surnaturels il plane au-dessus de la terre, il soutient que même les privilégiés, les heureux, ceux qui jouissent de tous les trésors des sciences et des arts, ne trouvent pas ici une satisfaction complète! Quel artiste, s'écrie-t-il, peut embrasser tous les arts, quel savant toutes les sciences et quand même un homme pourrait tout cela, combien de choses ignorerait-il encore qu'il voudrait pourtant connaître? Le rationaliste invente ainsi pour l'homme une universalité de facultés et de tendances qui est une rare exception, mais qui, néanmoins, se satisfait complétement ici-bas lorsqu'elle se rencontre dans un individu, parce que tout penchant universel se satisfait d'une manière adéquate à sa propre nature, d'une manière générale, sans s'intéresser aux particularités. Lors même qu'un homme s'adonne à plusieurs arts ou même à tous, lorsque comme Michel-Ange il est à la fois poëte, peintre, sculpteur et architecte, il ne fait cependant que d'un seul art l'objet principal de ses études et de ses travaux. L'homme est complétement satisfait quand il peut produire quelque chose de parfait dans une seule branche de l'art ou de la science; s'il ne peut satisfaire ses tendances artistiques par ses propres productions, il les satisfait par les productions des autres. Si les hommes vivent en société, c'est pour se compléter réciproquement dans leurs rapports physiques et intellectuels : ce que l'un ne peut faire, l'autre le fait pour lui. Toute activité qui n'est pas purement mécanique exige l'emploi de toutes les forces de l'homme et donne par cela même une satisfaction complète, universelle. Tout art est poésie et de même on pourrait dire dans un certain sens que tout art est musique, plastique, peinture. Le poëte est peintre, sinon avec la main du moins avec la tête ; le peintre est musicien, car il ne représente pas seulement les impressions que les objets sensibles font sur la vue, mais encore celles qu'ils font sur le sens de l'ouïe. Nous ne voyons pas seulement ses paysages, nous y entendons le pâtre jouer de la cornemuse, les sources couler, les branches et les feuilles des arbres trembler et gémir sous le souffle du vent. L'homme perd bien dans la pratique d'un art l'habileté technique nécessaire pour un autre; il perd le côté mécanique qui n'est qu'une affaire d'exercice, mais il conserve encore le talent, la disposition naturelle. Il y a d'ailleurs dans tous les hommes qui se distinguent par quoi que ce soit un penchant dominant auquel se soumettent et se subordonnent tous les autres; aussi dans les circonstances normales, et ce sont les seules que nous ayons à considérer, tout penchant est satisfait dans la mesure qu'il désire et qu'il mérite. Michel-Ange faisait des vers; il contentait ainsi son goût pour la poésie tout en se livrant à d'autres arts; mais il ne considérait son talent poétique que comme chose accessoire, parce que son penchant pour la poésie n'était pas son penchant prinpal. De même que, d'après ses propres paroles, il avait sa femme dans sa peinture, ses enfants dans ses œuvres, de même il avait sa poésie non dans son écritoire, mais dans son marteau et ses ciseaux. Si un rationaliste chrétien voulait faire entendre à un Michel-Ange qu'il a droit d'espérer une autre vie parce qu'il n'a pu donner ici-bas un développement complet à son talent poétique, celui-ci lui jetterait à la tête ses poésies comme une bagatelle et le prierait de l'épargner avec son immortalité. Je désire l'immortalité, lui dirait-il, comme récompense de ce que *j'ai produit* à la sueur de mon front et en dépit de mes ennemis et des envieux, mais non pour ce que j'aurais *peut-être pu produire*. Dante a déjà produit en poésie ce qu'il y a de plus parfait; il m'a enlevé l'immortalité poétique; mais en peinture il n'y avait point de Dante, c'est moi qui le suis. Ce que je suis, je veux l'être encore, c'est la révélation complète de mon être, la seule garantie pour moi d'une gloire immortelle : *Ne sutor ultrà crepidam.* Remarque bien ce proverbe, chrétien fantasque, même pour ce qui regarde ton autre monde. L'homme est le cordonnier, et la terre sa forme.

Il en est du désir de connaître, de l'amour de la science, comme du sens artistique. Sans parler même de ce fait qu'il y a une infinité d'hommes qui n'ont aucun penchant pour la science, bien que ni les moyens ni les circonstances ne leur aient manqué pour l'éveiller en eux, qui regardent même la satisfaction de ce penchant comme une pure vanité, et trouvent qu'il y a presque de la folie à s'occuper de choses aussi étrangères à l'homme que le paraissent être les étoiles, les mousses, les infusoires, on peut dire que la tendance à la connaissance parvient à se satisfaire complétement, et même d'autant plus qu'elle est plus réelle et plus universelle. Cependant l'homme n'a, en général, qu'un goût dominant pour une branche particulière de la science, et cette seule branche absorbe, épuise ordinairement tout son désir de connaître; de sorte qu'il regarde les objets de son étude comme les seules choses dignes d'être connues. De là la vanité ridicule et la vue étroite des savants de profession. Ainsi le philologue trouve dans son glossaire, l'historien dans sa chronique, le théologien dans l'Écriture sainte, le juriste dans son *corpus juris*, tout ce qui vaut la peine d'être étudié. Le théologien ne peut pas comprendre qu'au lieu de la Bible on étudie Aristote ou tout autre écrivain profane, le juriste qu'on applique son attention aux caprices de la nature et non aux caprices du droit, le critique littéraire ou musical qu'on puisse trouver le moindre plaisir à lire un poëte et un penseur ou à entendre l'œuvre de compositeurs qui vivent encore, qui ne sont pas devenus l'objet de la froide érudition historique. Le dernier point dans leur livre paraît à tous ces gens-là le *punctum satis* de l'esprit humain. Ainsi l'amour de la science et de la vérité chez l'homme a pour frontière son égoïsme. Chacun ne désire savoir rien de plus que ce qu'en général il est et désire être. La borne de sa nature est en même temps la borne de son penchant à connaître. Exister vient avant savoir, l'existence est le fondement de la science; mais chacun est pour soi, sans qu'il le sache, toute la vérité; chacun ne veut et n'aime dans un objet, dans un autre être, que soi, que ce qui est l'expression de sa propre nature. Le chrétien aime la vertu, mais il n'aime pas la vertu païenne, sensuelle, virile; il n'aime que la vertu chrétienne, surnaturelle, fantastique, la vertu qui est son portrait chéri, bien ressemblant. Chacun rejette comme contradictoire avec la raison et la vérité ce qui répugne à sa nature, à son individualité; il y a seulement cette différence importante, que l'individualité de l'un est universelle, celle de l'autre limitée suivant les milieux et les circonstances. La raison est presque toujours chez l'homme l'humble servante du cœur; ce qu'il désire, il se le représente comme existant, et dès qu'il commence à raisonner, il démontre *à priori* que c'est rationnellement nécessaire. Ce qui est en dehors de ses inclinations, de ses intérêts, n'a aucune existence pour lui, et ne peut être, par conséquent, l'objet d'un penchant ou d'un désir. Il n'y aurait rien de plus ridicule que de vouloir démontrer à un naturaliste qu'une vie future lui est absolument nécessaire pour combler les lacunes de ses connaissances, parce qu'il a négligé l'étude de la sainte théologie pour l'étude de la nature. Si l'on voulait élever l'édifice du ciel sur l'imperfection de la science humaine comme fondement, on devrait établir pour chaque branche de la science un ciel particulier : car le théologien ne demande à la vie future que la solution des questions de théologie, le juriste que celle des questions de droit à propos desquelles il s'est vainement cassé la tête ici-bas, l'astronome que celle des problèmes d'astronomie. Ce que l'homme désire connaître dans l'autre monde n'est pas quelque chose qui ne peut être connu ici-bas : c'est seulement ce que *maintenant il ne connaît pas. Il n'est sensible qu'au manque et aux lacunes de ses connaissances qui prouvent l'existence et la nécessité d'un avenir terrestre, mais non d'un avenir céleste;* il veut seulement reculer les bornes que les générations futures, en poursuivant ses recherches, reculeront réellement. C'est ainsi que le chrétien, les yeux toujours fixés sur le ciel dans l'autre monde, *ne voit pas le ciel sur la terre, le ciel de l'avenir* historique, dans lequel se résoudront en lumière tous les doutes, toutes les obscurités et difficultés qui ont fait le tourment du passé et font encore celui du présent. « Oh ! si tu avais pu vivre encore, crie Galilée à Copernic, si tu avais pu connaître les nouvelles découvertes qui ont développé et confirmé ton système, quelle joie en aurais-tu ressentie ! » Voilà comment l'homme de l'avenir parle à l'homme du passé. Copernic, à son lit de mort, a regretté, dit-on, de n'avoir pu voir la planète Mercure une seule fois en sa vie, malgré tous ses efforts ; au moyen de leurs télescopes, les astronomes peuvent maintenant la voir en plein midi. C'est ainsi que l'avenir guérit les souffrances qu'a causées dans le passé l'incomplète satisfaction de l'amour de la science. Toutes les questions qui ne sont pas insensées, dont la solution a pour l'humanité une signification, de la valeur et de l'importance, toutes ces questions sont résolues dans le cours de l'histoire, souvent, il est vrai, dans un tout autre sens que ne le croyait et ne le désirait le passé. Une foule de problèmes, qui passaient autrefois pour les mystères les plus profonds, et dont nos ancêtres n'attendaient la solution que du Ciel, les problèmes de l'union miraculeuse de l'humanité et de la divinité dans le Christ, de l'âme et du corps dans l'homme, de l'accord de la prédestination ou de la Providence divine avec la liberté humaine, tous ces problèmes, pour ceux qui se sont approprié les résultats de la philosophie et des sciences naturelles, sont depuis longtemps résolus, c'est-à-dire *ont complétement disparu*, parce que leurs prémisses ne sont évidemment que des abstractions arbitraires, ce qu'elles ne paraissaient pas être dans leur temps. Mais le chrétien ne peut se contenter de la vie future sur la terre et dans l'histoire; il veut être Dieu, il veut tout savoir lui-même, sans s'inquiéter si les autres hommes savent ce qu'il ne sait pas. Il prouve par là que les intérêts de la science et de l'art, sur lesquels il fonde la nécessité d'une autre vie, ne sont, sans qu'il le sache, qu'un prétexte de son égoïsme. Celui qui s'intéresse réellement pour la science et pour l'art, celui-là en appelle à l'avenir et se trouve pleinement satisfait si les questions qui lui paraissent insolubles sont un jour résolues, quand même il ne vivrait pas assez longtemps pour en connaître la solution. Celui qui s'élève une fois au point de vue de la science doit renoncer à tout connaître par lui-même ; il y a même déjà, sans le savoir, renoncé par avance ; car les sciences et les arts ne peuvent fleurir que par le concours de toutes les forces humaines ; ils ne sont pas une propriété particulière, mais le bien commun de l'humanité. Et il ne lui est pas difficile d'y renoncer naturellement, sans aucune douleur, parce que l'homme, comme nous l'avons déjà dit, ne se livre avec une inclination dominante qu'à une certaine branche de la science et de l'art, et ne demande rien de plus que de pouvoir produire dans cette seule branche quelque chose de parfait. D'ailleurs, entre tous les arts et entre toutes les sciences il y a des rapports communs ; chaque partie spéciale reflète, jusqu'à un certain point, le tout, et tout savoir particulier est, sinon en étendue, du moins en puissance, un savoir universel.

Le rationaliste, comme nous l'avons vu, plane entre le ciel et la terre, entre le christianisme et l'humanité, se montre partout en contradiction avec lui-même, surtout dans sa conception de la vie future, dans laquelle il sera Dieu, mais d'une façon humaine, éternel mais temporairement, infini mais d'une manière bornée, parfait mais imparfaitement. Nulle part cependant il ne montre plus son ignorance de la véritable nature humaine que lorsqu'il allie les progrès de l'avenir à la durée des individus. *De nouvelles vertus, de nouveaux points de vue, de nouveaux esprits, ne doivent leur origine qu'à la production de corps nouveaux et de personnalités nouvelles.* L'humanité ne fait des progrès sur la terre que parce qu'à la place des *vieux savants incorrigibles et des vieux Philistins en général*, viennent toujours des êtres neufs, frais, meilleurs, *désintéressés*.

La jeunesse est toujours meilleure que la vieillesse, de même que les princes de la couronne, du moins tant qu'ils restent princes, sont toujours meilleurs que les rois leurs pères. Les vieux, sans remarquer que leur esprit aussi bien que leur corps est, pour ainsi dire, pétrifié, s'élèvent de toutes leurs forces contre les idées nouvelles, les rejettent comme fausses et impraticables, et traitent leurs révélateurs, les nouveaux, *d'hommes frivoles, immoraux, corrupteurs*, tandis qu'à côté d'eux, vieux pécheurs et vieux hypocrites, ils sont réellement de vrais héros, même des dieux. L'humanité en a toujours agi ainsi : ce qui est ancien est toujours le bon, le juste, le praticable, le saint, le vrai ; ce qui est jeune est tout le contraire. Les vieux religionnaires d'aujourd'hui emploient, pour calomnier et maudire tous ceux qui aspirent à faire pénétrer dans l'humanité une nouvelle science et une nouvelle vie, *les mêmes paroles* qu'employaient autrefois les catholiques pour calomnier et condamner à l'enfer les protestants, les mêmes paroles dont se servaient les païens pour calomnier les chrétiens. L'homme a si peu une tendance à un perfectionnement illimité, que, comme la matière en général, il a en lui un penchant à rester toujours dans le même état, une énorme force d'inertie, comme le prouve la religion, qui n'est pas autre chose que le maintien d'idées et de croyances qui, dans un temps donné, exprimaient et épuisaient toute la mesure de la pensée et de la nature humaines, mais qui, par leur prétention à une direction éternelle de l'esprit, sont passées en héritage d'une génération à l'autre comme une éternelle maladie. Il a si peu une tendance infinie à la science, que tout au contraire les bornes de ses connaissances dans un temps déterminé sont pour lui les bornes de la nature humaine, c'est-à-dire ne sont pas des bornes pour lui, et que tout ce qu'il pense, sait, écrit et fait à ce moment lui paraît être ce que l'homme en général peut penser, croire et faire de plus grand et de plus élevé; aussi, loin de se sentir porté à faire disparaître ces barrières spirituelles, il les divinise et en fait des lois éternelles. Chaque époque proclame immortels ses poëtes, ses artistes, ses philosophes, ses héros, bien que souvent, après quelque temps, il ne reste d'eux pas même leur nom. Chaque époque résout à sa manière, même les problèmes qui sont pour elle insolubles, à la manière qui est pour elle la seule vraie, car toute autre solution, même la véritable, n'aurait pour elle aucun sens, parce qu'elle ne serait pas d'accord avec le reste de sa manière de voir. Chaque époque a autant de science et de vérité qu'elle en désire et qu'elle en a besoin; ce qu'elle ne connaît pas bien, elle se l'explique conformément à sa nature; ce qu'elle ne connaît pas du tout, elle n'a, ce qui se comprend facilement, aucun désir de le connaître. La borne du savoir est en même temps la borne du penchant à connaître. Celui qui ne sait pas que la lune est plus grande qu'elle ne paraît ne demande pas à savoir quelle est sa grandeur. Les tendances d'un être ne dépassent pas la mesure de puissance qu'il a reçue pour les satisfaire; il n'est entraîné à faire que ce qu'il a le pouvoir de faire, lorsque ses penchants sont réels, et non de pure imagination.

Lorsque le Grec ne pouvait pas former de ses mains le Jupiter Olympien, il n'avait pas alors dans sa tête l'idéal de Phidias, ni dans son cœur le besoin d'une telle œuvre d'art. Tout homme qui, par le malheur ou par une mort violente, n'est pas arrêté dans sa carrière, atteint, sinon en imagination, — car, entre la pensée et l'être, entre la fantaisie et la réalité, il y a une différence éternelle, indestructible, — du moins en réalité son idéal. Car qu'est-ce que l'idéal ? C'est ma tendance naturelle, c'est ma puissance propre en tant qu'objet de mon imagination et de ma conscience, en tant que but de ma vie et de tous mes efforts. Lorsque l'humanité ne peut pas produire des poésies meilleures que celles d'un Gottsched, alors Gottsched est l'idéal du poëte. Dans ce fait que les idées de l'humanité ne dépassent jamais ses besoins, les déistes voient la preuve d'une sagesse et d'une Providence divines ; mais, de même que certains phénomènes naturels que ces mêmes déistes regardent comme la manifestation d'une sagesse infinie, tels que les divers modes de conservation et de reproduction des animaux, ne sont que la preuve de l'ignorance et de la limitation de la nature, de même ce phénomène historique n'est qu'une preuve de la justesse de tact, de l'ignorance et de l'égoïsme de l'homme.

Mais d'où vient donc que les hommes veulent avec tant d'opiniâtreté le maintien de leurs idées et de leurs institutions, de leurs dogmes religieux et de leurs systèmes scientifiques ? Cela provient de ce que le penchant à tout connaître est limité chez eux par leur penchant au bonheur, à la vie, à leur propre conservation. Les individus qui se distinguent surtout par leur intelligence, dont toute activité est déterminée par l'activité du cerveau et chez lesquels, par conséquent, la tendance au bonheur est entièrement d'accord avec la tendance à la science, parce que le savoir seul les satisfait, ces individus ne sont qu'une exception apparente. L'esprit, la raison en général n'est rien d'indépendant, n'est rien de différent de l'homme. Telle est ma manière d'être, telle est ma manière de penser. Le type de mon individualité est aussi le type de ma raison. Nous sommes tous hommes, mais chacun de nous est un homme différent. Un accord parfait entre les hommes dans les affaires de croyance ou de foi ne peut être l'œuvre que d'une violente oppression ou d'une profonde hypocrisie. Nous pouvons bien nous approprier les idées des autres lorsqu'elles ne diffèrent des nôtres que dans des cas particuliers; mais lorsqu'elles sont en contradiction avec notre nature, avec notre manière d'être en général, alors elles sont pour nous des poisons que nous ne pouvons nous assimiler. Les différences d'opinion dénotent des différences de nature, de caractère, de personnalité; c'est pourquoi la haine contre les opinions d'un homme dégénère en haine personnelle, et de même le penchant pour ses opinions devient inclination pour sa personne ou la suppose déjà. Se mettre dans la tête qu'un théologien voudra bien reconnaître pour des rêves ses idées surnaturelles, c'est se figurer, d'après sa manière de voir, qu'il voudra bien d'ange devenir démon. Se figurer qu'en général un homme peut mettre de côté ses opinions ou ses croyances fondées sur sa nature propre, c'est se figurer qu'il peut se séparer de son être, se séparer de lui-même. Aussi jamais l'arrogance et la stupidité des savants ordinaires ne se montrent plus que dans leur critique et dans leur réfutation des œuvres qui sont en contradiction avec les idées anciennes, traditionnelles, c'est-à-dire sacrées. Ils s'imaginent pouvoir se mettre un instant au point de vue de l'auteur; mais en ce cas comme en bien d'autres ils en sont encore au même point que les Kamtschadales et d'autres peuples sauvages qui croient que l'âme peut faire une promenade en dehors du corps et passer dans d'autres individus. Il est aussi impossible à l'âme d'un théologien de pénétrer dans l'être d'un homme libre ou d'un penseur qu'à l'âme d'une oie de passer dans le corps d'un aigle. L'homme nouveau, la jeunesse intellectuelle comprend bien la vieillesse ; mais celle-ci ne comprend pas la jeunesse comme le prouvent tous les jours dans la vie domestique les parents au détriment de leurs enfants, et dans la vie politique les vieux gouvernements pour le malheur de leurs peuples jeunes et pleins d'aspirations vers l'avenir. Les gouvernements étouffent par la violence toutes les doctrines qu'ils regardent comme funestes aux hommes et aux peuples. Mais rien n'est plus insensé, rien n'est plus grossier que de vouloir servir de tuteur ou de directeur à l'homme pour ce qu'il doit croire et penser, que de le protéger avec un soin en apparence tout paternel, mais en réalité despotique, là où chacun a dans l'instinct de son amour de lui-même son vrai génie protecteur. Celui à qui cette doctrine, que la divinité, ou ce qui est la même chose, que l'immortalité de l'homme n'est qu'un rêve est réellement funeste, celui-là n'a pas besoin pour la rejeter du secours de la police ou du clergé chrétien. Tout-puissant est chez l'homme l'instinct de sa conservation. Une vérité nouvelle peut bien avoir d'abord des effets funestes, destructeurs, parce qu'avec ses vieilles idées l'homme croit toujours voir disparaître les fondements de son existence ; mais ces blessures se guérissent d'elles-mêmes avec le temps. La vérité, d'abord amère, devient plus tard la confidente du cœur. Il est quelquefois possible d'imposer à des individus et même à des peuples entiers des opinions et des doctrines qui répugnent à leur nature ; mais pourtant où cela arrive on leur impose une autre manière d'être et on étouffe la leur. Tous les peuples chez lesquels on a fait pénétrer de vive force le christianisme qui jette dans un même moule l'humanité tout entière, tous ces peuples se sont vu imposer en même temps avec le joug de la foi chrétienne le joug du despotisme chrétien et l'eau de vie chrétienne.

Ce n'est donc jamais que la *génération nouvelle, que la jeunesse qui prouve dans l'humanité une faculté d'amélioration et de perfectionnement*, par cette raison toute simple et toute naturelle que la jeunesse est encore ouverte, franche, sincère et n'a aucun intérêt personnel, égoïste à se liguer contre une nouvelle vérité, comme les hommes vieux de corps et d'esprit qui, par égoïsme, vanité, préjugé, habitude, devoir de profession, sont les ennemis jurés de toute innovation fondamentale. Il suit de là que, si des hommes tels qu'ils sont nous déduisons l'idée générale de l'homme pour embrasser dans cette idée les qualités et les facultés diverses qui distinguent les hommes dans la réalité, nous arriverons à cette proposition : l'homme est aussi bien un être fixe, immobile, ennemi de tout progrès, qu'un être mobile, progressif, ami de l'innovation. Mais l'union de ces qualités contradictoires dans un seul et même sujet n'est possible que dans la miraculeuse dialectique du rationalisme chrétien. Dans la réalité et dans la raison qui se fonde sur l'étude de cette réalité, cette contradiction s'évanouit, parce que les qualités différentes n'appartiennent qu'à des êtres différents. La perfectibilité de l'homme parle si peu en faveur d'une autre vie, d'une continuation de l'existence, que c'est *au contraire la mort des vieux pécheurs et des vieux Philistins arriérés et pétrifiés qui est la condition de tout progrès, et que c'est seulement sur la ruine, sur la disparition du vieux, du* semper idem *que se fonde l'espoir d'une existence nouvelle et meilleure*. Croire qu'on peut rester la même personne, le même être et faire des progrès infinis, c'est tout simplement croire aux miracles.

Quelle folie n'y aurait-il pas à transporter un Grec du temps du grossier Hermès dans l'époque d'un Phidias et d'un Sophocle pour lui procurer la jouissance de la contemplation des chefs-d'œuvre de l'art! Le vieux Grec ne serait plus lui-même ou bien il serait incapable de juger ces œuvres parce qu'elles n'auraient aucun sens pour lui. Son sens de l'art ne dépasserait pas la mesure des productions artistiques de son temps; leur grossièreté, était alors l'expression de sa propre grossièreté, et il en était satisfait. Le Grec barbare et grossier et le Grec poli, cultivé, perfectionné, quoique tous les deux Grecs, sont des êtres si différents qu'on ne peut expliquer ce contraste que par la différence des temps et des générations.

Pour prendre un exemple plus près de nous, mettons à côté l'un de l'autre un ancien Germain et un Allemand chrétien moderne; quelle différence! Qui peut se figurer que ce même Germain, qui n'entendait la voix de la divinité qu'au milieu des cris de guerre et du cliquetis des armes, pourra se délecter au son des flûtes ou des cloches de la prêtraille prussienne, sans perdre complétement sa manière d'être même corporelle en acquérant ce raffinement de goût? Cette même main qui maniait sans cesse l'épée pourra-t-elle manier aussi bien un instrument de musique, de physique, de chirurgie ou la plume diplomatique, intrigante d'un hypocrite chrétien ou d'un dénonciateur? Cet estomac accoutumé à la rude boisson tirée des sucs de l'orge pourra-t-il supporter le thé chinois servi dans les cercles du soir aux gens de la société « cultivée »? Impossible; tu ne peux pas plus élever l'ancien Germain au même degré que l'Allemand d'aujourd'hui que tu ne peux faire du thé avec les sucs de l'orge. Si, par conséquent, l'homme se perfectionne dans la vie future, ce perfectionnement sera essentiel, radical, ou seulement superficiel. Dans le premier cas, l'unité de mon être et de ma conscience est détruite; je suis tout différent de ce que j'étais d'abord, aussi différent que le sera de moi l'être qui, après ma mort, continuera mon œuvre et la mènera à son terme. Dans le second, je suis toujours le même, je reste au même degré; ce qui est ajouté à mon être n'est que quantitatif, n'est qu'une addition superflue et inutile.

Certainement l'homme a une tendance à se perfectionner, même l'homme le plus immobile, le plus opiniâtre dans ses idées et dans son caractère. Mais ce penchant ne doit pas être isolé et développé jusqu'à l'infini de la fantaisie théologique; c'est un penchant subordonné, accidentel, — *sit venia verbo*, — et non substantiel. Le penchant principal, primitif de l'homme est le penchant à sa propre conservation. Les vœux de l'homme, du moins ceux qui sont fondés, ne vont pas au delà de ses facultés déterminées, caractéristiques. Les vœux du laboureur ne dépassent pas sa condition, ceux du savant ne vont pas au delà de la condition de savant, ceux du philosophe au delà de la philosophie. Diogène ne veut point être un Alexandre, ni Napoléon un Raphaël ; Napoléon veut être de plus en plus Napoléon, Diogène de plus en plus Diogène, le savant de plus en plus savant. L'Esquimaux transporté à Londres regrette sa viande de chien de mer ; ses désirs ne dépassent pas les frontières de sa patrie, il ne veut être et avoir que ce que l'Esquimaux en général peut être et avoir. De même l'homme en général ne veut rien être, rien avoir autre chose que ce qu'il est et ce qu'il a déjà : seulement il le veut augmenté, porté à un plus haut degré. Fidèles à notre caractère essentiel, nous restons toujours dans la même voie et nous ne pouvons nous perfectionner qu'autant que nous pouvons changer dans le cours du temps sans cesser d'être les mêmes. Nous faisons toujours des progrès, mais ils ne sont que quantitatifs. Nous nous figurons bien, chaque fois que nous produisons un nouvel ouvrage, mettre au jour quelque chose de nouveau ; mais dès qu'un peu de temps s'est écoulé, nous nous réveillons de cette illusion et nous reconnaissons la parenté de cet ouvrage avec ceux qui l'ont précédé. De même que les naturalistes se font un plaisir de former de nouveaux genres et de nouvelles espèces avec les moindres différences qu'ils trouvent entre les plantes ou les animaux pour se faire à eux-mêmes un nom avec le nom d'un animal ou d'une plante, de même nous aimons à mettre sur le compte de notre propre virtuosité tout ce que nous devons à l'influence seule du temps et nous nous regardons comme des êtres nouveaux chaque fois que dans le cours de la vie quelques changements se sont opérés en nous. Mais l'espèce, la forme, le type, le caractère,—qu'on nomme cela comme on voudra,— de notre être physique aussi bien que de notre être moral ne changent jamais. Un mauvais poëte ne peut pas plus devenir un bon poëte, une tête superstitieuse une tête pensante, un caractère envieux et rampant, un caractère noble qu'un chat-huant ne peut devenir un rossignol ou un âne un coursier. Il est vrai que tout ce qui est nouveau met d'abord partout le désordre et la confusion ; mais les anciennes qualités, les vieilles inclinations et les vieux défauts relèvent bientôt la tête de même que les païens devenus chrétiens, dans les circonstances décisives avaient toujours recours à leurs anciens dieux. Vieil amour ne prend pas de rouille, peut-on dire aussi dans ce cas. L'homme éprouve bien des révolutions et des métamorphoses réelles ; mais elles ne sont rien moins que des miracles. La conversion de saint Paul se renouvelle tous les jours. Je hais la philosophie, parce qu'elle détruit la foi, s'écrie tel ou tel individu ; mais il n'a besoin que de rencontrer le livre ou l'homme qu'il lui faut et d'ennemi acharné de la philosophie il en devient l'ami passionné. Chaque homme arrive ainsi plus ou moins dans la vie à un moment où il rompt le serment de fidélité éternelle qu'il avait juré à une idole quelconque, parce qu'il reconnaît que ce serment était faux sans qu'il en eût conscience. Mais l'homme n'est pas devenu pour cela un autre homme ; tout au contraire il est devenu lui-même, il est sorti d'un rêve pour arriver à la conscience de son talent et de sa véritable vocation.

Notre perfectionnement n'est qu'un développement de notre nature et ce développement ne fait qu'exprimer d'une manière de plus en plus claire, que mettre sous un meilleur jour nos qualités et nos défauts, en un mot *ce que nous sommes*. Le sens de notre être reste toujours le même, les mots seuls changent; nous disons toujours la même chose, mais toujours plus clairement. Nous purifions par l'expérience les défauts de notre nature, nous devenons *critiques;* mais malheureusement avec les défauts de la jeunesse nous ne perdons que trop souvent ses vertus. Comme tous les mystères de la théologie, notre tendance à une perfection croissante ne trouve que dans l'anthropologie son sens et sa solution : nous ne pouvons jamais en déduire un Dieu, un être céleste, surnaturel, si ce n'est là où l'on fait de cette tendance une tendance surnaturelle et fantastique, nous ne pouvons en tirer rien autre chose que l'homme. En un mot, ce penchant n'est pas un créateur *ex nihilo*, ce n'est qu'un architecte qui façonne et travaille la matière qu'il a sous la main.

La première œuvre écrite par l'homme, quelque défectueuse qu'elle soit, contient déjà toutes celles qui l'ont suivie quelle que soit leur perfection. Un esprit pénétrant peut y découvrir toutes les qualités qui dans les œuvres postérieures paraîtront à la lumière plus brillantes et plus nettes de manière à frapper les yeux même des moins clairvoyants. Le premier écrit est comme un principe audacieux dont tous les écrits qui le suivent ne sont que les preuves et les conséquences. Heureux est celui à qui il est donné de tirer lui-même les conséquences de ses propres principes. Mais cela n'est pas nécessaire. Non! les œuvres les plus riches et les plus complètes sont celles qui contiennent sans les exprimer des conséquences inépuisables. Telle est aussi notre vie (1). Nous n'avons pas besoin de développer nos talents jusqu'à leur complète et dernière expression; leur but est atteint si nous en exprimons seulement les prémisses. Il n'est donc rien d'inutile et de superflu comme cette vie future qui ne fait que délayer, pour ainsi dire, et étendre jusqu'à l'infini les conséquences de l'aphorisme si riche et si parfait de notre vie terrestre, *conséquences exprimées ici-bas en peu de mots, mais avec d'autant plus d'esprit et d'énergie.*

(1) Très-peu d'hommes, il est vrai, meurent à un point où tout progrès de leur part puisse être regardé comme impossible : peu épuisent, pour ainsi dire, leur nature jusqu'à la dernière goutte; la plupart auraient encore pu faire quelque chose s'ils avaient vécu plus longtemps; mais on en peut dire autant des plantes et des animaux. La plus grande partie d'entre eux auraient pu continuer aussi à se développer si une cause quelconque de mort n'avait mis obstacle à ce développement. C'est un phénomène remarquable, quoique facile à comprendre, que les animaux atteignent un âge beaucoup plus avancé sous la protection de la providence de l'homme que dans l'état de liberté sous la protection de la providence divine, c'est-à-dire de la nature. — C'est là une preuve tout à fait populaire que dans la nature aucune puissance ne règne, si ce n'est celle de la nature elle-même, et que là où cessent la providence, la raison de l'homme, là cesse aussi toute providence en général, du moins dans notre nature, c'est-à-dire sur la terre.

REMARQUES

Le principal reproche que l'on a fait à ces pensées sur la mort et l'immortalité, c'est d'être absolument négatives, c'est de détruire, d'anéantir la personnalité. Mais ce reproche est tout à fait superficiel. Si je prouve à un homme qu'il n'est pas en réalité ce qu'il croit être en imagination, je suis certainement négatif envers lui, je lui fais mal, je lui ôte son illusion; mais je ne suis négatif qu'envers son être imaginaire, non envers son être réel. Je reconnais avec joie toutes les qualités que d'ailleurs il peut avoir, je ne fais que lui enlever son imagination, afin qu'il acquière la vraie connaissance de lui-même et qu'il dirige ses pensées et sa volonté vers des objets qui répondent à sa véritable nature et qui ne dépassent pas ses forces. « Je connais, dit Castiglione dans son *Cortegiano*, un musicien distingué qui a mis de côté la musique pour se livrer à la poésie, et qui se croit le premier poëte du monde, bien qu'il se rende ridicule auprès d'un chacun avec sa manie de faire des vers. Un autre, un peintre des plus habiles que l'on connaisse, n'a que du mépris pour cet art et s'adonne à l'étude de la philosophie, dans laquelle il ne produit que des chimères. Eh bien, si je refuse à ce peintre la qualité de philosophe, à ce musicien la qualité de poëte, suis-je négatif, suis-je cruel envers eux? Ne suis-je pas, au contraire, leur bienfaiteur, leur sauveur, même si je combats leur folie avec l'arme de l'ironie la plus amère, pour les ramener à la raison et à l'emploi de leurs véritables talents? » C'est ce qui a lieu pour l'immortalité, avec cette seule différence que ce qui en dehors de la religion passe pour une révélation de la fantaisie humaine est considéré dans la religion comme une révélation de la vérité et de la sagesse divines. Je ne refuse à l'individu que son *talent imaginaire* pour la vie immortelle, afin qu'il fasse valoir son talent pour cette vie, et ne le sacrifie pas à une illusion; car partout où la croyance en une vie future est un fait et une vérité, partout où une certaine prudence ne vient pas s'interposer entre cette croyance et ses conséquences, partout elle ôte à l'homme ses moyens et ses facultés pour la vie présente, comme nous le voyons d'une manière frappante chez les peuples qui sacrifient à cette erreur religieuse leurs biens et leur sang et ensevelissent avec chaque mort dans le tombeau non-seulement ses richesses, mais encore ses femmes et ses serviteurs. Il en est ainsi chez les chrétiens, seulement ce n'est pas le corps, c'est l'âme, c'est la raison qu'ils sacrifient. Je nie donc seulement la personnalité imaginaire, pour pouvoir affirmer avec d'autant plus d'énergie la personnalité vivante et réelle. Je rejette les prétentions au ciel pour donner plus de valeur aux prétentions à la terre, et pour relever l'importance de l'homme et de la vie terrestre. Je veux que les hommes n'attendent pas que les cailles leur tombent du ciel toutes rôties dans la bouche, mais qu'ils les prennent et les fassent rôtir eux-mêmes. Je ne me flatte pas pour cela de l'espoir que le ciel chrétien sera un jour réalisé sur la terre, non! il restera toujours dans les nuages de la fantaisie : mon but est, je le répète, de faire en sorte que l'homme ne laisse pas échapper les biens de ce monde en attendant ceux du ciel, et qu'il préfère un bonheur limité mais réel à une félicité infinie mais qui n'a d'existence que dans l'imagination.

« Mais cette croyance qu'il n'y a pas d'autre vie que celle-ci n'ôtera-t-elle pas à l'homme sa force la plus noble, la plus sublime, la force de se dévouer, de donner sa vie en sacrifice? Qui voudra braver la mort, si notre vie terrestre est notre vie unique, si elle acquiert la valeur d'un bien dont la perte est irréparable? » Oh! bien sûr, les hommes mortels ne s'entendront plus aux sacrifices de luxe, aux sacrifices fantastiques des chrétiens immortels; ils ne se laisseront plus prendre l'argent dans la poche pour le bien de l'Église par des Tezel chrétiens; ils ne se laisseront plus manier comme des instruments sans volonté par le despotisme religieux ou politique; ils ne répandront plus un sang précieux pour satisfaire les caprices des prélats et des princes; mais ils s'entendront aux sacrifices qui sont nécessaires, et ceux-là seuls sont les sacrifices vrais; seuls ils ont un sens et une raison d'être. Celui qui fait un sacrifice sans nécessité et sans besoin, celui-là est un fou ou un hypocrite. Tout sacrifice est une action poétique, une action produite par l'enthousiasme; mais on ne se met pas à volonté dans un état d'enthousiasme. Les sacrifices *ex officio*, les sacrifices de commande sont aussi mauvais que les poésies de commande. Le vrai penseur, le vrai poëte ne peuvent pas plus toujours produire que l'arbre ne peut toujours produire des fleurs et des fruits. La poésie *à priori*, qui n'a pour fondement aucune impression interne ou externe, aucun besoin, aucune souffrance, a aussi peu de valeur que la philosophie *à priori*. On peut en dire autant de la morale. La morale isolée de l'homme, la volonté indépendante qui ne présuppose rien a aussi peu de réalité que la logique qui a pour principe le rien. Les sacrifices véritables sont, comme nous l'avons dit, des actes de passion enthousiaste; ils sont l'expression complète, involontaire de notre nature. Mais l'occasion de ces actes ne se présente pas dans la vie de tous les jours, vie que l'habitude rend prosaïque; elle ne se présente que dans les cas critiques, que dans les moments extraordinaires, dans les moments où l'homme perd tout s'il n'ose tout, parce que ce qu'il a de plus cher est en jeu et qu'il s'anéantit moralement s'il reste dans l'inaction. De même qu'il y aura des poëtes tant qu'il y aura matière à la poésie, de même, toutes les fois qu'un sacrifice sera nécessaire, il y aura des hommes pleins d'abnégation et de dévouement pour l'accomplir, indépendamment de l'ordre du devoir et des articles de la foi chrétienne.

Je ferai remarquer que je n'ai voulu parler jusqu'ici

que des sacrifices actifs, héroïques; car, pour ce qui regarde les sacrifices passifs, c'est-à-dire les maux que l'homme supporte pour ses convictions, le temps présent nous fournit les preuves les plus nombreuses et les plus frappantes que l'incrédulité, ou, si l'on veut, la croyance qu'il n'y a point d'autre vie, n'enlève pas à l'homme la force de renoncer aux biens de la terre. Nous voyons partout les incrédules souffrir pour leurs opinions toute espèce de persécutions, l'exil, la spoliation et la calomnie. C'est ainsi que la page s'est retournée! Autrefois les hommes croyaient en Dieu, à cause de la vie immortelle; il n'y croient maintenant qu'à cause de la vie terrestre; autrefois la croyance en Dieu ou en l'immortalité, — ce qui est tout un, — entraînait la perte des biens de ce monde: maintenant elle en procure le gain et la jouissance; autrefois l'athéisme était une affaire des cours, du luxe, de la vanité, de la frivolité; il est maintenant l'affaire des travailleurs de corps et d'esprit, du sérieux, de la nécessité, de l'humanité; en un mot, tandis que les chrétiens étaient autrefois les pauvres, les souffrants, les persécutés, ce sont maintenant les incrédules. Quel changement étrange! les chrétiens de nom, les chrétiens en théorie sont les païens en pratique et en vérité, et les païens de nom sont dans la pratique les chrétiens véritables. Aussi ceux qui maintenant dans leur opinion et dans celle des autres passent pour les amis et les défenseurs du christianisme en seront considérés plus tard comme les ennemis, et réciproquement.(1).

(1) Celui qui reconstitue le christianisme primitif rétablit avec lui les principes de toutes les conséquences que par ce

J'ai dit que les seuls vrais sacrifices sont ceux qui ont leur origine dans une nécessité interne ou externe, ceux qui ne sont, pour ainsi dire, ni des sacrifices ni des actions méritoires. C'est là une assertion qui n'a pas de sens pour les moralistes chrétiens, car pour eux l'idée de la vertu est identique à celle d'un ordre de mérite quelconque, civil ou militaire. Mais je ferai cette question : Manger et boire, dormir et veiller, laver et blanchir, lire et écrire, en un mot tous les actes sociaux et naturels de l'homme sont-ils moraux ou immoraux ? Et tout homme raisonnable me répondra : Ils ne sont ni l'un ni l'autre. Quand se produit donc l'idée de la moralité ou plutôt de l'immoralité, puisque celle-là suppose celle-ci ? C'est seulement quand on néglige pour une action non immorale en soi une autre action aussi peu morale qu'elle. Si cette femme que voici aime la société, la conversation, — et cet amour n'est point immoral, — mais néglige pour cela le soin de ses enfants, on l'appellera une mauvaise mère, bien que l'acte de soigner ses enfants de la part d'une mère ne soit pas en soi un acte moral, parce qu'il est une conséquence de l'amour maternel. Ce qui pour cette femme sera un sacrifice une vertu, ne le sera pas pour une autre qui n'aura pas comme elle des inclinations en lutte avec son amour maternel, et qui, au contraire, ne se trouve nulle part mieux qu'au foyer domestique

---

rétablissement il veut mettre de côté. Les doctrines nouvelles sont et veulent ce qu'était et ce que voulait autrefois le christianisme. Il faut que ce rétablissement, pour être vrai, pose un nouveau principe, sinon il n'est qu'une vaine et stupide répétition.

au milieu de ses enfants. Le devoir n'est donc rien moins qu'un *Deus ex machina*, qu'un météore tombé du ciel sur la terre; sa nature n'est point d'une autre espèce que celle des inclinations humaines en général; il n'est pas autre chose dans l'homme qu'un penchant refoulé, irrité, qui fait valoir ses droits contre l'ambition d'un autre penchant qui veut le dominer. Il est impossible d'imposer comme devoir à l'homme ce qui n'a pas son fondement dans un penchant naturel; ce qui ne peut être fait naturellement, par pure inclination, par aucun de ses semblables. Aussi rien n'est plus faux que de considérer le devoir en lui-même comme quelque chose de spécial et de l'opposer aux penchants. « Si la nature, dit Kant, avait mis dans le cœur d'un homme peu de sympathie, et si cet homme, d'ailleurs plein de probité, mais froid par tempérament et indifférent aux maux des autres, peut-être parce qu'il est doué d'une grande force pour supporter les siens, et qu'il exige ou suppose chez les autres la même force; si cet homme, — qui certes n'est pas une des moins bonnes productions de la nature, — n'était pas précisément un philanthrope, n'aurait-il pas néanmoins beaucoup de raisons pour s'attribuer une tout autre valeur que celle d'un tempérament naturellement bon? Personne n'en peut douter; le caractère moral le plus élevé, sans comparaison, est celui de l'homme qui fait le bien, non par inclination, mais par devoir. » C'est vrai, nous ne devons pas agir seulement par inclination, par tempérament, mais encore par devoir, par principe; mais qu'est la bienfaisance pratiquée conformément au devoir, sinon le penchant à la bienfaisance devenu objet de la conscience et de la raison? Il en est ainsi de toutes vertus. Le devoir n'est pas *à priori* en moi, il dérive par abstraction du penchant et du sentiment (1). Il n'est qu'un phénomène, qu'une conséquence de la nature humaine, conséquence qui avec le temps est élevée au rang de principe, de cause, quand l'homme a oublié l'origine de toutes choses. Ce que l'homme a d'abord reconnu comme but de ses inclinations, comme une nécessité de sa nature, il en a fait une loi, un devoir. Si j'agis, par conséquent, sans inclination, purement par devoir, si c'est possible, j'agis à la façon du singe, car ce qui n'a pas son origine dans mes penchants m'est venu par voie de tradition. Aussi les vertus de la plupart des hommes ne sont que des vertus traditionnelles, imitées, qui, ne provenant pas de la source pure des sentiments, ne sont des vertus qu'en apparence. Une vertu sans inclination est comme un mot qui n'a pas de sens, car le devoir n'est qu'un mot, un nom dont le sens primitif est le penchant, la tendance. Ce que je fais sans y être porté par ma nature, je le

---

(1) *Omnibus enim natura fundamenta dedit semenque virtutum: omnes ad omnia ista nati sumus.* (Seneca, Ép. 108.) Kant dit lui-même : « Il est des hommes qui naturellement ont un caractère, et qui semblent nés pour la grandeur d'âme, l'héroïsme, etc. » — On connaît l'épigramme de Schiller contre le rigorisme de Kant :

Il se fait à lui-même ce reproche :

« Je sers volontiers mes amis, mais malheureusement je le fais avec plaisir ; aussi ai-je souvent du remords de ce que je ne suis pas vertueux. »

Et il répond :

« Eh bien ! il n'y a qu'un moyen : il faut chercher à les mépriser pour faire ensuite à contre-cœur ce que t'ordonne le devoir. »

fais malgré moi, par contrainte, et c'est la raison pour laquelle je m'en fais un mérite ; mais j'avoue par cette prétention que ma vertu est une vertu fausse, hypocrite, qu'elle me met en lutte avec moi-même. Et en effet : quelle est la récompense de la vertu ? Le bonheur. Et qu'est le bonheur ? Une vie d'accord avec nos inclinations et nos penchants. La vertu doit être un jour heureuse, c'est-à-dire elle ne sera plus en contradiction avec notre nature, elle ne sera plus vertu ; mais cela n'aura lieu que dans le ciel. Pourquoi donc ? Ce qui est bon dans le ciel l'est également sur la terre ; ce que tu attends d'en-haut, tu dois et tu peux te le procurer toi-même. La vertu d'accord avec les sentiments de l'homme, et par cela même heureuse, la vertu qui n'est ni ne veut être une vertu, qui n'a aucune prétention, qui est un enfant naturel, un enfant de l'amour, est la seule véritable. Elle a bien un certain mérite ; mais ce mérite est le même que celui de toute activité humaine en général, bien que toute activité ait sa source dans nos tendances et dans nos facultés, parce que nulle part, pas même dans le domaine de l'art, l'homme ne fait rien sans peine. L'homme doit apprendre, travailler sans cesse à la sueur de son front ; il n'atteint jamais sa destination naturelle sans se proposer à lui-même un but, sans exercices, sans efforts, et, par conséquent, sans vaincre une foule innombrable de penchants et de désirs particuliers. C'est ainsi que, même pour la conservation de notre santé, pour la satisfaction du plus simple et du plus naturel de nos penchants, nous avons besoin d'un certain héroïsme. La volonté, cette idole du supranaturalisme en morale, est avec nos inclinations dans le même rapport que la raison avec les sens, dans le rapport du général au particulier, du genre aux espèces ou aux individus. Un exemple, — celui qui, comme le sauvage, sans penser aux conséquences, mange tout ce qu'il trouve jusqu'à ce qu'il n'en reste plus rien, est un esclave de la gourmandise; celui qui, par l'idée de l'avenir, détermine et règle la jouissance actuelle, celui-là mange avec liberté et raison. De même que l'avenir par lui-même n'est rien qui dépasse le monde des sens, bien qu'il ne soit l'objet que de ma pensée, de même ma volonté n'est rien de surnaturel, bien que ce soit par elle seulement que je m'élève au-dessus des penchants sensuels. Lorsque dans un festin je me modère assez pour ne pas m'enivrer, cette modération, cette tempérance est-elle la preuve en moi d'une force au-dessus de la nature? Pas le moins du monde; je prouve uniquement par là que je n'ai pas seulement un estomac, mais encore un cerveau, et que je ne veux pas laisser détruire l'activité de l'un par l'influence de l'autre.

La vertu fondée sur nos inclinations est donc la source d'un grand nombre de sacrifices; mais ces sacrifices n'ont aucune prétention à une récompense dans un avenir céleste, précisément parce qu'ils sont nécessaires, parce qu'il nous est impossible de satisfaire aucune de nos tendances, aucun de nos désirs, de nos penchants, sans laisser de côté, au moins pour quelque temps, une foule de désirs et de penchants accessoires. Se plaindre de cette nécessité, ce serait comme si un botaniste se plaignait de ne pouvoir mettre dans son *Herbarium* toutes les plantes qui fleurissent sur la terre. Il est vrai que l'on voit dans le monde un grand nombre de sacrifices dont la nécessité ne se voit pas du tout ; mais ces sacrifices ne peuvent pas, ne doivent pas être. Ce père, par amour pour ses enfants, pour apaiser leur faim, renonce à toutes les joies, à la satisfaction de tous ses besoins intellectuels : cela pourrait être autrement ; ce que ce pauvre homme n'a pas, un autre le possède jusqu'au superflu. De cette abnégation de la vertu comme de toutes les autres douleurs morales, il ne résulte rien moins que la nécessité d'une autre vie ; ce qui en résulte, c'est la nécessité de changer le mauvais état des choses, de détruire les maux qu'on peut faire disparaître de la vie humaine. Le ciel n'a son fondement que dans notre manque de confiance en nous-mêmes, que dans notre paresse et notre ignorance. Si du malheur de l'humanité on doit conclure à une autre vie, si nos souffrances morales sont réellement la garantie de l'existence d'un monde meilleur, alors tous nos efforts pour améliorer notre condition sur cette terre sont insensés, parce qu'en détruisant le mal sur la terre nous renversons les colonnes qui soutiennent le ciel. Tout progrès de la justice terrestre se fait au détriment de la justice céleste, tout gain pour la vie présente est un déficit pour la vie future.

———

Ces pensées sur la mort et l'immortalité méritent le reproche qu'on leur a fait d'être négatives, en ce sens qu'elles sont écrites au point de vue non pas précisément de la philosophie hégelienne, mais de la philosophie en général. La philosophie spéculative n'est pas autre chose que la philosophie de la misanthropie, de l'ascétisme, dans le domaine de la théorie. Le philosophe spéculatif n'arrive jamais à une vue claire des choses, parce que l'idée plane toujours dans son esprit comme la chose première; même lorsqu'il ouvre les yeux, il ne voit partout que des idées réalisées; le monde entier n'est pour lui qu'une allégorie de sa logique, de son dogmatisme ou de son mysticisme. Aussi lui est-il impossible de trouver le vrai principe, la vraie genèse, parce que l'idée est pour lui une aséité, quelque chose qui existe par soi, parce que partout il fait dériver de l'idée les choses sensibles, réelles, qui en sont au contraire la condition. Une œuvre écrite au point de vue de la philosophie spéculative, sur la mort et l'immortalité, est par conséquent nécessairement négative, incapable de satisfaire l'homme, car elle considère la question de l'immortalité comme une question en soi, c'est-à-dire *in abstracto*, indépendamment de l'homme. Il y a toujours quelque chose qui parle contre l'immortalité quand elle est affirmée par le philosophe spéculatif et quelque chose qui parle en sa faveur quand il la nie. La vraie négation est celle qui donne une explication de son objet, qui le nie indirectement, de manière à n'être qu'une négation involontaire, qu'une conséquence nécessaire. De cette façon, cette conclusion négative : « Il n'y a point d'immortalité, » ne fait qu'exprimer tout simplement ce qu'est l'immortalité, exprime que, si on en dévoile la nature, on a pour résultat le rien. La seule solution de ce problème qui épuise son sujet et réconcilie l'homme avec son résultat ne peut être donnée qu'au point de vue de l'anthropologie. Le point de départ de l'anthropologie est l'existence de cette croyance; pour elle l'existence est la chose première, non pas l'existence dans le sens de la logique d'Hegel, identique à la pensée, mais l'existence garantie par le témoignage des sens. L'anthropologie est assez modeste pour avouer qu'elle ne saurait rien de l'homme si l'homme n'existait pas, que toutes ses idées et ses connaissances sur l'homme, les choses et les êtres en général dérivent par abstraction de leur existence réelle. Pour ce qui regarde l'origine de l'homme, elle sait seulement que l'homme est plus ancien que le chrétien et le philosophe, et qu'il est impossible par conséquent qu'il doive son origine à la théorie chrétienne de la création ou à une construction philosophique *a priori*. Elle avoue sincèrement que l'idée de l'immortalité ne lui serait jamais entrée dans la tête si elle n'avait pas trouvé cette croyance déjà existante. Quand elle sait par expérience que les hommes croient, elle se demande ce qu'ils croient. En passant par l'étude des faits de l'existence d'une croyance à la recherche de sa nature véritable, elle arrive involontairement, nécessairement, à expliquer pourquoi elle existe, et à donner l'histoire intime de son origine et de son développement. Mais en mettant au jour la signification et en même temps le fondement de cette foi, elle la détruit. Car l'objet de la croyance, de la foi, ce n'est pas le problème résolu, c'est le problème encore sans solution ; ce n'est pas le soleil brillant sans voile à nos yeux, c'est le soleil encore sous l'horizon ou caché derrière un nuage. Aussi n'y a-t-il rien de plus superficiel que de reprocher à l'incrédulité allemande sa négativité et de lui prédire à cause de cela le sort de l'incrédulité française ou anglaise du dernier siècle. L'incrédulité allemande est en possession du secret de la foi ; elle a pénétré du regard jusqu'au fond de leur nature la foi et sa compagnie; la spéculation et le mysticisme ; elle est *science et volonté positive*, elle sait ce qu'elle veut et veut ce qu'elle sait ; elle n'est pas négative dans un autre sens que ne l'est la solution de l'énigme contre l'énigme, que ne l'est la lumière contre les ténèbres.

PENSÉES DIVERSES

« La source de notre savoir et de notre expérience dans la physiologie est tout autre que dans la psychologie. Cette dernière science n'a affaire qu'à des objets du sens intime dont le temps seul est le domaine, n'a à examiner que des représentations, des sentiments, des efforts de volonté, que nous ne pouvons point regarder comme des propriétés des corps, puisqu'il n'y a en eux rien qui ait l'espace pour condition. La physiologie du corps humain, au contraire, a pour point de départ les instructions fournies par les sens extérieurs, elle n'examine que des créations organiques composées de matières mobiles, que les propriétés de choses dont les mouvements et les formes sont perçus seulement dans l'espace. Tant que dans nos recherches sur les sensations, par exemple, il est encore question de la réfraction des rayons lumineux, de l'image formée sur la rétine, des vibrations de l'air, nous nous trouvons sur le terrain de la physique et de la physiologie; la psychologie ne s'occupe que de ce qui se passe dans notre intérieur; mais là on ne voit point de nerfs, point de vibrations; on n'y trouve que des perceptions, des sentiments, que des propriétés qui agissent seulement dans le temps. » C'est vrai, il n'y a dans la psychologie ni nerfs, ni cerveau, ni cœur, ni bile, en un mot rien d'étendu. Mais ce manque de choses solides, cette absence de tout matériel physiologique, ce vide complet a un fondement *subjectif*. Quand je désire, quand je goûte des aliments, je ne sais rien de l'estomac; quand je sens, rien des nerfs, quand je pense, rien du cerveau. Mais de ce manque subjectif de nerfs et de cerveau, tirer la conclusion qu'il doit y avoir là-dessous un être objectif sans cerveau et sans nerfs, c'est-à-dire immatériel, c'est comme si je voulais conclure que j'existe par moi-même et que je ne dois mon origine à personne, parce que je ne sens pas et ne sais pas par moi-même mais par d'autres que j'ai des parents. En fait, nous sommes tous, dans la psychologie, complétement ignorants sur ce qui regarde la généalogie de nos pensées, de nos sentiments et de nos volitions, et nous n'en voulons rien savoir, comme cet empereur d'Autriche qui défendait qu'on recherchât trop profondément la suite de ses ancêtres, de peur qu'en allant trop loin on ne se heurtât contre un tailleur ou un gardien de pourceaux. Aussi nous regardons-nous comme nobles parce que notre issue d'un sang plébéien est en dehors de notre conscience, comme éternels, parce que les dates nous manquent dans la mesure du temps. Dans la psychologie le sujet et l'objet sont identiques, dans la physiologie ils sont différents. La sensation que me font éprouver mon estomac quand j'ai faim, mon cerveau lorsque je pense, n'affectent que moi seul; mais mon estomac et mon cerveau, par eux-mêmes, sont l'objet de la physiologie et de l'anatomie; ce n'est pas à moi mais à d'autres qu'ils peuvent servir d'étude. La source de nos connaissances est donc évidemment tout autre dans la psychologie que dans la physiologie ; mais cette différence ne s'étend pas jusqu'à l'objet qui est le même pour toutes deux. Dans la première, la connaissance est immédiate, identique à l'objet, vivante ; dans la seconde, elle est médiate, morte, historique. La vie, la sensation, la pensée, ne peuvent être saisies que par elles-mêmes, ne peuvent être séparées de l'être, du sujet ou de l'organe, qui vit, qui sent et qui pense.

———

Il est bien certain que je puis distinguer, du moins en théorie et comme objet des sens extérieurs, mon corps non-seulement des autres corps, mais encore de moi-même ; mais que je me distingue aussi de mon organisme intérieur et surtout de l'organe intime de la pensée, du cerveau, c'est ce qui est impossible. Il m'est facile en imagination de considérer mon cerveau comme un objet quelconque et de me séparer ainsi de lui ; mais cette séparation est logique, imaginaire, et n'a rien de réel. En effet, je ne puis penser, distinguer, sans le secours de l'activité cérébrale ; le cerveau dont je me distingue est un cerveau pensé, représenté ; c'est la pensée d'un cerveau et non un cerveau véritable. Dans la séparation que je fais entre lui et ma pensée, je brise les rapports que je sais ou que je me figure exister entre eux, mais non ceux que je ne connais pas, dont je ne puis avoir conscience. La pensée et la représentation des choses paraissent ne pas être un acte cérébral parce que l'on peut parfaitement penser sans que cet acte se fasse sentir. En psychologie, les cailles nous tombent toutes rôties dans la bouche. Dans notre conscience et notre sensibilité, nous pouvons saisir les conclusions mais non les prémisses, les résultats mais non les procédés de l'organisme. Ce qui pour nous ou subjectivement semble être un acte spirituel, immatériel, insaisissable aux sens, est en lui-même ou objectivement un acte matériel, sensible. Ainsi, notre corps est pour nous sans pesanteur, il nous semble appartenir à la classe des impondérables ; mais pour d'autres c'est une autre affaire. L'acte cérébral est en nous l'acte le plus élevé, l'acte suprême, fondement et condition de notre personnalité ; c'est pourquoi nous ne pouvons le saisir comme distinct de nous-mêmes. Dans les autres fonctions organiques, celle de l'assimilation par exemple, l'activité subjective, celle qui m'est propre, identique, est suivie de l'activité objective de l'organisme différente de moi. Je saisis les aliments, je les goûte, etc.; mais une fois dans l'estomac, ils sont hors de la sphère de mon action, de ma conscience et de ma volonté, ils appartiennent à un monde intérieur. Dans l'acte cérébral, au contraire, l'activité subjective, arbitraire, spirituelle, et l'activité objective, matérielle, indépendante de ma volonté ne peuvent se distinguer l'une de l'autre. Même pour notre conscience, la pensée est un acte tout aussi bien involontaire que volontaire. Et c'est justement parce que tout contraste entre l'activité subjective et l'activité objective a disparu en elle, qu'elle paraît être subjective absolument. L'estomac que je sens tantôt vide, tantôt plein, le cœur que j'entends et sens battre, ma tête comme objet des sens, en un mot mon corps tout entier est perçu par un acte cérébral; mais cet acte cérébral, je ne puis le saisir que par lui-même, et telle est la raison pour laquelle je ne puis le distinguer de moi. C'est ce qui explique l'idole des anciens peuples et des hommes peu cultivés qui placent « l'âme, l'esprit, » non dans l'activité du cerveau, mais dans la respiration ou dans le battement du cœur.

———

Quand le psychologue dit : « Je me distingue de mon corps, » il parle comme le philosophe qui, dans la logique ou dans la métaphysique des mœurs, dit : « Je fais abstraction de la nature humaine. » Est-il possible que tu puisses faire abstraction de ta manière d'être? N'est-ce pas comme homme que tu abstrais? Penses-tu sans tête, et ta tête n'est-elle pas une tête humaine? Les pensées sont « des âmes qui nous ont quitté; » bien, mais l'âme partie n'est-elle pas le portrait fidèle de l'homme qui est resté? Les idées métaphysiques les plus générales ne changent-elles pas elles-mêmes à mesure que la manière d'être réelle des hommes change? Que veut donc dire ceci : « Je fais abstraction de la nature humaine ? » Rien, sinon que je fais abstraction de l'homme tel qu'il est dans ma pensée, mais non pas de l'homme tel qu'il est en dehors d'elle ou dans la réalité. Mon abstraction dépend, que je le veuille ou non, de ma nature propre. Le psychologue peut en imagination faire abstraction de son corps; mais il n'en est pas moins lié à lui de la manière la plus intime. Même pour ce qui regarde la pensée, nous avons une distinction à faire entre la pensée elle-même et la pensée de la pensée. Tu dis : Je pense, et tu crois en cela agir seul; mais Lichtemberg n'a-t-il pas le droit de prétendre qu'on ne devrait pas dire : Je pense, mais Ça pense en nous? Si la réflexion peut se distinguer du corps, s'ensuit-il pour cela que la racine et la base de cette réflexion, ce qui nous paraît penser en nous, s'en distinguent aussi? D'où vient donc que nous ne pouvons pas penser en tout temps, que souvent au milieu d'un travail intellectuel, malgré les plus grands efforts de volonté, nous ne pouvons pas bouger de place jusqu'à ce qu'une circonstance extérieure, comme par exemple un changement de température, vienne remettre nos pensées à flot? Cela provient de ce que l'activité intellectuelle est aussi une activité organique. Pourquoi devons-nous souvent traîner avec nous nos réflexions pendant des années entières, avant qu'elles deviennent claires et précises? C'est que les pensées aussi sont soumises à un développement organique, qu'elles doivent peu à peu se former et mûrir comme les fruits dans les champs, comme l'enfant dans le sein de sa mère.

Qu'exprime la distinction faite entre esprit subjectif et esprit objectif? Le voici : Schiller, pendant qu'il écrit, est l'esprit subjectif; Schiller une fois imprimé est l'esprit objectif. Tant que j'écris, les pensées tiennent encore à moi, à mon cerveau; elles sont liées à toutes sortes d'états pathologiques, souillées de sueur et de sang; une fois écrites, imprimées, livrées au premier venu, elles ne gardent aucune trace des conditions pénibles et honteuses sous l'influence desquelles elles se sont produites; elles ont effacé tout anthropopathisme. Semblables à des êtres divins issus de leur propre virtualité, elles n'inspirent plus que le sentiment du bonheur, du repos et de la perfection. Cette différence entre l'ouvrage écrit, en tant qu'objet de l'auteur, et ce même ouvrage en tant qu'objet du lecteur qui en jouit, cette différence peut se faire aussi en nous-mêmes. En face de notre conscience, les pensées nient leur origine matérielle, organique; elles sont débarrassées de tout rapport avec la chair et le sang, elles apparaissent comme un *ipse fecit*, comme des produits d'une génération spontanée; — mais notre moi, notre conscience n'en est pas proprement l'auteur; elle n'est que le lecteur, que le public en nous.

L'âme n'est pas plus que la divinité un objet d'expérience, de certitude immédiate, comme beaucoup le prétendent. Elle ne doit son existence qu'à une conclusion, et la base, la prémisse de cette conclusion, c'est principalement la simplicité ou l'identité de notre conscience. « Toutes les fois que je me suis examiné, dit Bonnet, je n'ai jamais pu, dans la supposition que l'âme est matérielle, m'expliquer l'unité du moi. J'ai cru voir distinctement que ce moi était toujours simple, indivisible, et qu'il ne pouvait être ni une simple modification de la substance étendue, ni la conséquence immédiate d'un mouvement; j'ai donc été obligé d'admettre l'existence d'une âme immatérielle pour me rendre compte de phénomènes qui, sans cela, me paraissaient inexplicables. » Cette unité de la conscience, telle que le psychologue la prend pour point de départ de ses conclusions sur l'homme, n'est pas un fait immédiat, mais un produit de l'abstraction et de la réflexion. Notre moi est en réalité aussi divers, aussi varié que son contenu. Je suis un tout autre moi dans le chagrin que dans la joie, dans la passion que dans l'indifférence, dans le feu de la sensation que dans le froid de la réflexion, avec un estomac vide qu'avec un estomac plein, en plein air que dans une chambre, en voyage qu'à la maison. Le sentiment de moi-même est toujours le sentiment d'un moi déterminé, d'un état particulier de mon être; jamais je ne me sens isolé, abstrait, simple, immatériel, différent du corps. Jamais je n'ai pensé sans tête, senti sans cœur. Ce n'est qu'en réfléchissant que je sépare le sentiment et la pensée des organes qui en sont la condition et que je les personnifie dans un sujet à part. Le moi sur lequel le psychologue fonde l'existence d'une âme immatérielle n'est rien moins que notre véritable moi; c'est un être de pensée pure, une copie qu'il prend pour l'original, une interprétation qu'il glisse dans le texte.

« Je suis le même être que ma mère a enfanté; depuis que je sais que j'existe, mon corps a renouvelé plus de dix fois ses liquides, ses cellules, tout son édifice de matières organisées; mais moi je suis encore ce que j'étais, le même que dans les jeux de l'enfance, les aspirations de la jeunesse, les travaux de la virilité. » Il est bien possible, en effet, qu'arrivé à l'âge mûr tu sois encore le même que dans ton enfance; mais pour moi je repousse de toutes mes forces cette identité de mon état passé et de mon état présent, et tous les hommes qui pensent sont d'accord avec moi. Tant que j'étais enfant, je pensais et je sentais comme un enfant; depuis que je suis homme, je pense et je sens comme un homme, c'est-à-dire, dans mon corps d'autrefois j'avais des idées et des inclinations enfantines ; dans mon corps d'aujourd'hui, j'ai des pensées et des inclinations viriles. En même temps que mon corps, ma conscience, mon moi sont devenus tout autres. Ce qu'autrefois j'admirais, je le dédaigne aujourd'hui et je m'en moque; ce qui me ravissait me dégoûte, ce que j'aimais, ce que j'identifiais tellement avec moi qu'il m'était impossible de croire que je pusse m'en passer m'est aujourd'hui complétement indifférent. Le fondement de mon être n'a pas changé, bien sûr! mais le fondement, le type, la constitution, en un mot l'individualité de mon corps, ne sont-ils pas aussi les mêmes? Tout a marché de front; je suis toujours le même, mais dans le même corps.

La vérité n'est ni le matérialisme, ni l'idéalisme, ni la physiologie, ni la psychologie; la vérité, c'est l'anthropologie. Ce n'est pas l'âme qui pense et sent, — car l'âme n'est que la personnification et l'hypostase de la fonction ou du phénomène de la pensée, du sentiment et de la volonté; ce n'est pas le cerveau qui pense et sent, car le cerveau est une abstraction physiologique, un organe que l'on a coutume d'étudier isolément après l'avoir arraché à ses rapports avec le crâne, le visage, le corps en général. Le cerveau n'est l'organe de la pensée que tant qu'il est lié à une tête et à un corps d'homme. L'extérieur suppose l'intérieur ; mais l'intérieur ne se réalise qu'en se produisant au dehors. L'essence de la vie, c'est la manifestation de la vie ; la manifestation de la vie du cerveau, c'est la tête. Entre le cerveau de l'homme et celui du singe il n'y a pas de différence remarquable ; mais entre le crâne et le visage de l'homme et le crâne et le visage du singe, quel contraste ! Le singe n'est pas dépourvu des conditions intimes de la pensée ; il ne lui manque que des circonstances extérieures favorables ; son angle facial aigu, la position oblique, tout à fait de travers de son cerveau l'arrêtent dans son développement, dans son essor intellectuel. On pense autrement dans un palais que dans une hutte dont le toit trop bas semble exercer une pression sur nous ; nous sommes tout autres à l'air libre qu'en prison ; des espaces étroits compriment, des espaces larges développent la tête et le cœur. Là où manque l'occasion de manifester un talent, là le talent manque aussi ; là où ne se trouve aucun espace pour l'action, là ne se trouve aucun penchant, du moins vrai, réel, qui nous porte à agir. L'espace est la condition fondamentale de l'esprit et de la vie. « Donne-moi un point d'appui, et je soulève la terre. » Or, le point d'appui est toujours quelque chose d'extérieur. Le singe ne pense pas parce que son cerveau a un faux point d'appui. Mais beaucoup d'hommes n'ont-ils pas fait des choses extraordinaires en dépit des circonstances extérieures les moins favorables ? C'est vrai ; mais que n'eussent-ils pas fait dans des circonstances toutes différentes? D'ailleurs, il ne faut pas juger ici d'après l'apparence, car des circonstances qui paraissent défavorables sont souvent en réalité excellentes, par rapport à une individualité particulière, et il ne faut pas perdre de vue les moyens par lesquels la nature se tire d'un mauvais pas. Si corporellement nous ne pouvons fuir l'étroit espace d'une prison, nous cherchons à nous en délivrer par l'esprit, par la fantaisie. L'esprit brise les chaînes du corps, il détruit un effet extérieur par une vigoureuse poussée, par un effet du dedans, et c'est précisément par son recours aux moyens les plus désespérés pour nous donner en imagination ce que nous n'avons pas en réalité, qu'il nous prouve la nécessité et la vérité de circonstances extérieures correspondant à nos besoins. En un mot, dès que l'espace manque, dans lequel une faculté pourrait se manifester, cette faculté fait ordinairement défaut. L'espace du cerveau, c'est la tête. Dans la tête l'intérieur est extérieur, l'esprit visible. S'il n'y a pas d'esprit sur le visage, il n'y en a pas dans la tête non plus; s'il n'y a pas d'âme dans les yeux ou sur les lèvres, il n'y en a pas dans le corps. Ce qui est dedans doit se produire au dehors. C'est sur la limite extérieure d'un être que se montre le mieux sa nature; la sensibilité la plus vive est répandue sur la surface du corps, sur la peau. Le sens cérébral ne se trouve que là où, comme nerf sensible, il sort de l'intérieur du crâne pour se porter à la surface. L'organe des sens le plus noble, l'œil lié par un gros nerf à toutes les parties du cerveau dont il semble la prolongation, est libre, nu, complétement ouvert aux objets. De même que la faculté de percevoir et de sentir se presse à la superficie, de même l'essence des choses se révèle dans la vie immédiatement aux sens. La science, du moins l'analyse, est directement opposée à la vie; elle va de l'extérieur à l'intérieur, et la vie de l'intérieur à l'extérieur; elle cherche la vie dans les profondeurs et elle brille à la surface, elle cherche l'être derrière les sens, et il est là devant eux.

―――

Ce qu'un être révèle à nos sens par sa forme, ses mouvements, sa manière de vivre, cela seul est son âme, sa vraie nature. L'âme d'un animal n'est pas autre chose que son individualité à laquelle appartiennent l'os, le muscle, la peau, tout aussi bien que le cerveau dans le crâne. On reconnaîtrait même l'individualité d'un homme non-seulement à la vue, mais encore à l'audition de son pas. L'homme communique volontiers à l'homme par l'organe de la parole ses pensées les plus intimes, ses désirs et ses sentiments. Distinguée de cette expression sensible de l'individu, qu'est l'âme, l'intérieur, l'être en soi? Quoi, si ce n'est un produit de l'abstraction? La manifestation sensible est *l'ultima ratio*, la *summa summarum*, la dernière raison des choses. La science des sens est la science des choses dernières, la révélation de tous les secrets. L'extérieur est l'intérieur dévoilé, mis à nu, n'ayant plus rien à dire. La terre n'est arrivée au repos qu'après avoir exprimé son être intime à sa surface par des créations organiques, et surtout par la vie humaine; et l'homme n'a de paix dans la tête et dans le cœur que lorsqu'il n'a plus rien dans la tête et sur le cœur. Pourquoi une pensée que je ne puis exprimer, un sentiment que je ne puis montrer deviennent-ils un tourment pour moi ? Pourquoi ce qui est en nous tend-il à se produire au dehors ? Parce qu'en général nous n'avons de repos qu'une fois arrivés au but, au dernier terme, à la frontière de notre puissance active. L'intérieur a l'extérieur *devant soi;* il n'est pas encore ce qu'il peut être, pas encore exprimé, pas encore sensible, pas encore réel; une fois produit au dehors, il ne peut et ne veut être rien de plus, il est *satisfait, accompli*. La mort elle-même n'est pas autre chose que la dernière expression de la vie, que la vie accomplie. Dans la mort l'homme exhale son âme ; mais dans la vie il l'exhale aussi à chaque instant ; la seule différence, c'est que la mort est le dernier souffle. La respiration était pour les anciens peuples l'esprit, l'âme de l'homme. En fait, il y a dans la respiration infiniment plus de vie et de réalité que dans l'âme des psychologues, qui n'est qu'un *ens rationis*, un objet de pensée pure. Respirer n'est pas seulement une condition de la vie; c'est un acte vital plein de jouissance ; et l'organe de l'air est l'organe de la vie et de la parole, l'organe par lequel tu exprimes tes sentiments et tes pensées. Et cette expression est-elle indifférente à tes pensées, à tes sentiments ? Non ! la sensation que tu entends, que par le son tu fais objet des sens est tout autre que la sensation sourde et muette. Dès que tu ouvres la bouche pour annoncer au monde ton existence, il s'ouvre en toi une source de sentiments nouveaux et inconnus. Plus énergique, vraie, essentielle sera ta sensation, ta manière de voir, plus elle se manifestera sensiblement. Ce que tu n'es pas sensiblement, tu ne l'es pas du tout.

Tu peux cacher, dissimuler des pensées, des intentions, des affections particulières, mais non pas ta nature. Celle-ci se manifeste sans que tu le saches ou que tu le veuilles, et même contre ta conscience et ta volonté. Une vertu, une liberté qui ne fait pas du bien aux sens, qui ne s'exprime pas dans la démarche, le geste, le regard, en un mot, dans tout l'extérieur de l'homme, n'est qu'une vertu, qu'une liberté estropiée, si même elle n'est pas imaginaire ou hypocrite. La manifestation sensible est la réalité même. Dans l'intérieur naissent et croissent les fruits de la vie, mais ils ne sont mûrs que lorsqu'ils tombent sous les sens. L'être qui n'est pas l'objet des sens, c'est l'enfant dans le sein de la mère; l'être visible est l'être accompli. Vouloir aller au delà, ce serait le mettre en morceaux, le résoudre en ses éléments; mais les éléments d'un être, que tu en fasses des atomes comme le matérialiste, des monades comme le spiritualiste, une âme et un corps comme le psychologue empirique, ne sont pas encore l'être lui-même. L'intelligence abstraite est la mort, le sens est la vie des choses; l'intelligence les dissout comme la mort dans leurs éléments; mais elles n'existent, elles ne sont ce qu'elles sont que tant que ces éléments sont réunis dans le faisceau des sens.

« Quelle différence entre le sentiment du beau ou du bien et le sentiment du doux et de l'amer sur la langue! » Bien sûr, la différence est grande; mais est-ce là une raison pour attribuer l'un à un être sensible et l'autre à un être au-dessus et en dehors des sens?

Le goût esthétique peut-il s'accorder avec le goût des glands ou de la chair crue? L'estomac de l'homme cultivé n'est-il pas lui-même tout différent de celui de l'homme sauvage? Ne voit-on pas fleurir la cuisine là où fleurissent les beaux-arts? Le vin des dithyrambes mûrit-il là où l'on ne boit que de l'eau? La beauté est-elle sentie, honorée et représentée comme une déesse là où l'on ne fait pas la cour à une Phryné? L'idée du Jupiter Olympien peut-elle être imaginée et sculptée là où l'homme n'a pas un visage comme l'olympien Périclès? L'esprit grec n'a-t-il pas besoin du corps grec, l'ardente imagination orientale du sang de l'Orient? Le cœur féminin ne répond-il pas au corps féminin? La femme, dont le sentiment est si tendre et si délicat, n'a-t-elle pas une peau plus fine et plus sensible, des os plus ténus, des nerfs plus grands en comparaison de son cerveau, que l'homme? La jeune vierge n'a-t-elle pas de tout autres sentiments, de tout autres désirs et de tout autres pensées que l'enfant chez qui la différence sexuelle n'est pas encore devenue chair et sang? Est-il possible de séparer l'âme, c'est-à-dire la qualité, le mode de la sensation, de la volonté et de la pensée, du mode, de la qualité, de la manière d'être particulière du corps lui-même?

L'homme se distingue de l'animal en ce qu'il est le superlatif vivant du sensualisme, l'être le plus sensible et le plus sensuel du monde. Il a les mêmes sens que l'animal, mais chez lui la sensation, au lieu d'être relative, subordonnée aux besoins inférieurs de la vie, devient un être absolu, son propre but, sa propre jouissance. Lui seul éprouve une joie céleste dans la contemplation désintéressée du ciel et des étoiles; lui seul, pour l'unique plaisir des yeux, ne peut se rassasier de l'éclat des pierres précieuses, du miroir des eaux, des couleurs des fleurs et des papillons; lui seul a l'oreille charmée par le son du métal, le chant des oiseaux, le murmure des sources, le bruissement des feuilles et du vent; lui seul répand en l'honneur de la jouissance presque superflue de l'odorat des flots d'encens comme pour un être divin; lui seul enfin trouve une jouissance infinie dans le simple toucher avec la main, dans les caresses de la femme. L'homme est donc homme parce qu'il n'est pas comme l'animal un sensualiste borné, mais un sensualiste absolu, parce que toutes les choses sensibles, et non pas une seule, parce que le monde, l'infini, sont simplement pour eux-mêmes, c'est-à-dire pour la jouissance purement esthétique, l'objet de ses sens et de ses sensations.

———

Qu'est-ce que l'esprit? Qu'est-il par rapport aux sens? Ce que le genre est aux espèces. Le sens est universel et infini, mais seulement dans son domaine et à sa manière; l'esprit, au contraire, est universel absolument; il n'est pas lié à un domaine particulier, il embrasse toutes les données des sens, tout le réel, tandis qu'eux, les sens, ne comprennent que des réalités spéciales, exclusives. C'est par sa généralité qu'il est au-dessus d'eux, qu'il fait de leur esprit provincial un esprit commun, qu'il les concentre dans une unité qui résume tout. Les plantes, au pluriel, sont l'objet des sens ; la plante, au singulier, n'est objet que de l'esprit. Mais, de même que la plante en général n'est pas un être surnaturel dans le sens que donne à ce mot l'imagination spéculative, bien que les sens ne la perçoivent pas, de même l'esprit n'est rien de surnaturel, bien qu'il soit inaccessible à la perception externe.

L'homme ne peut pas, ne doit pas nier les sens ; si pourtant il va jusqu'à les nier en se mettant en contradiction avec sa propre nature, il sera ensuite obligé de les affirmer, de les reconnaître ; mais il ne pourra alors le faire que d'une manière négative, contradictoire et fantastique. L'être infini auquel l'homme, dans la religion, fait le sacrifice de ses sens, n'est pas autre chose que l'essence du monde réel devenu objet de l'intelligence, de la fantaisie, et par cela même idéalisé. L'idée de Dieu renferme celle de tous les biens, de toutes les joies, de tous les plaisirs sensibles. « O Seigneur ! s'écrie saint Anselme, un des plus grands penseurs du christianisme, ta splendeur et ta félicité se dérobent aux regards de mon âme, et c'est pourquoi elle erre sans cesse, plongée dans le malheur et les ténèbres ; elle regarde autour d'elle et *ne voit point ta beauté ;* elle écoute et *n'entend point ton harmonie ;* elle sent et *ne perçoit pas ton odeur ;* elle tâte et *n'apprécie point la finesse de ton toucher,* car tu as tout cela, Seigneur Dieu, d'une manière indicible en toi, puisque tu l'as donné d'une manière sensible aux choses que tu as créées. »

Le bonheur, la félicité, voilà le dernier mot de la religion et de la théologie. Et qu'est-ce que la félicité? Le bonheur que procurent les sens en tant qu'objet de l'imagination, et des besoins, des désirs du cœur. Cette assertion, que le christianisme ne veut qu'une félicité spirituelle, est un mensonge des ignorants et des hypocrites modernes. Ce qui distingue le christianisme du paganisme philosophique, lequel n'admettait qu'une immortalité de l'intelligence et de la raison, c'est qu'il a proclamé, par le dogme de la résurrection des corps, qu'une immortalité et une félicité charnelles sont le dernier but de l'homme et l'expression de sa vraie nature. « Bienheureux celui qui aura ce bien en partage! (Dieu ou la félicité, car c'est tout un) s'écrie encore saint Anselme; tout ce qu'il désirera lui sera accordé, tout ce qu'il détestera n'existera plus; là sont tous les biens *du corps et de l'âme*, tels qu'aucun œil ne les a vus... Aime *le bien unique* dans lequel sont contenus *tous les autres*, et tu as assez... Qu'aimes-tu, ma chair? que désires-tu, mon âme? Là se trouve tout ce que vous aimez, tout ce que vous désirez. Voulez-vous *la beauté?* là les justes brillent comme le soleil. Voulez-vous *la légèreté, la force, la liberté* du corps? là vous serez semblables aux anges du Seigneur », etc. — Il en est de la philosophie comme de la théologie et de la religion. Quel que soit son éloignement pour les sens, ses idéalités ne sont pas autre chose que les phénomènes sensibles idéalisés par l'abstraction. Que sont, par exemple, l'existence, la qualité, la quantité, ces catégories fondamentales de la logique d'Hegel, si ce n'est des attributs des choses réelles? Que sont les formes du jugement, sinon les rapports par lesquels notre intelligence lie entre elles les choses du monde réel ? Dans l'Empyrée de la logique, l'organisme, la vie, ne sont-ils pas reçus au sein de l'idée absolue, de même que dans le ciel théologique *le corps* du Christ est reçu dans le sein de la divinité ? Le secret de la vie n'est-il pas contenu tout entier dans les sens ? N'est-il pas plus raisonnable de chercher à connaître le monde réel par les sens que d'une manière indirecte, mystique et fantastique comme la religion, ou d'une manière logique et abstraite comme la philosophie ? Au lieu de jouir du *bonheur sensuel* que contient la *divinité*, ne vaut-il pas mieux jouir du *bonheur divin* que contiennent *les sens ?* Au lieu d'étudier l'organisme de la logique, ne vaut-il pas infiniment mieux étudier l'organisme de la réalité ?

Celui qui ne reconnaît pas, qui n'éprouve pas par lui-même que la science est une vie, précisément *l'autre vie* pour l'homme, celui qui n'ajoute pas la vie des autres à la sienne, celui-là est dans le monde comme un vrai Gaspar Hauser (1) ; il s'y trouve exposé seul, orphelin, comme dans un désert ; il se fait l'effet d'un champignon venu dans une nuit ; son existence est pour lui une énigme, et pour se délivrer au moins en imagination de la secrète terreur que lui inspirent ce vide et cette solitude, il est obligé d'avoir recours au *postulatum* de l'avenir. L'aphorisme paradoxal de notre vie ne perd sa signification fragmentaire, n'acquiert

---

(1) Jeune homme qui vécut enfermé dans une cave obscure jusqu'à quinze ou seize ans.

un sens vrai et raisonnable que quand on le lit dans son rapport avec le grand texte du passé.

———

Dans le monde extérieur, dans la sphère de la vie active, nous reconnaissons volontiers que nous sommes les sujets d'un gouvernement tout-puissant qui unit toutes choses par des liens éternels; mais dans notre propre maison, c'est-à-dire dans notre tête, nous nous imaginons que nous sommes maîtres absolus et que nous pouvons, selon notre bon plaisir, faire sortir nos pensées du cerveau comme des poches d'un habit. Il n'est rien de plus faux; même dans l'esprit, même dans nos productions les plus libres, hommes du passé, hommes du présent, hommes de l'avenir, nous sommes tous liés les uns aux autres comme les anneaux d'une même chaîne. Chacun pense et écrit aux dépens d'un autre. La littérature est un ouvrage qui se continue toujours en un nombre indéfini de volumes; les pensées qui nous semblent le plus nous appartenir se rattachent, bon gré, mal gré, à celles de nos prédécesseurs dans ce touvrage immense; ce que nous produisons de plus original n'est qu'un plagiat des leçons particulières que nous entendons en nous-mêmes sous l'influence de l'esprit universel. Et ce sont justement les grands écrivains auxquels nous attribuons le plus d'originalité et d'indépendance qui prouvent de la manière la plus frappante qu'ils ne sont que le résultat, que le produit des temps antérieurs. C'est en passant sur les cadavres de leurs devanciers qui ont acheté leur victoire par la mort qu'ils entrent en triomphe dans le temple de l'immortalité. Comme les grands de la terre, ils arrivent seulement quand tout est prêt pour les recevoir, quand tous les obstacles sont écartés, quand les rues sont balayées et éclairées de splendides illuminations, tandis que leurs pauvres ancêtres, obligés de passer au milieu des ténèbres les plus profondes dans des déserts sans chemins, y ont souvent perdu la vie de la manière la plus misérable. Les grands esprits ont malheureusement la mémoire très-courte ; arrivés au sommet de leur gloire, ils rougissent de leur origine, ils oublient que ce n'est qu'à l'appui de leurs frères qu'ils sont redevables des moyens par lesquels ils se sont élevés si haut, et que ce n'est qu'à leurs dépens qu'ils sont devenus de si grands hommes. Mais nous ne devons pas trop leur reprocher cette ingratitude. L'humanité cache partout dans une nuit profonde les commencements de la civilisation et plonge dans la nuit de l'oubli tous les travailleurs qui ont préparé chaque époque brillante de sa vie : c'est tout simplement, à ce qu'il paraît, par honte d'avoir eu besoin de tant de temps et de tant d'essais pour arriver à produire enfin quelque chose de parfait. La nature aussi nous fait de la génération un mystère, non point parce que cet acte est d'une profondeur impénétrable pour l'esprit humain, mais vraisemblablement par pudeur, parce que les moyens qu'elle emploie sont par trop simples, et que, si nous pouvions voir le dessous des cartes, nous ririons d'étonnement de n'avoir pas eu depuis longtemps la même idée.

« La mort visible n'étend son action que sur les

choses visibles, que sur les choses sensibles ; elle n'enlève par conséquent à l'homme que la partie passagère de son être. » — N'y a-t-il donc que les choses sensibles qui soient passagères ? Les choses spirituelles ne le sont-elles pas aussi ? Ne voyons-nous pas périr les États, les systèmes, les religions, les dieux de l'humanité ? L'esprit du dix-huitième siècle est-il le même que celui du dix-neuvième ? L'esprit de l'enfant est-il le même que celui de l'homme ?

Chaque œuvre écrite par toi est un miroir de ton être, est l'expression complète de tes facultés au moment où tu l'écris ; elle est ce que tu penses et ce que tu peux penser de mieux. Néanmoins, cette œuvre qui, *à priori*, avait pour toi une valeur immortelle, perd cette valeur avec le temps. Il en est de même de l'homme ; chacun est un miroir de l'univers, chacun est une œuvre où la nature écrit tout ce qu'elle pouvait écrire dans telles ou telles conditions et circonstances, et chacun, à la lecture de cette œuvre, en est si enthousiasmé, qu'il la proclame, *à priori*, immortelle. Mais bientôt il devient évident, *à posteriori*, il est vrai, que cet écrit n'était pas l'*opus posthumum*, l'œuvre suprême de la nature, que dans son activité créatrice éternelle la nature remplace cette œuvre par une autre, parce que, sujette elle-même au changement, elle ne se reconnaît plus dans son ancien miroir. Si l'univers restait toujours le même, il n'y aurait jamais que les mêmes individus ; du moment qu'il change, il est nécessaire que des êtres nouveaux viennent y prendre place pour concentrer et refléter en eux cette métamorphose. Aussi passager est l'homme, aussi passager est son esprit. « Quoi ! l'esprit ? l'esprit qui triomphe de l'espace et du temps, qui mesure la distance des étoiles, qui embrasse l'infini? » Mais ne vois-tu pas aussi l'infini se réfléchir dans tes yeux? Le monde des étoiles pourrait-il être objet de ton esprit s'il n'était pas objet de ta vue? Et pourtant tu vois s'éteindre cet œil qui seul te révèle les merveilles du ciel; comment fais-tu accorder ce phénomène avec la nature céleste, universelle du sens de la vue? Pourquoi, perdu dans la contemplation des magnificences de l'esprit, oublies-tu de contempler les magnificences de l'œil, des sens, du corps en général? Le corps est-il, comme l'assurent le platonisme et le christianisme, une chaîne importune pour l'esprit? Quelle absurdité! *Le corps est le fondement de la raison, le lien de la nécessité logique;* seul il empêche que les pensées de l'homme aillent se perdre dans le champ indéfini de la fantaisie. En ce sens il est bien une chaîne, mais cette chaîne a été attachée à notre folie par la police de la nature. » — « Nous pourrions bien, dit encore dans le dix-neuvième siècle le manichéisme chrétien, connaître l'Amérique, l'Afrique, et toutes les parties de la terre qui nous sont restées inconnues jusqu'à ce jour, si notre corps ne nous retenait au lieu de notre naissance. » — N'as-tu donc pas des jambes pour te porter en Afrique ou en Amérique? Il est vrai qu'un voyage à pied te paraît trop pénible et trop ennuyeux; tu aimerais mieux, comme un ange chrétien, passer dans ton vol au-dessus des montagnes de difficultés qui mettent obstacle à ta connaissance de la terre; mais ne vois-tu donc pas qu'une connaissance prise au vol ne pourrait être que superficielle? Ne vois-tu pas que la pesanteur du corps est le fondement d'une science vraiment solide, vraiment sérieuse? Depuis quand les chrétiens ont-ils quelque idée de la terre, de la nature en général ? Depuis qu'ils ne regardent plus le corps comme un obstacle pour l'esprit; depuis qu'ils en font le moyen de connaître les choses, au lieu de planer au-dessus de la terre comme des esprits célestes dans l'essor de leur fantaisie. « Nous aurions bien, ajoute le manichéisme rationaliste, le pouvoir de connaître et de comprendre ce que sont et ce que contiennent la lune, Mercure, Vénus, les autres planètes, les comètes et le soleil ; mais le corps est pour nous un invincible obstacle. » — Quelle ridicule assertion ! N'est-ce pas le corps, l'œil, qui nous permet de nous élever jusqu'au soleil et aux étoiles? La richesse de l'astronomie moderne ne vient-elle pas de ce qu'elle *voit* ce que l'astronomie ancienne ne pouvait voir? La pesanteur qui nous attache à la terre est un lien *raisonnable;* elle nous crie aux oreilles le précepte de Socrate : « Connais-toi toi-même »; elle nous fait entendre que nous ne devons pas, comme les chrétiens, oublier la terre pour le ciel, et qu'il nous faut nous contenter des connaissances que l'homme a eues jusqu'ici des étoiles et de celles qu'il pourra acquérir dans le cours du temps, parce que nous savons déjà ce qui est nécessaire, essentiel. Cela ne satisfait pas assurément notre curiosité; mais qui peut la satisfaire? Ses questions sont inépuisables. Il n'est donc rien de moins logique que de prendre parti seulement pour l'esprit dans la question de l'immortalité de l'âme, comme si les sens n'avaient pas aussi leur bon petit mot à dire dans cette circonstance. L'esprit, l'être sans corps, sans limitation dans le temps ni dans l'espace, est assurément *per se* immortel; mais cet être n'est pas un être réel, il n'est que le produit, que l'essence de l'imagination de l'homme. Tu peux bien en imagination traverser en un instant tous les temps et tous les espaces ; mais remarque-le bien : ce ne sont que des temps et des espaces *imaginaires*. « Je puis penser, dit le spiritualiste lorsqu'il développe les premiers principes de sa théologie, qu'il n'y a aucun corps, aucun homme, aucun monde. » — Est-ce là une raison pour croire qu'il n'y a ni homme, ni corps, et qu'indépendamment du corps tu peux être et penser? Pourquoi veux-tu donc donner une existence immortelle à cet être que tu regardes comme distinct du corps? Prouve seulement que ce n'est pas une pensée pure, pure imagination, qu'il existe. Mais le peux-tu? Impossible. La seule existence véritable, réelle est l'existence sensible.

« Les docteurs brilleront comme l'éclat du ciel. » « On voit par ces paroles de Daniel, ajoute ici un théologien du siècle dernier, non-seulement qu'il y aura des degrés de bonheur pour les élus, mais encore et surtout que les savants auront en partage une gloire plus grande que les *ignorants*. » Les paroles de saint Jérôme sur ce sujet sont trop belles pour qu'on se dispense de les citer. « On a coutume de demander, dit-il, si deux saints, dont l'un est savant et l'autre ignorant, recevront dans le ciel la même récompense. Suivant l'opinion de Théodotian, les savants seront brillants comme le ciel, et les autres justes sans instruction brilleront seulement comme les étoiles. » Voyez ! dans le christianisme, la vanité humaine ne finit pas même à la mort; même dans le ciel, l'un veut briller plus que l'autre, celui-ci avec l'éclat de la lune, celui-là avec l'éclat du soleil; même dans le ciel, il y a entre les élus des différences comme ici-bas. Il avait, ma foi! raison ce nègre qui, rejetant l'immortalité chrétienne qu'on lui offrait, faisait cette réponse : « A la mort, tout est fini, du moins chez nous autres nègres. Je ne veux point d'autre vie, car peut-être y serais-je encore votre esclave comme dans celle-ci. »

« Les Tchérémisses avouaient qu'ils ne se sentaient pas dignes d'être appelés à une autre vie après la mort. » — Et ne devrions-nous pas tous, tant que nous sommes, avoir assez de sincérité pour reconnaître aussi que nous sommes indignes de vivre de nouveau? Comment, en effet, passons-nous cette vie? Dans des réunions pleines d'ennui, dans des caquets mesquins de petite ville, dans des luttes politiques, au milieu de discordes religieuses, de folles discussions savantes, de tracasseries domestiques, en un mot au milieu de petitesses et d'absurdités de toute sorte. Et pourquoi la passons-nous ainsi? Parce que nous avons trop peu? Non! Parce que nous avons trop de temps. Combien d'hommes vivraient heureusement si le jour était plus court de moitié! Combien de vieillards retombent dans l'enfance? Combien d'hommes jeunes encore se survivent, pour ainsi dire, parce qu'ils sont morts de corps et d'esprit! Que peuvent-ils faire alors de ce superflu de vie qui leur reste, sinon le dissiper misérablement ou l'employer à rendre amère la vie des autres? Avant de nous demander si nous sommes dignes d'une autre vie, demandons-nous donc d'abord si nous sommes dignes de celle-ci.

———

De quelque manière qu'on se représente la mort, elle est toujours la négation de *cette vie*. La religion dit au père à qui la mort a enlevé son enfant : « Console-toi, ton enfant n'est pas mort; il vit! » Bien! mais il vit une vie plus terrible que la mort même; car il vit là où ne sont ni ses parents, ni ses frères et sœurs, ni ses joujoux; il vit dans la séparation d'avec les objets qui lui sont les plus chers, dans la douleur d'enfer des regrets qui le dévorent. La sophistique de la théologie peut bien, par la puissance de l'imagination, faire croire que les morts ne sentent pas la mort, qu'ils ne regrettent pas leurs compagnons de vie; mais le cœur de l'homme qui n'est pas encore corrompu, qui est encore capable de distinguer la réalité de l'apparence, la vérité du mensonge, ce cœur ne se laisse pas tromper par les ruses de la théologie sur la vérité et la sainteté de sa douleur. Il dédaigne même toutes les fausses consolations de la religion, il regarde comme un crime envers les morts qu'il a aimés de ne pas sentir leur perte de la manière la plus vive et de pouvoir s'en consoler. Pour lui la douleur est un sacrifice sacré qu'il offre aux mânes de l'être disparu. Les hommes s'illusionnent quand ils croient que c'est la puissance de la religion, de la foi qui les console; ils attribuent à Dieu ce qui a son fondement dans des causes naturelles. Parmi ces causes, on peut compter la puissance de notre persuasion intime que la mort est naturelle et inévitable, la puissance des larmes et des plaintes par lesquelles notre douleur peut se faire jour, la puissance de la participation des autres à nos regrets, la puissance du temps, la puissance des habitudes de chaque jour, la puissance de l'amour de la vie, de l'égoïsme, du tempérament. Nous avons en cela une preuve évidente que l'homme met sur le compte de la religion ou de la divinité ce qui peut s'expliquer par un nombre infini de causes dont les unes peuvent être parfaitement connues, tandis que les autres échappent à nos recherches, et que le mot *Dieu* n'est qu'un mot court et commode par lequel l'homme embrasse l'infinie variété du monde réel pour se dispenser de la peine d'en apprendre et d'en connaître en détail les principes et les lois.

« Ce qu'il t'importe de croire, c'est qu'après cette vie il y a une autre vie dans le ciel... Si tu ne crois pas cela, je ne donnerais pas un zeste de ton dieu. Fais donc désormais tout ce qu'il te plaira de faire, car, s'il n'y a pas de Dieu, il n'y a pas non plus de diable ni d'enfer, et quand l'homme meurt, tout est fini pour lui comme pour un arbre tombé, comme pour une vache morte. Menons donc joyeuse vie, buvons et mangeons jusqu'à la gorge, car demain nous ne serons plus, comme dit saint Paul. » (I *Cor.*, 15.) — Ces paroles de Luther sont un témoignage éclatant de la grossièreté du christianisme, qui ne fait que dans l'autre vie une différence entre l'homme et la vache, entre l'acte de boire et de manger d'une manière digne de l'homme et ce même acte accompli d'une façon bestiale. Mais non-seulement grossière, insensée est la conclusion que le christianisme tire de la mortalité de l'homme. C'est parce que nous ne devons pas toujours vivre que nous ne voulons pas dès à présent nous enlever la vie « par la débauche, le viol et le meurtre », comme dit Luther, ni la rendre amère par la folie et la méchanceté. L'homme meurt tout aussi bien que l'animal, mais il en diffère en ce qu'il sait et voit d'avance sa mort, et qu'il peut en faire l'objet même de sa volonté. Je dois mourir, mais non-seulement je dois, je veux aussi mourir. Ce qui a son fondement dans ma nature, dans mon être, ne peut être en contradiction avec moi, ne peut pas exciter ma volonté à la révolte. Non ! ma volonté doit être d'accord avec ma nature, et par conséquent ma mort, comme résultat nécessaire de cette nature, doit être une affaire de ma volonté comme toute autre nécessité naturelle. Si le chrétien a honte de la mort comme d'un acte bestial, qu'il rougisse aussi de l'acte de la reproduction de l'espèce, et qu'au lieu de se marier il se jette dans un cloître. Un être céleste, immatériel, ne meurt point, mais il ne peut pas non plus avoir d'enfants. Ce qui prouve que la mort est parfaitement d'accord avec la nature de l'homme, c'est que la plupart des vieillards n'en ont aucune crainte, que souvent même ils la désirent (1). Chez

---

(1) D'ailleurs la crainte de la mort ne prouve rien, parce qu'elle repose le plus souvent sur les idées les plus folles et les plus ridicules.

Kant, ce désir, augmenté par le marasme, allait jusqu'à l'impatience ; ce n'est point qu'il aspirât à une autre vie, car peu de temps avant sa fin, comme on lui demandait ce qu'il espérait de l'avenir, « rien de déterminé », répondit-il ; et une autre fois : « Je n'en sais rien du tout. » — Vraies et belles sont par conséquent les paroles avec lesquelles Cicéron termine son *Traité de la Vieillesse :* « *Quodsi non sumus immortales futuri, tamen exstingui homini suo tempore optabile est. Nam habet natura ut aliarum rerum sic vivendi modum, senectus autem peractio ætatis est tanquam fabulæ, cujus fatigationem fugere debemus, præsertim adjuncta satietate.*

« Les Kamtschadales croient que ceux qui étaient pauvres dans ce monde seront riches dans l'autre, et que les riches, au contraire, y seront pauvres, afin qu'il se fasse ainsi une certaine compensation. Ils regardent comme inutile toute autre rémunération, soit pour le bien, soit pour le mal, parce que, selon eux, celui qui sur la terre s'est rendu coupable soit de meurtre, soit de vol, soit d'adultère, est suffisamment puni. S'il n'a pas été frappé ou tué, disent-ils, du moins *il n'a pas trouvé d'amis*, et dans le malheur il est toujours resté sans secours et sans consolation. » — Ces Kamtschadales ne devraient-ils pas faire rougir les chrétiens, qui, ne trouvant pas suffisants les châtiments que la société et la nature ont attachés au crime, sentent encore le besoin d'un juge suprême, et reconnaissent ouvertement qu'ils seraient vagabonds, meurtriers, voleurs et adultères, si les quelques centimes qu'ils offrent en sacrifice à leurs frères, non par amour, mais sur l'ordre du maître, ne leur étaient pas rendus mille fois dans le ciel? O christianisme! dois-je encore m'écrier, tu es l'égoïsme le plus grossier et le plus commun sous l'apparence de l'amour le plus dévoué. C'est l'égoïsme qui est pour toi le principe de l'univers sous le nom du dieu qui n'a créé la nature que pour les besoins et les plaisirs de l'homme, et c'est encore le même égoïsme qui, sous le nom de ciel, dédommage l'homme, à la fin de ce même univers, des inconvénients et des maux attachés à la jouissance de la nature!

« Les Russes croyaient encore, au temps de Pierre le Grand, que les czars et les boyards iraient seuls dans le ciel. » — Les gens qui font mourir le corps et qui laissent l'âme lui survivre éternellement en sont au même point. Le boyard, ou plutôt le czar, c'est l'esprit; le sujet, le Russe, c'est le corps. Mais, de même que la majesté du czar n'existe que dans l'imagination du Russe, de même la majesté de l'esprit n'existe que dans l'imagination de l'homme et provient de son ignorance. Le Russe, qui ne connaît point l'histoire de son empereur, ne sait pas que cette majesté, si l'on en recherche l'origine, se réduit à la fin à celle d'un gardien de pourceaux ou d'un homme de toute autre condition pareille, et cette ignorance fait que pour lui le czar est un être d'imagination, un être puissant de par la grâce de Dieu; de son côté, le spiritualiste ne sait rien de la chronique scandaleuse de l'esprit, rien de l'histoire naturelle de la formation de ses fantaisies et de ses abstractions surnaturelles, rien de son identité avec l'essence matérielle de l'homme; aussi en fait-il un être d'essence divine, c'est-à-dire un être qui n'existe que grâce à sa puissance d'abstraction, à son imagination et à son ignorance. Le Russe ne sait pas que le czar n'est czar que pour lui Russe, que l'homme n'est pas fait pour l'État, mais l'État pour l'homme, que la majesté n'est proclamée sacrée qu'afin que sa propre personne, sa vie et ses biens soient aussi sacrés; que par conséquent l'éclat de cette majesté n'est qu'un éclat réfléchi, emprunté; et le spiritualiste ignore complétement que l'homme n'est pas fait pour l'esprit, mais l'esprit pour l'homme; que l'être matériel, sensible, n'est pas un attribut de l'esprit, mais au contraire l'esprit un attribut de l'être sensible; qu'un être matériel seul sent le besoin de la pensée, et que par conséquent le monde des sens est le fondement, la condition de la raison ou de l'intelligence. Et cette condition n'est pas apparente, transitoire, comme veut le prouver la dialectique d'Hegel; c'est une condition éternelle, une éternelle vérité.

« Que peuvent contre le sentiment toutes les raisons que vous opposez aux croyants pour nier l'existence d'une autre vie? J'ai le pressentiment de mon existence future, je sens que je suis immortel; je le suis par conséquent, car le sentiment ne peut tromper. » — C'est vrai, le sentiment ne peut tromper, mais non pas le sentiment qui est un produit de l'imagination. Dans les rêves, dans certaines maladies morales et physiques, l'homme *sent* réellement toutes les impressions que peuvent produire les événements imaginaires que sa fantaisie met en jeu; il ne s'ensuit pas pour cela que ces événements soient réels, et il en est de même pour les illusions de l'esprit. Le seul sentiment infaillible, c'est le sentiment immédiat qui suppose la présence claire comme le soleil de l'objet qui l'occasionne; c'est le sentiment de l'existence, le sentiment que *tu es*. Mais comment peux-tu sentir que tu seras? L'avenir n'est pas encore, il n'est qu'un objet de l'imagination. Et comment peux-tu sentir surtout que tu seras après la mort, sentir à travers ce mur de séparation entre ton existence présente et ton existence future? Ce n'est donc que la fantaisie qui peut, malgré la mort, faire briller devant toi l'image d'une existence que tu *sens*, par cela même que tu l'imagines; mais le sentiment produit par l'imagination n'a aucune autorité et aucune valeur. Le sentiment ne peut te dire ni si tu seras ni si tu ne seras pas; il te dit seulement que tu es, et rien de plus. Il ne sait rien de la mort et rien de l'immortalité, rien du déisme et rien de l'athéisme. Le sentiment est *un enfant* éternel, et l'enfant ne sait pas s'il y a un Dieu ou non. « En vérité, je vous le dis, si vous ne changez et ne devenez semblables à ces petits enfants, jamais vous ne verrez le royaume du ciel » (c'est-à-dire le règne de l'humanité).

« L'occasion d'acquérir la vie éternelle, disent les

chrétiens, du moins les anciens chrétiens, n'a été donnée par Dieu à l'homme qu'en cette vie. » — « Passagère est cette vie, et cependant c'est en elle que nous pouvons gagner l'éternité ou la perdre ; pitoyable est notre existence ici-bas, et cependant c'est seulement ici que nous pouvons mériter le bonheur ou le malheur éternels. » — La vie présente détermine donc pour l'éternité tout entière le mode, la qualité de l'existence future. La première était-elle bonne, la seconde le sera aussi ; la première était-elle mauvaise, la seconde le sera également. La vie terrestre n'a donc pas en vérité une importance passagère, mais une importance éternelle, infinie. J'ai vécu, *une fois pour toutes*, car ma qualité essentielle ne change jamais, l'avenir n'est qu'un écho du présent. C'est ainsi que l'ancien christianisme lui-même confirme cette vérité que la vie future n'est que la vie présente continuée dans le temps par l'imagination.

Tu dois croire, oui ! mais croire qu'entre les hommes il peut y avoir un amour véritable, croire que le cœur humain est capable d'un amour infini, miséricordieux, d'un amour à qui il ne manque aucune des qualités de l'amour divin.

Il n'y a qu'un mal, — c'est l'égoïsme. Il n'y a qu'un bien, — c'est l'amour.

« L'homme triomphe de tout »; oui, mais seulement quand ce triomphe est pour lui une nécessité : tout lui est possible quand le besoin est là. O nécessité sacrée ! je consens volontiers à perdre ma liberté si tu veux m'accorder ta force !

Le temps est la source de toute poésie. Le regard jeté sur le passé est une piqûre au cœur qui ouvre la veine poétique. Le passé est par lui-même le beau temps, il brille au clair de lune du souvenir, il est déjà idéalisé, parce qu'il n'est plus qu'un objet de l'imagination. La plus ancienne histoire est partout poésie, et les premiers chants d'un peuple parlent toujours des temps et des hommes qui ne sont plus.

Dans l'espace, la partie est plus petite que le tout; dans le temps, au contraire, elle est plus grande, du moins subjectivement, parce que la partie dans le temps est seule réelle, tandis que le tout n'est qu'un objet de la pensée et qu'une seconde dans la réalité nous paraît durer plus longtemps qu'une année entière dans l'imagination.

C'est chose étrange, quoique facile à expliquer, que précisément les hommes qui prennent le moins de part aux progrès de l'humanité, et même en sont les ennemis les plus acharnés, qui par leurs idées religieuses et politiques en sont encore au même point que les siècles depuis longtemps écoulés, qui, par conséquent, montrent dans cette vie le moins de tendance au perfectionnement, soient néanmoins ceux qui proclament le plus haut la satisfaction de ce penchant comme le fondement de la nécessité d'une autre vie.

D'où vient le combat du présent? D'où vient notre révolte contre ceux qui, les yeux obstinément tournés vers le passé, en religion nous renvoient à la Bible, en politique nous donnent le droit historique comme la dernière raison des choses? L'humanité demande maintenant le salaire de son travail; elle ne veut pas avoir pensé, souffert et combattu en vain; elle veut jouir de ce qu'elle a conquis par des efforts de chaque jour continués pendant des siècles. On n'a pas pu empêcher son travail, on l'a même favorisé, et pourtant on veut aujourd'hui ne pas lui en payer encore le prix.

L'humanité doit, si elle veut fonder une nouvelle époque, rompre entièrement avec le passé; elle doit d'abord poser *en fait* que ce qui a été jusqu'ici n'est rien. Ce n'est que par ce moyen qu'elle peut gagner ardeur, énergie et force pour des créations nouvelles. Tout ce qui se rattacherait à l'état présent des choses ne ferait que paralyser l'essor de son activité. Elle doit être par conséquent injuste, partiale. La justice est un acte de critique; mais la justice n'en vient jamais à l'action, elle ne fait que la suivre.

L'époque moderne est considérée par les catholiques comme un nouveau *péché originel*. Elle l'est en effet, comme en général toute époque qui a proclamé dans le monde un nouveau principe, parce que toujours ce qui est vieux est déclaré sacré et inviolable ; mais ce n'est pas seulement un péché « dont par la grâce de Dieu les conséquences ont été favorables, » c'est un péché qui par lui-même a été utile et bienfaisant, parce qu'il était nécessaire. Et la nouvelle Ève, qui a fait perdre à l'homme le paradis de la simplicité catholique en l'entraînant à cueillir le fruit défendu de l'arbre de la science, n'est pas autre chose que la *matière*. L'époque moderne diffère du moyen âge en ce qu'elle a élevé la matière, la nature au rang de réalité ou de vérité divine; en ce qu'elle a compris l'être absolu, non pas comme un être extrasensible, distinct du monde, mais comme un être identique au monde, comme un être réel. *Monothéisme*, voilà l'essence du moyen âge ; *panthéisme*, voilà l'essence du monde nouveau et de la philosophie nouvelle (1). Ce n'est qu'à la conception panthéiste de l'univers que nous devons toutes les grandes découvertes et toutes les productions des derniers temps dans les arts et dans les sciences. Com-

(1) Le mot panthéisme n'est ici qu'une expression générale, indéterminée, pour caractériser la direction des idées dans la philosophie moderne.

ment en effet l'homme pourrait-il s'enthousiasmer pour l'étude du monde, si ce monde était un être différent de Dieu et séparé de lui, par conséquent un être non divin? S'enthousiasmer pour une chose, c'est la diviniser ; enthousiasme est divinisation.

Il s'agit maintenant avant tout de détruire l'ancienne scission entre le ciel et la terre, afin que l'humanité se concentre de toute son âme et de toutes les forces de son cœur sur elle-même et sur le présent; car cette concentration seule produira une vie nouvelle, de nouveaux grands hommes, de grands caractères et de grandes actions. Au lieu d'individus immortels, « la nouvelle religion » demande des hommes complets, sains de corps et d'esprit. La santé a pour elle plus de valeur que l'immortalité.

L'univers n'est peu de chose que pour l'homme qui n'est rien ; il n'est vide que pour celui qui est vide lui-même. Le cœur, du moins le cœur vraiment sain, a ici-bas pleine et entière satisfaction. Une « nouvelle religion, » qui proposerait de nouveau à l'homme une vie future comme but de ses efforts, serait aussi fausse que le christianisme ; elle ne serait pas la religion de l'action et de la pensée qui ne vivent que dans le présent éternel, mais la religion de la fantaisie, car la fantaisie seule est l'organe de l'avenir; elle ne serait pas un progrès, mais un pas en arrière, car le protestantisme a déjà réconcilié à sa manière la religion avec le monde réel.

Le char de l'histoire du monde est un char étroit;

on n'y peut prendre place que si l'on saisit le moment favorable et si l'on renonce à toutes les commodités des vieux meubles historiques, pour n'emporter avec soi que ce qui est inaliénable, nécessaire, essentiel. Ceux qui émigraient de Prienne avec Bias, en traînant derrière eux leurs ustensiles domestiques, devaient trouver le philosophe « très-abstrait et très-négatif. » La philosophie émigre maintenant du christianisme comme Bias émigrait de Prienne. Celui qui ne peut pas en faire autant, qui veut renoncer au christianisme positif, mais en conservant l'idée du ciel chrétien, même avec des modifications, qu'il reste plutôt tout à fait dans le christianisme.

Quand la conscience que ce qui est humain est divin, que ce qui est fini, borné est infini se sera une fois emparée de l'homme, sera devenue chair et sang, alors on verra naître une poésie nouvelle et un art nouveau qui surpasseront en énergie, profondeur et inspiration tout ce qui a été produit jusqu'à ce jour. La croyance à la vie future est une croyance absolument *impoétique*. La source de la poésie, c'est la douleur. Celui-là seul qui est affligé de la perte d'un être borné comme d'une perte infinie est capable de s'élever à l'inspiration lyrique. Le charme douloureux du souvenir *de ce qui n'est plus*, c'est cela seul qui rend l'homme artiste et met dans son cœur le premier idéal. La croyance à la vie future, parce qu'elle fait de toute douleur un mensonge, ne peut être la source d'une inspiration véritable.

La nature unit partout la plus grande beauté et la plus grande profondeur à celles de ses productions qui paraissent à l'homme les plus communes. Pour penser d'une manière conforme à la nature, pour en suivre la méthode, il faut donc chercher dans les besoins et dans les phénomènes les plus ordinaires les plus hauts objets de la pensée ; il faut savoir trouver, même dans les entrailles des animaux, un *nutrimentum spiritus*, une matière à la spéculation.

Toutes les sciences abstraites estropient l'homme ; les sciences naturelles seules le rétablissent *in integrum*, l'absorbent tout entier, le forcent à se servir de tous ses sens et de toutes ses facultés.

L'esprit doit aujourd'hui se délivrer, se rendre indépendant de l'État, comme il s'est rendu indépendant de l'Église. La *mort civile*, — c'est à ce prix seulement que l'immortalité de l'esprit peut être achetée et conquise.

« Tous les hommes sont égaux devant Dieu. » Oh oui ! dans la religion, comme l'histoire le prouve, les peuples civilisés ne se distinguent pas des peuples barbares, les sages des fous, les hommes cultivés de la populace. Aussi garde-toi bien de divulguer les secrets de la religion, si tu ne veux pas t'exposer aux injures de la basse populace comme à celles de la populace des classes supérieures, aux injures des savants comme à celles des ignorants.

Quelle religion est la religion de l'amour? Celle dans laquelle l'homme trouve dans son amour pour les hommes les penchants de son cœur satisfaits, l'énigme de sa vie résolue, le but de son existence atteint, celle qui trouve par conséquent dans l'amour ce que le chrétien cherche en dehors de l'amour, c'est-à-dire dans la foi.

« Tu dois aimer Dieu de tout ton cœur, de toute ton âme et de toutes tes forces ; voilà le premier commandement; le second lui est pareil : tu dois aimer ton prochain comme toi-même. » Mais comment le second commandement peut-il être égal au premier, si celui-ci absorbe déjà toutes mes forces? Que restera-t-il de mon cœur pour l'homme si je dois aimer Dieu de tout mon cœur?

« Que peut-il venir de bon de Nazareth? » C'est ainsi que pensent toujours les sages et les prudents. Mais ce qui est bon, ce qui est nouveau, vient toujours *d'où on l'attend le moins* et est toujours autre *qu'on ne se l'imaginait*.

Toute idée nouvelle est reçue avec mépris, car elle commence dans l'obscurité. Cette obscurité est son génie protecteur ; insensiblement elle devient une puissance. Si dès l'origine elle en imposait à tous les regards, le vieil ordre des choses mettrait en œuvre tout ce qui lui reste de forces pour l'étouffer dans son berceau.

***

Quel est le signe le plus certain qu'une religion ne possède plus en elle-même aucune force vitale ? C'est lorsqu'on voit les princes du monde lui offrir le secours de leurs bras pour la remettre sur ses jambes.

***

« Vous pouvez aller jusque-là, mais pas plus loin. » Quelle prévoyance insensée ! Laisse-nous marcher seulement, et tu peux être sûr que nous ne marcherons pas toujours, mais qu'à un moment donné nous nous reposerons. Ton affaire, c'est d'accorder le mouvement ; lui poser des bornes, c'est l'affaire de la vie, l'affaire de l'histoire.

***

Rien n'est plus insensé que de reconnaître la nécessité d'une réforme mais de vouloir en même temps fonder le droit à la réforme sur le *corpus juris civilis* ou *canonici*. « Je verrais d'assez bon œil sa doctrine, disait un cardinal de Luther, mais se laisser imposer une réforme de si bas, ce n'est point tolérable. » Mais, mon cher cardinal, du sacré collége il ne sort que des papes et point de réformateurs. Une réforme n'arrive jamais *in optimâ juris formâ*, elle se produit toujours d'une manière originale, extraordinaire, illégitime. Celui qui a assez de courage et d'intelligence pour réformer, celui-là seul en a le droit. Tout réformateur est nécessairement un usurpateur, toute réforme est une violence de la part de l'esprit.

———

Tu ne peux connaître le présent seulement par l'histoire. L'histoire ne fait que te montrer la ressemblance d'un phénomène actuel avec un phénomène du passé ; mais elle ne t'en fait point connaître la différence, l'originalité, l'individualité. Le présent ne peut être connu immédiatement que par lui-même et tu ne peux le comprendre que si déjà tu n'appartiens plus au passé, que si déjà tu n'es plus au nombre des morts mais au nombre des vivants.

———

« La foi est nécessaire à l'humanité. » — C'est vrai, mais pas précisément votre foi. Nous aussi, incrédules, nous croyons, mais juste le contraire de ce que vous, croyants, vous croyez.

———

L'humanité est toujours formée par elle-même, toujours elle puise en elle-même ses principes de théorie et de pratique. Comment peux-tu, par conséquent, te figurer que tu possèdes dans la Bible « quelque chose de positif, d'absolu, d'immuable ? » Les lettres de la Bible sont immuables, il est vrai, mais leur sens change aussi souvent que l'humanité change de manière de voir. Chaque époque ne lit dans la Bible que ses propres pensées, chaque époque a sa Bible particulière, sa Bible qu'elle fait elle-même.

L'action sensible, telle est l'essence du paganisme ; « l'esprit », c'est-à-dire la parole abstraite, telle est l'essence du christianisme. La parole de Dieu n'exprime pas autre chose que la divinité de la parole, l'Écriture sainte pas autre chose que la sainteté de l'écriture. Ce christianisme n'a été parfaitement compris que par les Allemands, « le seul peuple profondément chrétien. » Aussi les Allemands sont tout et ont tout en parole, mais rien en action, tout en pensée, mais rien en fait, tout en esprit, mais rien en chair, c'est-à-dire tout sur papier, mais rien en réalité.

Dieu a été ma première pensée, la raison ma seconde, l'homme ma troisième et dernière. Le sujet de la divinité, c'est la raison, mais le sujet de la raison, c'est l'homme.

« D'où vient l'homme ? » Demande d'abord qu'est-ce

que l'homme? Quand tu connaîtras sa nature, tu connaîtras aussi son origine.

« On ne peut faire dériver l'homme de la nature. » C'est vrai ; mais l'homme, tel que la nature l'a immédiatement produit, n'était pas encore un homme ; c'était un être purement naturel. L'homme est un produit de l'homme, de la civilisation, de l'histoire. Beaucoup de plantes et d'animaux ont même subi par ses soins une métamorphose si complète qu'il serait impossible de retrouver leurs originaux vivants. Veux-tu pour expliquer leur formation recourir à un *Deus ex machinâ*.

Pourquoi nos connaissances sur la nature sont-elles si bornées et si défectueuses ? C'est que le savoir n'est ni le fondement ni le but de la nature.

« La science ne résout pas l'énigme de la vie. » Eh bien, après? quelles conséquences en tires-tu? qu'il te faut recourir à la foi ? Ce serait te mettre sous les gouttières pour éviter la pluie. Ce que tu dois faire, c'est vivre et agir. Les doutes que la théorie ne peut résoudre disparaîtront pour toi dans la pratique.

« Comment l'homme peut-il provenir de la nature,

c'est-à-dire l'esprit de la matière ? » Réponds-moi d'abord à cette question : Comment la matière peut-elle provenir de l'esprit ? Si tu n'y trouves aucune réponse raisonnable, tu reconnaîtras que c'est seulement la question opposée qui peut te conduire au but.

« L'homme est l'être le plus élevé de la nature ; je dois donc le prendre pour point de départ si je veux m'expliquer l'origine et la marche de la nature. » C'est très-juste ; mais chez l'homme la raison ne vient pas avant les années ; en lui la matière précède l'esprit, le manque de conscience la conscience, le manque de but l'idée de but, la sensualité la raison, la passion la volonté.

Faire de la philosophie une *affaire de l'humanité*, tel a été le but de mes premiers efforts. Mais quiconque entre une fois dans cette voie en arrive nécessairement à faire de l'homme l'objet de la philosophie et à détruire la philosophie elle-même, car elle ne peut devenir affaire de l'humanité qu'en cessant d'être philosophie. — La philosophie consiste non à faire des livres, mais à faire des hommes.

Autrefois la pensée était pour moi le but de la vie ;

mais aujourd'hui c'est la vie qui est pour moi le but de la pensée.

Pour nous qu'est-ce qui est éternel? C'est ce qui commence et finit avec notre conscience.

Que suis-je? tu me le demandes? Attends que je ne sois plus.

NOTES

---

(1) Les sages parmi les païens avaient parfaitement conscience de l'opposition qui existe entre l'intelligence et les passions, entre la pensée et l'acte ou la volonté, entre l'esprit et la chair. (V. Arist., *Éthic. ad Nicom.*, liv. 7, ch. 3, — et Bayle, *Dictionn.*, art. Ovide, R. H.) On trouve même chez eux le mot chair, *caro*, σαρξ, employé par opposition à esprit, *animus*, et signifiant, non pas le corps lui-même, mais l'ensemble des désirs sensuels. — *Non est summa felicitatis nostræ in carne ponenda.* (Seneca, *Epist.* 74. — Arrian, *Epictet.*, liv. 2, ch. 23.) Mais cette opposition n'était pas chez eux, comme chez les saints du christianisme, surnaturelle et fantastique. Ils connaissaient aussi parfaitement la puissance du péché et son universalité. — *Peccavimus omnes. — Omnes mali sumus. — Quis est qui se profitetur omnibus legibus innocentem? Ut hoc ita sit, quam angusta innocentia est, ad legem bonum esse? — Nemo, inquam, invenitur qui se possit absolvere ; et innocentem quisque se dicit, respiciens testem, non conscientiam.* (Seneca, *De Ira*, lib. 3, 26; lib. 2, 27; lib. 1, 14.) Ils savaient que le mal est en nous-mêmes (*Intra nos, in visceribus ipsis sedet. Et ideo difficulter ad sanitatem pervenimus, quia nos ægrotare nescimus.*—Id., *Epist.* 50); que l'homme le meilleur, le plus sage est encore infiniment

éloigné de l'idéal et que la connaissance de nos imperfections ne peut que nous inspirer l'humilité. (*Pro optimo est minime malus. — De te apud te male existima.*) Ils avaient aussi l'idée d'une chute originelle, d'un état primitif de l'humanité meilleur et plus heureux. — Mais ils se représentaient cet état d'une manière rationnelle, comme un état de nature où régnaient la paix, la simplicité et la pureté de l'enfance. — (*Quid hominum illo genere felicius? In commune rerum natura fruebantur : sufficiebat illa, ut parens, in tutelam omnium : hæc erat publicarum opum secura possessio... Nondum valentior imposuerat infirmiori manum, nondum avarus abscondendo quod sibi jaceret, alium necessariis quoque excluserat : par erat alterius, ac sui, cura.*) — Aussi n'en méconnaissaient-ils pas les défauts et les imperfections. — *Sed quamvis egregia illis vita fuerit, et carens fraude, non fuere sapientes... non enim dat natura virtutem : ars est bonum fieri... Quid ergo? Ignorantia rerum innocentes erant; multum autem interest utrum peccare aliquis nolit, an nesciat. — Deerat illis justitia, deerat prudentia, deerat temperantia ac fortitudo.* (*Epist.* 90.) Ils avaient trop de raison et de sagesse pour croire que cet état ne dût pas avoir une fin et que cette fin fût en contradiction avec la nature ou avec un ordre de la divinité. S'ils donnaient à l'état de corruption le nom de chute (*A natura descivit luxuria*); s'ils reconnaissaient la malédiction qui pèse sur le péché (Horace, *Od.*, III, liv. 1; —Virgile, *Énéide*, VIII, 326), ils se représentaient cette malédiction comme une conséquence naturelle du péché lui-même. (Seneca, *Ep.* 95.) Leur esprit était trop cultivé, leur manière de penser trop noble et trop généreuse pour leur permettre de croire à un Dieu passionné, irascible, vindicatif, qui, ne se réconciliant avec l'homme que par un acte spécial, temporel et matériel, révélait ainsi la matérialité de sa propre nature. Le Dieu qu'ils pensaient était, par son essence même, en état de perpétuelle conciliation avec l'humanité. — (*Quædam sunt quæ nocere non possunt, nullamque vim nisi beneficam et salutarem habent : ut dii immortales, qui nec volunt obesse, nec possunt. Natura enim illis mitis et placida est, tam longe remota ab aliena injuria quam a sua.* (*De Ira*, 1. 2, 37.) *Quæ causa est diis benefaciendi? Natura. Errat, si quis putat eos nocere velle : non possunt ; nec accipere injuriam queunt, nec facere. Lædere enim lædique conjunctum est.* (*Epist.* 95.) Le païen grossier et commun transportait dans l'être divin ses passions et ses désirs ; si sa foi religieuse ne lui imposait aucune règle morale et rationnelle, elle ne lui imposait pas non plus une contrainte absurde. Il était, dans ce sens, en paix avec ses dieux ; mais cette paix, fondée sur la passion instable, était aussi capricieuse qu'un jour d'avril, aussi fugitive qu'un arc-en-ciel. De même, il s'irritait contre eux quand ils n'obéissaient pas à son appel. Le païen cultivé, au contraire, faisait de la vertu l'être suprême, et du bien quelque chose de général. Pour lui, ce qui était raison, vérité et vertu sur la terre, devait l'être aussi dans le ciel ; l'idée du bien et du vrai excluait toute différence entre la personnalité divine et la personnalité humaine. (*Quæris quæ res sapientem faciat, quæ Deum? Ratio diis hominibusque communis : hæc in illis consummata est, in nobis consummabilis.* (*Epist.* 92.) — *Rationale animal es; quod ergo in te bonum est? Perfecta ratio. Nisi ubi rationi locus est, bonum non est.* (*Epist.* 124.) — *Ratio nihil aliud est quam in corpus humanum pars divini spiritus mersa. Si ratio divina est, nullum autem bonum sine ratione est, bonum omne divinum est.* — (*Epist.* 66). C'est pourquoi le sage n'était rien moins que présomptueux ; il ne se glorifiait pas de la vertu comme d'une force qui lui appartînt ; il reconnaissait au contraire la nullité de son propre mérite et la nécessité pour l'homme de se nier, de renoncer à lui-même. (*Non sum sapiens, nec ero. — De virtute, non de me loquor; et cum vitiis convicium facio, in primis meis facio. (De vita beata,* 17, 18.)—*Sibi servire gravissima servitus est.* — *Nihil adhuc consecutus es; multa effugisti; te nondum. — O quam bene cum quibusdam ageretur, si a se aberrarent!)* Pour le stoïcien, la vertu n'était ni une abstraction ni une faculté personnelle, mais un témoignage que donnait d'elle-même la raison, qui est le bien commun des hommes et des dieux, une puissance universelle, substance et source de la vie morale. — *Etiamsi amici perierunt, etiamsi probati respondentesque voto patris liberi : est quod illorum expleat locum. Quid sit? Quæris? Quod illos bonos fecerat, virtus... Sola satis est. Omnium enim bonorum vis in ipsa erat.* — (*Ep.* 74.) — *Sapientia commune bonum est.* (*Ep.* 85.) — La force du stoïcien n'était que la force qui réside dans la vertu elle-même, et cette force, en tant qu'universelle, appartenait, selon lui, à la divinité. — *Animum excellentem... Cœlestis potentia agitat.* — *Bonus vir sine Deo nemo est.* — Que l'on trouve d'autres passages qui expriment presque le contraire de ceux-ci, et dans lesquels la divinité est représentée comme bonne par nature, tandis que l'homme n'arrive au bien que par l'effort et le travail, c'est une des nombreuses contradictions de cette doctrine, que nous n'avons pas à expliquer ici. Il n'en est pas moins évident que le sage avait sur la divinité des idées dignes d'elle, des idées vraiment divines, et quiconque pense divinement de Dieu est seul en état de paix, de véritable entente avec lui. C'est l'esprit, l'intention qui décident de la valeur de l'homme, et non l'acte par lui-même; c'est l'idée, et non l'exécution technique. — *Generosa res est respicientem non ad suas, sed ad naturæ suæ vires, conari alta, tentare, et mente majora concipere, quam quæ etiam ingenti animo adornatis effici possint. (De vita beata,* 20.) *Quandocunque autem natura spiritum repetet, aut ratio dimittet, testatus exibo, bonam me conscientiam amasse, bona studia.* — (*De vita beata,* 20.) Oui, il en est ainsi;

l'amour de la vertu est la seule vertu décisive de l'homme; cet amour nous réconcilie avec la vertu elle-même, et nous fait pardonner les fautes que nous commettons à son égard. Nous sommes en défaut toujours et partout dans l'exécution et dans l'emploi de nos facultés; si l'on veut un médiateur pour résoudre nos contradictions avec l'idée morale, pourquoi n'en veut-on pas aussi pour nos autres contradictions, pour notre peu d'aptitude, par exemple, à atteindre l'idéal de l'art? De ce que le meilleur artiste ne peut être exempt de défauts, devons-nous, par désespoir, jeter nos instruments de travail et attendre qu'un ange descende du ciel pour en faire un meilleur usage à notre place? Pourquoi veut-on faire dériver d'un événement particulier, monstrueux, le phénomène du péché, qui a son fondement dans la nature des choses, dans la différence qui existe entre la tête et la main, l'idée et la réalité, l'espèce et l'individu? — *O sancta simplicitas!* — De même qu'il n'y a de véritable accord entre Dieu et nous que lorsque nous le pensons d'une manière digne de lui, de même il ne peut y avoir qu'un accord apparent, qu'une fausse réconciliation entre l'être divin et notre propre être lorsque nous n'avons de lui qu'une idée fausse, lorsque nous le croyons, par exemple, irritable. Par la rédemption, l'énigme n'est pas résolue; l'apparence du mal disparaît, mais non son fondement; car Dieu dépose sa colère momentanément, et non la faculté de s'irriter. Et qu'on ne dise pas que la colère divine n'est qu'une image; dans ce cas la rédemption elle-même n'aurait qu'une signification imaginaire et non celle d'un fait réel. D'ailleurs, l'attribut principal du Dieu chrétien est la personnalité, et la pointe épigrammatique, l'expression la plus piquante de la personnalité, c'est la faculté d'être susceptible, de pouvoir être offensé et de s'irriter à propos de l'offense. Le païen concevait l'Être suprême d'une manière infiniment plus pure et plus libre; il était bien moins intéressé à savoir *qui* est Dieu qu'à savoir ce *qu'il* est. C'est ce qui explique l'indifférence avec laquelle il parle de Dieu, tantôt au singulier et tantôt au pluriel, bien que l'on doive aussi prendre en considération la prudence qu'il devait observer vis-à-vis de la croyance religieuse du peuple. Sur le péché, de même que sur Dieu, ses idées étaient bien plus profondes, plus pures et plus morales que celles du chrétien. Le péché était pour lui ce qu'il y a de plus terrible, le seul malheur véritable qui pût atteindre l'homme. — *Tibi persuade, præter culpam ac peccatum... homini accidere nihil posse, quod sit horribile aut pertimescendum.* (Cic., *Ep. ad Famil.*, 1. 5, *ep*. 21.) Le châtiment du péché était pour lui le péché lui-même. — *Prima et maxima peccantium est pœna peccasse... Sceleris in scelere supplicium est.* (Seneca, *Ep*. 97.) *Jam sibi dedit pœnas qui peccavit.* — Pour le chrétien ce n'est pas assez; il a besoin d'un enfer, comme il a besoin d'un secours extérieur, d'une rédemption, et cette rédemption ne le délivre pas du péché lui-même, mais de ses conséquences, qui sont la punition et la colère divine. Le païen avait son sauveur en lui-même, dans la raison qui n'était pas pour lui une faculté abstraite, mais une puissance réelle, une *vis plastica*, une cause *efficiente*, une source de santé morale et même physique. — *Quidquid animam erexit, etiam corpori prodest. Studia mihi nostra saluti fuerunt. Philosophiæ acceptum fero, quod surrexi, quod convalui, illi vitam debeo, et nihil illi minus debeo.* (Seneca, *Ep*. 78.) Le péché n'avait pas assez d'influence sur lui pour corrompre ses sentiments, pervertir son intelligence et aveugler ses yeux; il n'avait pas ce caractère originel qui le fait pénétrer dans la substance même; il n'avait atteint que les extrémités de l'homme sans infecter son cerveau. Le sage reconnaissait la nullité du péché et la toute-puissance, la puissance inextinguible du bien, qui s'affirme et se révèle même dans le plus scélérat. — *Adeoque gratiosa virtus est, ut insitum sit etiam malis probare meliora. Quis est qui non beneficus videri velit? Qui non inter injurias et scelera opinionem bonitatis affectet? Maximum hoc habemus naturæ meritum, quod virtus in omnium animos lumen suum permittit : etiam qui non sequuntur, illam vident.* (Seneca, *De benef.*, 1. 4.) Il était donc protégé par sa raison et sa vertu contre toutes les conséquences corruptrices, aussi absurdes qu'immorales au point de vue de la théorie et de la pratique, dans lesquelles le péché a précipité l'humanité chrétienne.

(2) La contradiction qui existe entre l'essence de l'art et celle du catholicisme, exprimée ici d'une manière générale, a été avouée en fait, directement ou indirectement, par tous les catholiques pieux. Le pape Adrien VI détournait les yeux pour ne pas voir les chefs-d'œuvre exposés sur les places ou dans les palais de Rome, et détestait les poëtes parce qu'ils ne lui paraissaient pas sincères dans leur foi, et qu'ils employaient les noms odieux des divinités païennes. Combien de fois, en opposition avec la religion artistique des Grecs, les Pères de l'Église n'ont-ils pas exprimé cette pensée que les autels, les statues et les images du Dieu des chrétiens ne devaient pas être du bois ou de la pierre inanimée, mais des intentions morales et religieuses. — *Conferat igitur, qui vult, aras quales diximus, cum aris Celsi et statuas in animis piorum Deo dicatas cum statuis Phidiæ ac Polycleti similiumque et bene sciat, has quidem inanimas esse obnoxiasque temporum tempestatumque injuriis, illas vero sitas in immortali animo mansuras, etc.* (Origenes, *Adv. Celsum*, 1, 8.) — Dans un concile tenu en Espagne, il fut expressément défendu de mettre des images dans les églises. (*Concil. Eliberitinum, Can.* 36.) Le païen Varron dit dans Augustin (*Civ. Dei*, 1. 4, c. 31), que les Romains perdirent la crainte religieuse et la sévère piété de leurs ancêtres dès qu'ils introduisirent chez eux le culte

des images des dieux. A propos de l'Église chrétienne, Calvin fait la même remarque (*Instit. Christ. religionis*, l. 1, c. 2.) Pendant cinq siècles il n'y eut, selon lui, presque jamais de tableaux ou de statues dans les temples chrétiens. Plusieurs Pères éprouvaient de la répugnance à se représenter le Christ comme doué de beauté ; il leur était bien plus agréable de penser que son corps avait été tellement brisé par la mortification qu'à trente ans il paraissait en avoir cinquante, et que son visage était si ridé et si horrible qu'on aurait pu le prendre pour celui d'un lépreux. Les tableaux affreux, dégoûtants et informes représentant des saints et des martyrs, que dans le moyen âge le sens religieux, et non le sens artistique, a produits, sont les seules œuvres normales, légitimes qui répondent à l'esprit pur du catholicisme. Et qu'on n'objecte pas que quelques peintres, en particulier Fiesole, ne mettaient jamais la main à l'œuvre sans avoir d'abord adressé au Christ une prière ardente ; le soldat, lui aussi, s'excite par la prière au combat dans lequel il va égorger son semblable. En fait, l'anticatholicisme de l'art se montre en ceci, qu'au moment où le sens esthétique se réveilla, l'intérêt religieux disparut ou du moins lui fut subordonné. A. Politien préférait les odes de Pindare aux psaumes de David ; le cardinal P. Bembo détournait ses amis de la lecture de saint Paul et ne voulait pas, dit-on, lire la Bible ou son bréviaire, de peur de gâter son beau style latin. L'amour de Léon X pour l'art ne tourna pas précisément au profit de l'Église catholique.

Ce que nous avons dit à propos de l'art peut se dire à propos de la science. Les chrétiens sincères la rejetaient. On a trouvé dans les papiers de Pascal la note suivante, écrite de sa main : « Écrire contre ceux qui approfondis-

sent trop les sciences : Descartes. » Dans les premiers
temps, et ce n'est que par eux que l'on peut connaître ce
qui est purement catholique et ce qui ne l'est pas, lorsque
l'Église n'était pas encore devenue mondaine, on n'étudiait
rien sans avoir en vue un intérêt théologique. « On s'occu-
pait, par exemple, de la prosodie à cause des différentes
sortes de vers que l'on trouvait dans les psaumes; de la
dialectique en vue des discussions contre l'hérésie ; de l'a-
rithmétique pour les secrets contenus dans les nombres, et
pour les différents nombres et mesures qui se rencontrent
dans l'Écriture sainte; de la géométrie à cause des cercles
dont il est parlé dans les descriptions de l'arche de Noé et
du temple de Salomon ; de l'astronomie pour le calcul des
temps ecclésiastiques; de la musique à cause de la dignité
et de la pompe qu'elle prêtait au service divin.» (Eichhorn.
*Histoire générale de la civilisation et de la littérature euro-
péennes.*) Complétement d'accord avec cet esprit était l'habitude de gratter les vieux parchemins pour y écrire des
livres de piété, habitude qui a causé des pertes irrépara-
bles dans la littérature classique. Bruno trouva en 1772
dans la bibliothèque du Vatican une grande partie de Tite-
Live et des discours de Cicéron grattés et effacés et à leur
place le livre de Tobie. Si de pareils faits, que l'on pourrait
d'ailleurs citer par centaines, démontrent la faible idée que
le catholicisme a de la valeur de la science, son opposition
avec elle éclate surtout, comme nous l'avons dit, dans
sa croyance au miracle. La puissance miraculeuse appartient non-seulement à Dieu, mais encore aux saints.
Chaque cloître mettait les miracles de ses fondateurs au niveau et même au-dessus de ceux du Christ. A propos de la
biographie de saint François Xavier, Bayle fait la précieuse
réflexion qui suit : « On ne vit jamais plus de miracles que
l'on en voit dans ce livre. On ne saurait faire un pas sans
y en trouver, et l'on demanderait volontiers qui des deux
doit passer pour le miracle, ou l'interruption, ou le cours

de la nature. On ne sait où est l'exception et où la règle, car l'une ne se présente guère moins souvent que l'autre. » Ce que Bayle dit ici à propos d'un cas particulier peut se dire en général de la foi catholique. Le miracle ne connaît pas de bornes de temps, de lieu, de nombre ou de qualité ; il fait croire à l'homme qu'il n'y a rien de vrai, que tout est mensonge et apparence et ce que la foi au miracle a de nuisible, de mortel pour l'étude de la nature, la foi à la tradition l'a également pour l'étude de l'histoire. La tradition est un rêve, l'histoire la vérité toute nue ; la tradition ne s'inquiète point de savoir si ce qu'on lui dit s'est réellement passé ; elle est toujours de bonne composition, ne doute jamais, parce qu'elle ne sait rien de la douloureuse différence qui existe entre la vérité et le mensonge, l'apparence et la réalité ; l'histoire est sérieuse, inquiète, critique et méfiante. Aussi, toutes les fois que l'esprit historique s'est montré dans le catholicisme, il a éprouvé les contradictions les plus vives, parce qu'il entrait nécessairement en lutte avec la tradition. Mais partout où règne le préjugé de l'autorité, l'esprit est privé d'avance de la faculté de juger ; il n'a plus qu'une activité secondaire qui consiste à tirer les conséquences de principes qu'il n'a pas puisés en lui-même, qu'il a trouvés déjà existants. Tel est le fondement de la syllogistique et de la sophistique dans le moyen âge. Tout progrès dans la science, tout jugement indépendant était réputé crime de lèse-religion. La persécution tombait tous les jours nécessairement dans l'absurde. C'est ainsi que la Faculté théologique de Paris voulut condamner comme hérésie la véritable prononciation de la lettre latine *q* (1550). Heureusement le pouvoir civil eut assez le sentiment du droit pour absoudre l'hérétique grammatical, et pour permettre, en dépit de la Faculté, de prononcer *quisquis* au lieu de *kiskis*. La même Faculté avait déjà condamné Erasme (1526), parce qu'il soutenait qu'il fallait dire *Paracletus* et non *Paraclytus*. On peut voir dans les dialogues de Galilée sur le système du monde de mirifiques exemples de l'incroyable absurdité des scolastiques. — En vertu de cet esprit d'antiquité, le catholicisme intercale toujours un moyen terme entre lui et les choses;— même le Christ a chez lui des remplaçants. — Contrairement à la science, qui ne souffre pas d'intermédiaire, qui ne veut lire les choses que dans l'original, il se contente parfaitement d'une traduction. Le scolastique au lieu d'étudier la nature étudiait la physique d'Aristote, et au lieu d'Aristote en personne lisait un Aristote traduit. L'Eglise dirigée par le même esprit préféra la Vulgate au texte primitif des livres saints et défendit de s'en écarter. Beaucoup de catholiques, il est vrai, ont nié qu'il fût accordé plus d'autorité à la Vulgate qu'au texte même; mais, comme le dit Bayle, « ils n'ont pas entendu le sens du concile; pour avoir cru qu'il restait encore des fautes dans la Vulgate, de grands hommes ont couru risque de leur vie dans les prisons de l'Inquisition, ainsi que le rapporte Mariana. Léon Allatius a fait mention d'un décret de la Congrégation générale des cardinaux, daté du 17 janvier 1577, portant qu'il ne fallait pas s'écarter de la Vulgate, non pas même à l'égard d'une syllabe ou d'un iota. » — On pourrait rassembler assez d'exemples pareils, d'étroitesse d'esprit, d'absurdité, d'intolérance fanatique pour former cent volumes. Nous ne voulons en citer que quelques-uns, et ils suffisent pleinement pour le but que nous nous proposons.—Jusqu'au quatorzième siècle l'Eglise, imbue de l'idée superstitieuse de l'inviolabilité des cadavres, s'opposa à l'étude de l'histoire naturelle de l'homme et de l'organisation intime de son corps. C'est en vain que l'empereur Frédéric II, se moquant des préjugés de son époque, avait recommandé à ses médecins de Naples et de Salerne de fréquentes dissections ; l'Eglise s'opposa toujours de toutes ses forces aux essais de ce genre et Boniface VIII (1300) les défendit avec menaces de châtiments sévères.— Mais ce n'étaient là que des obstacles extérieurs; la foi et la superstition qui en étaient le fondement opposaient à la science une barrière plus insurmontable encore. « Copernic explique les mouvements du ciel de la manière la plus simple, et si cette explication n'était pas opposée à la sainte Écriture, elle mériterait d'être appelée divine. » (Des Chales, dans l'ouvrage de J. Zimmerman, *Scriptura S. Copernizans*. 1709.) « Tous ceux qui, malgré l'harmonie du système nouveau, s'en tiennent à l'hypothèse de Ptolémée, qui a contre elle le cours entier de la nature, ne sont retenus que par l'Écriture sainte, est-il dit encore dans cet ouvrage, dont le principal mérite est d'avoir répandu les idées de Copernic parmi les protestants, en prouvant que non-seulement elles étaient d'accord avec la Bible, mais encore avec le luthérianisme pur ! La théologie a pour *criterium* unique la Bible ; — ce qui n'est pas dans la Bible ne doit pas exister dans la nature. Elle voit dans tout phénomène extraordinaire ou bien le diable, ou, ce qui est la même chose, la colère de Dieu. » « Aucune maladie, dit Luther dans ses propos de table (sur le diable et ses œuvres), ne vient de Dieu, qui est bon et fait du bien à tout le monde, mais du diable, qui est la cause de tout mal et se fait un plaisir de souffler partout la peste et la fièvre. » — *Et si sunt*, — écrit Mélanchton, — *interdum physicæ causæ furorum, tamen certissimum est diabolos in aliquorum hominum corda ingredi et efficere furores et cruciatus in eis, vel cum physicis causis, vel sine eis, quia manifestum est, tales homines interdum etiam sine physicis remediis liberari. Et sæpe hæc diabolica spectacula sunt prodigia et significationes rerum futurarum*. — Le même, à l'approche d'une éclipse de soleil, suspendait ses leçons et conseillait à ses auditeurs d'avoir recours à la prière pour détourner le danger qui les menaçait. « Les anciens sages, » dit Pencer (*De præcip. divinationum generibus Servestæ*), « cherchaient à tranquilliser les hommes et à les délivrer de la crainte de Dieu, en expliquant tout par des causes naturelles; mais il nous est impossible d'être d'accord avec eux, car l'Écriture sainte nous assure que les phénomènes extraordinaires sont produits soit par Dieu, soit par les anges, soit par les diables. » Hieronymus Vitalis avance, comme chose certaine, que les solfatares de Pouzzoles, que le Vésuve, l'Etna, l'Hécla, l'Ariquipa au Pérou, et tous les autres volcans sont les cheminées de l'enfer; et, comme beaucoup de Pères de l'Église, Augustin, Grégoire, Bernard, Isidore, Bonaventure, Tertullien, Pierre Damien et d'autres encore partagent cette opinion, il conclut qu'il faut être téméraire pour nier que les montagnes qui vomissent du feu soient les portes infernales, et que Dieu les a placées exprès en différents lieux de la terre, afin que les hommes puissent voir les demeures destinées aux impies après leur mort. » (*Lexic. Mathem., Astron., Geomet.* — Paris, 1668. — Art. *Infernus.*) Le même (Art. *Aer*) croit que la région moyenne de l'air est le séjour de prédilection du diable, et sa croyance était partagée par beaucoup de chrétiens; car il est parlé dans le Nouveau Testament (*Éphésiens*, II, 2) du prince qui règne dans les airs. — *Præcipua est enim dæmonum in aere potentia, in quo circumvolitant et versantur. Hoc eis dominum tribuit Paulus.* (Pencer, Ouv. cité, p. 26.) Les tempêtes, les trombes, la grêle, les boules de feu, en un mot tous les phénomènes météorologiques étaient attribués au diable ou aux hommes qui se trouvaient en communication avec lui. Les jésuites attribuaient au démon des miracles que la toute-puissance seule peut accomplir. « Il peut faire qu'une femme reste vierge de corps et d'âme, et mette au monde un enfant. » (Bucher, *Les Jésuites en Bavière*, 5, 2, p. 363.) Qu'on lise sur ce sujet, si l'on veut en savoir davantage, le livre de B. Becker, *Le Monde enchanté.* (Ed. Amsterdam, 1694.) On y trouve inscrites en détail toutes les superstitions du peuple et des savants, surtout des théologiens de son époque. On y voit que peuple et savants étaient au même niveau, précisément comme de nos jours, avec cette différence que les idées rationnelles et les nobles sentiments descendent aujourd'hui jusqu'au peuple, tandis que les idées et les sentiments populaciers envahissent l'esprit des savants et des hautes classes en général.

C'est ainsi que la théologie s'opposait à toute explication naturelle des choses. Lorsque Réaumur reconnut qu'une prétendue pluie de sang, considérée comme un signe terrible de la colère de Dieu, n'était pas autre chose qu'une masse d'excréments d'insectes et voulut démontrer par ce phénomène que la science délivre l'homme d'une foule de terreurs sans fondement, les journalistes de Trévoux lui opposèrent cette pieuse réflexion : « Le public a toujours droit de s'alarmer ; il est coupable, et tout ce qui lui rappelle l'idée de la colère d'un Dieu vengeur n'est jamais un sujet faux, de quelque ignorance philosophique qu'il soit accompagné, etc. » Ils pensaient, dit là-dessus Réaumur, que, pour exciter à la piété, il ne fallait pas s'embarrasser des idées exactes. Lorsqu'il prouva que la métamorphose des insectes n'était qu'apparente et ne pouvait pas être employée comme image de la résurrection, les mêmes journalistes lui en voulurent beaucoup parce que cette image était, pour ainsi dire, consacrée par l'usage qu'en faisaient les *lumières* de l'Église. Que dire des contradictions dans lesquelles les savants tombaient sans cesse, et dont ils ne se tiraient que par un acte de foi ! Un naturaliste plein de mérite, J.-Ch. Schœffer, n'avait pour but dans ses recherches que l'intérêt de la religion, comme tous ses contemporains. Il partait de ce principe que Dieu, dans ses œuvres, n'a pas d'autre dessein que de se rendre visible, et d'exciter dans l'homme l'admiration de sa puissance et de sa bonté. Or, Dieu a donné à certains animaux des cornes remarquables et au rhinocéros, entre autres, une corne si visible et si saisissable que personne n'y peut méconnaître la puissance divine. Mais que doit-on penser de celles qu'il a données à quelques insectes ? Ces cornes sont si petites que l'œil armé du microscope peut seul les découvrir, et ceux qui les portent craignent tellement l'homme et la lumière, qu'ils ne se hasardent à paraître que la nuit et choisissent pour s'y promener les localités les plus dégoûtantes, telles que le fumier et les excréments humains. Contre ce fait, le pieux savant se heurte et reste abasourdi. Mais il se tire de cette contradiction comme s'en tire la théologie : « Dieu seul est grand, et notre savoir est borné ! » L'Anglais Joh. Edwards dit expressément que Dieu nous a caché avec intention la cause des phénomènes merveilleux de la nature, de ceux de l'aimant, par exemple, pour nous forcer de diriger notre esprit vers l'Être surnaturel qui fait et dirige tout. — Mais si chez les anciens naturalistes le point de vue étroit de la théologie a tout le caractère de l'enfance, et mérite de notre part excuse et respect parce qu'il est le fruit de leur époque et provient chez eux d'une piété qui n'avait que le tort de méconnaître les bornes de la religion, aujourd'hui, au contraire, il témoigne, chez ceux qui considèrent les choses dans son sens, d'un entendement borné et d'un sentiment non pas enfantin, mais puéril. — Les pensées que déjà saint Thomas d'Aquin a exprimées sur le sujet que nous traitons sont très-intéressantes. « La philosophie humaine, dit-il (*Summa contra Gentiles*, l. 2, c. 4), examine les choses telles qu'elles sont, la foi chrétienne, en tant qu'elles représentent les attributs divins. Le croyant considère donc une chose dans les créatures et le philosophe une autre. Celui-ci considère en elles ce qui leur appartient en vertu de leur propre nature, par exemple dans la flamme la faculté de s'élever dans les airs ; celui-là, ce qui leur appartient en vertu de leurs rapports à Dieu, c'est-à-dire leur création par sa puissance et leur subordination à sa volonté. Si tous les deux ont le même sujet d'étude, ils ont des principes différents, car le philosophe puise ses raisons dans les causes particulières propres à chaque objet, et le croyant dans la cause première. Ils suivent aussi une autre méthode. L'un examinant les créatures en elles-mêmes, et s'élevant de leur connaissance à la connaissance de Dieu, examine les créatures d'abord et Dieu ensuite; l'autre, au contraire, ne considèrant les créatures que par rapport à Dieu, considère Dieu d'abord et les créatures ensuite. Cette dernière méthode est la meilleure, elle est parfaite parce qu'elle ressemble à celle de Dieu qui, en se connaissant, connaît tout le reste. » — Faut-il s'étonner après cela qu'au moyen âge, sous le règne de la religion et de la théologie, les sciences en général fussent si discréditées? Qui voudrait échanger la sagesse divine pour la sagesse humaine, lorsque celle-ci, malgré les travaux et l'ennui qu'elle coûte, n'est pourtant que folie à côté de la première? Et quel besoin ai-je de connaître Dieu par ses œuvres, lorsque je le connais déjà par ses propres paroles? où par ses créatures, lorsque je le pénètre lui-même jusqu'au fond de son être?— Tous les théologiens s'expriment, à peu de chose près, comme saint Thomas, et par là on peut voir combien la théologie et la physique se contredisent. — La physique ne connaît rien de la cause finale, la théologie rien des causes naturelles.— Son fondement, ici comme partout ailleurs, est purement et simplement — l'ignorance.

TABLE DES MATIÈRES

Catholicisme — Protestantisme — Théologie	45
Essence de la religion	85
Mort et immortalité. — Considérations préliminaires	175
L'immortalité au point de vue de l'anthropologie	217
Remarques	291
Pensées diverses	305
Notes	353

www.ingramcontent.com/pod-product-compliance
Lightning Source LLC
Chambersburg PA
CBHW070452170426
43201CB00010B/1308